Alberto Sordi

Ammazza che fusto!

a cura di Massimo Moscati

Rizzoli

ISBN 88-17-84431-4

Prima edizione: ottobre 1995

IL PERSONAGGIO-SORDI

Il percorso artistico di Alberto Sordi, per le scelte che ha fatto, ha scandito puntualmente il progredire dell'Italia della Prima Repubblica. Sordi si è messo al servizio di una ricerca spesso impietosa, orientata a evidenziare pregi e difetti dell'italiano tipo a seconda dei tempi. Un progetto iniziato sin dall'epoca delle trasmissioni radiofoniche, dove testi e modulazioni vocali contribuivano a «costruire» i ruoli, ma sviluppato in pieno solo con l'avvento delle interpretazioni cinematografiche che permisero la nascita di una gamma infinita di «caratteri».
Sordi osservava, registrava con acuta intuizione e, dopo averli assimilati, ricreava i «tipi» da riprodurre: il marito, lo scapolo, il seduttore, il moralista, l'industriale, il maestro elementare, il prete di campagna. A tutti offriva un viso, una movenza, un intercalare frutto di inesauste analisi introspettive: un certo taglio di capelli, un tipo di occhiali, la dentatura, l'andatura, lo sguardo.
Ed è talmente puntuale l'immedesimazione nel ruolo che proprio a Sordi si devono riconoscere i valori simbolici che hanno poi portato a sintetizzare (e non solo nel nostro paese) la tipologia dell'italiano medio. Un «senso comune» diventato proverbiale e che, nel bene e nel male, ha condizionato il nostro «carattere» mediterraneo: e così il moralista non può che distinguersi grazie a quel ciuffo improbabile, mentre il maestro elementare indossa un baschetto e degli occhialini inconfondibili, e il pretino di campagna non può non proporsi con un turgore rossastro del naso esplicito sulla tenuta alcolica del personaggio. Ma Sordi sviluppa il suo disegno con l'apporto determinante della voce, che a sua volta «fa» il personaggio. Modulazioni irresistibili, che contrassegnano ironia e petulanza, pianto dirotto e scrosciante risata, ammiccamento e borbottio, in una varietà d'invenzioni da lasciare senza respiro.
E, naturalmente, il tutto condito da un ricchissimo «vocabolario» di parole e motti: invenzioni creative che hanno assunto il senso deter-

minante non solo di esilaranti trovate comiche, ma di ben precise riflessioni di costume. La gamma è talmente vasta che non si può che procedere per brevi citazioni.

«Ammazza che fusto!», che dà il titolo a questo libro, è diventata il simbolo di un certo modo di concepirsi italiani: quell'autoesaltazione costante nella nostra cultura, smitizzata con affettuosa ironia.

«Lavoratori!...», urlata con arroganza da un'automobile in corsa, e accompagnata da un gestaccio, contro degli stradini duramente impegnati nel lavoro, da un Sordi «vitellone» e menefreghista.

«Mamma mia, che impressione!...», costante intercalare del «compagnuccio della parrocchietta», di estrazione cattolica, seccatore impenitente, rivolto a tutte le sue vittime una volta che reagiscono ai suoi ingenui abusi.

«Che, c'hai 'na casa? E vattene a casa!», estrema reazione dialettica a chi «s'intromette», a chi in pratica cerca di vanificare un determinato calcolo fatto da Sordi.

E si potrebbe continuare da «boni... boni...», esortazione sorniona che i più giovani credono sia da attribuire a Maurizio Costanzo; a «Uotssamerica... Attenzione, girls!... Cittadino di Kansas City», che contraddistinguono, per quanto parodisticamente, la volontà d'internazionalizzare il personaggio, quasi si sentisse soffocato da un angusto panorama. A tutte quelle battute emblematiche, come «Ma che fa, spinge?», «Non ce facciamo riconosce da tutti!», «Ma chi te credi d'esse...?», «Non te fila manco pe' niente», «Non ho capito, famme capì». Fino all'interiezione «Vero...» che, a seconda delle esigenze, serve da contrappunto al discorso, o per renderlo più affettato, o per prendere tempo.

Come si vede, invenzioni dialettiche che sono diventate, e da molti anni, patrimonio comune. Come l'intercalare romanesco che, se ha contribuito ad abbattere frontiere interne, alla fine – e ci venga consentita la piccola riserva – si è tramutato in un eccesso linguistico. Se non addirittura in un'imperdonabile «funarizzazione». E d'altronde questa «romanizzazione» dell'Italia non è pretestuosa: con il dopoguerra l'asse politico e sociale del nostro paese converge nella «capitale», dalla ricostruzione sino al consolidamento dei nostri mali più comuni e vituperati.

Sordi si è fatto interprete di questa evoluzione, sfoggiando una gamma di personaggi che avevano il loro baricentro in un sistema di corruttele e compromessi che non potevano prescindere dal punto geografico ove in massima parte si diramavano per il resto del paese (mafia compresa).

A chi ha notato che Sordi, per quanto interprete multiforme, non ha mai inteso modificare il suo cliché è quindi determinante ricordare che, facendosi interprete di una certa Italia, anticipava i tic e le aberrazioni di una società che è sostanzialmente rimasta immutata per mezzo secolo, come paventasse un cambiamento (necessario) che avrebbe contribuito a consolidarla come democrazia matura.
Un'Italia sostanzialmente sottomessa, globalmente ottimista, genericamente convinta che, per quanto tra mille imperfezioni e ingiustizie, la barca non sarebbe mai affondata.
Alberto Sordi, tra ironia e parodia, satira e commedia, ha cercato di porsi come elemento di riflessione, ha tentato di «educare» almeno a un sano scetticismo tutti coloro che, nel privato o nel pubblico, agivano come bussole impazzite in un contesto destinato a esplodere.

L'antologia sordiana che qui proponiamo subisce i limiti di molte «mancanze», appunto quelle accennate: la voce, la gergalità, la gestualità, la mimica di Sordi.
Al lettore il compito di colmarle tramutandosi per una volta ancora in spettatore. A lui la necessità di decodificare la parola scritta con la giusta cadenza fatta di «e» strette, «t» inesistenti o raddoppiate, «m» e «n» scomparse.
E si scoprirà come l'arte di Sordi sopravvive anche sulla pagina stampata, come Collodi (amerebbe dire l'artista), come Gadda crediamo noi.

Massimo Moscati

ALBERTO SORDI su ALBERTO SORDI

Svolgo questo lavoro da sempre, tanto che è diventato la mia ragione di vita.
Non è casuale che abbia deciso d'intraprenderlo: non sono stato indirizzato da qualcuno che poteva aver individuato le mie qualità. Si tratta di una vocazione costituzionale, oserei dire, che è nata con me.
Se vado indietro nel tempo, fino ai primi anni dell'infanzia c'era questa voglia irrefrenabile di esibirmi. Volevo esprimermi, non sapevo perché, ma feci capire ai miei genitori che volevo fare l'attore: e, infatti, non ho mai pensato ad altro.
Non c'è mai stato un momento d'incertezza, anche se mia madre e mio padre hanno comunque cercato di dissuadermi. Non mi hanno scoraggiato o proibito nulla, dato che mi è stato permesso di approfondire, ove possibile, ogni aspetto dell'attività di attore: ma non volevo andare a scuola di recitazione, perché ero convinto di dover fare altrove le mie esperienze. Non mi interessavano le nozioni accademiche, ben altro dovevo imparare, e lo avrei potuto fare soltanto stando a contatto con l'ambiente e le persone.
Secondo mia madre era un'avventura troppo rischiosa. I miei fratelli si stavano laureando ed io, dopo la morte dei miei, sarei rimasto in balia di me stesso, alle prese con un'attività molto difficile: poter contare per tutta la vita su questo lavoro sembrava impensabile, perché molti avevano fallito.
Mio padre era un professore d'orchestra, che aveva rinunciato a tutto nella vita, dedicandosi esclusivamente a quelle quattro note che gli servivano per il suo lavoro, e cioè l'uso di uno strumento di accompagnamento come il basso tuba che gli aveva permesso di lavorare sempre. Fin da giovanissimo avrebbe potuto optare per il violino, il clarino, il

flauto; ma scelse il basso tuba perché, mi disse, non lo prendeva nessuno.
Stava a significare che mio padre non doveva competere con nessun altro, mentre secondo lui io mi accingevo a voler emergere tra migliaia di persone, per diventare un grande attore.
Ma non è facile ottenere il successo, e mio padre mi invitava alla riflessione, perché rimanere un attore mediocre per tutta una vita sarebbe stato molto duro, molto triste. Non ho potuto smentire quello che mi aveva detto.
Quando si crede in ciò che si vuol fare, quando si è convinti di essere nel giusto, non ci si deve fermare alle prime difficoltà: prima o poi si riesce. Quando si ama un lavoro, quando l'impegno diventa veramente importante, costruttivo, ci si specializza e non si può fallire.
Insomma, ero proprio convinto che quello fosse il mio destino, e volevo arrivare al grande successo, alla popolarità, quella per la quale la gente ti riconosce e ti ferma per strada.
Ero ottimista perché, per quanto effimeri, giungevano dei segnali: in teatro riscuotevo molto successo, si parlava molto di me, ma tutto finiva nell'ambito del luogo ove la rappresentazione veniva tenuta, davanti a non più di mille o duemila spettatori.
Era una routine talmente lunga che capii che dovevo accelerare i tempi. Avevo delle idee assolutamente originali. Questo mio desiderio di sconcertare la gente non era una prova di virtuosismo, semplicemente avevo la sfacciataggine di ricreare certi personaggi e certe situazioni. Avevo la capacità di rappresentare, ero convinto di quello che stavo facendo. Anche se certi «giochetti» si possono ritenere facili, come le imitazioni o le canzoncine, la gente rimaneva comunque stupita dalle mie prestazioni, non riusciva a capire come uno potesse arrivare a tanto. Imitare il bue, la gallina, l'aeroplano... Il pubblico commentava.
Io proponevo anche le imitazioni più ingenue con molta serietà e compostezza: dicevo di aver studiato moltissimo le voci. Poi dichiaravo che la rappresentazione non era ancora perfetta: ero felice di esporla al mio pubblico, ma doveva essere messa a punto.
E quando finivo il pubblico mi applaudiva, ma si chiedeva: che sta facendo, questo? Aveva bisogno di commenta-

re, e la cosa andava avanti per mesi. Eppure ancora non capivano.
E così mi dissi che l'unico mezzo che mi avrebbe permesso di divulgare rapidamente quello che proponevo era la radio. Se fossi riuscito a presentare un programma con il mio nome (come poi accadde con *Vi parla Alberto Sordi*) avrei immediatamente raggiunto la popolarità. Ma non fu facilissimo. Pugliese, il direttore della Radio, mi disse che il divismo radiofonico non era ancora nato, perciò non era consuetudine fare un programma con un solo personaggio. C'era la compagnia di rivista, quella di prosa... Insomma, apprezzò le mie storielle e mi congedò. Naturalmente non mi diedi per vinto, e cominciai a frequentarlo.
Durante una gita in barca, Pugliese perse gli occhiali in mare. Occhiali a quanto pare insostituibili, al punto che incaricò dei sub di recuperarli. Io mi tuffai in acqua con loro e... andai a sbattere con la testa proprio sugli occhiali del direttore! Era destino, e infatti lui capitolò e mi permise due prove, che si tramutarono in quattro anni di successi.
Vittorio De Sica fu tra coloro che si divertirono molto nell'ascoltare le gesta del mio personaggio, un giovane di Azione Cattolica, con un tono petulante e perbenista che diventava fastidioso. Era uno scocciatore, ma dal momento che le sue maniere erano gentili, per quanto continuasse ad assillare i suoi interlocutori, alla fine erano questi ultimi a reagire con toni cattivi. E lui poi si meravigliava, e diceva: «Dai, dai continua imperterrito, con questa sorta di invituperi».
Vittorio mi propose di produrre insieme un film. Interpretai questo personaggio, ma ci accorgemmo subito che anche con il supporto dell'immagine era troppo dialogato, troppo radiofonico. E il pubblico, non preparato a un certo tipo di comicità che precorreva i tempi, rispose freddamente.
Decisi di attendere che il cinema si accorgesse di me, dopo questo debutto non proprio eclatante. E ripresi a fare teatro con Wanda Osiris.
Federico Fellini mi chiese d'interpretare *Lo sceicco bianco*, ma anche quel film precorreva i tempi. Allora la comicità era ancora concepita come «opera buffa»: si scrivevano dei copioni con le gag, le cadute, le torte in faccia, e quando il comico si presentava in pubblico doveva essere immediatamente riconoscibile: con la bombetta, i baffetti, alto, gras-

so, gobbo, la testa grande ecc. Io impersonavo personaggi con delle caratteristiche particolari. Il ragazzo de *Lo sceicco bianco* era anche piacevole, fotogenico, ma nei rapporti umani era praticamente un animale.
Infatti anche quel film non mi permise di aumentare la mia popolarità.
Fortunatamente, grazie a *I vitelloni* sempre di Federico, ebbi la grande occasione per far accettare le mie idee, anche se il ruolo che avevo in mente era al limite delle mie possibilità. Non ero un virtuoso, ero un anonimo qualunque, perché assomigliavo alla gente comune. Mi rifiutavo di «recitare» in termini accademici, perché adottavo il linguaggio di tutti i giorni: nei film io «parlavo» come accade nella vita, entrando nel cuore degli spettatori.
Il Neorealismo diede questa possibilità a tutti coloro che, dotati di talento, non erano andati a scuola. Il Neorealismo mi ha permesso di tracciare un programma: rappresentare la realtà del momento, delineare personaggi della mia età, e gettare su di loro tutto il ridicolo di chi nella vita si comporta negativamente. E questo generava ilarità negli spettatori, perché la comicità è sempre al negativo.
Però i produttori continuavano a non capire, non ridevano ai miei copioni. Era molto difficile spiegare il mio concetto di cinema, a parole. Però, se si fossero riconosciuti nei miei dialoghi e si fossero immedesimati, forse sarei riuscito a convincerli. E con *I vitelloni* capirono che bastava una semplice battuta ben inserita nel contesto per destare le risate del pubblico.
Da quel momento ottenni la loro fiducia.
Potevo finalmente mettere in pratica il mio progetto. Mi guardai intorno per capire cosa stava accadendo; l'Italia era già ricostruita, si stava approssimando il «boom» economico. Intuii che ciò che dovevo rappresentare erano i rapporti privati, intimi: il giovane italiano si formava una famiglia (*Lo scapolo*, *Il marito*, *Il seduttore*...). Poi pensai di coprire quel periodo che non avevo ancora affrontato, con *La grande guerra*, *Tutti a casa*, *Una vita difficile*, cioè prendendo spunto da quei personaggi che avevano partecipato all'armistizio, e che avevano fatto la guerra e la Resistenza.
E, via via, tutto quello che stava per annunciarsi: perché ho sempre rappresentato le situazioni anticipandole, mai ri-

calcandole. Se oggi penso a «Tangentopoli», mi viene in mente il 1984 quando realizzai *Tutti dentro*. Ricordo che nel film dichiarai che, per chiudere tutto, occorreva incriminare il giudice, pur conoscendone l'integrità assoluta... Be', mi vengono i brividi nell'assistere a quello che sta accadendo oggi. Proseguii sempre anticipando i tempi, con film come *Il medico della mutua*, *Detenuto in attesa di giudizio*, *Finché c'è guerra c'è speranza*. Tanto che, seguendo semplicemente le vicende d'attualità, ho potuto programmare tutto il mio cinema. Ho rifiutato quindi le offerte dall'America, perché mi si chiedeva solo di interpretare dei ruoli, nei quali non mi riconoscevo: mi si chiedeva, in sostanza, una prestazione d'attore. Mentre a me interessava raccontare qualcosa che ben conoscevo, la storia d'Italia appunto.
Ho interpretato personaggi di tutte le estrazioni sociali, fino a trovarmi invecchiato attraverso gli anni che sono passati. E sono così giunto a questo vecchio di ottant'anni (in *Nestore*) che ho voluto rappresentare proprio perché, in un momento economico, sociale e politico così confuso, convulso, dominato dal consumismo, dove diventa impossibile riflettere sulla vita di tutti i giorni, l'anziano rappresenta in assoluto la categoria degli indifesi. Tutti i sentimenti che stanno alla base del vivere sociale sono scomparsi: la vergogna, il rispetto, l'altruismo, la solidarietà. E così, ho realizzato un film che forse il pubblico non si aspettava da me. Stiamo attraversando un periodo che ci impone di non aspettare che le istituzioni provvedano a sistemare determinate anomalie. Basterebbe la volontà del singolo di guardarsi attorno, per aiutare chi ci sta vicino. Solo la solidarietà ci permetterà di uscire da questa grande crisi.

Posso dire di essere soddisfatto, oggi sto raccogliendo quello che ho seminato in quasi mezzo secolo di attività. Queste cose hanno un loro riconoscimento: il pubblico che dimostra gratitudine, i critici che finalmente hanno capito – e non sorvolato come facevano un tempo – perché ho fatto quello che ho fatto.
Ora, continuando il cammino, mi sono chiesto se un vecchio può ancora essere protagonista di un film, e mi sono reso conto che il mondo è sostanzialmente ancora dei vecchi: il potere è ancora ben saldo nelle loro mani.

Dunque il personaggio, il «mio» personaggio, mi offre ancora la possibilità di rappresentarlo. Per questo ho accettato di partecipare a questo ultimo film di Scola, *Il romanzo di un giovane povero*, dove sono tornato a caratterizzare un personaggio impietoso, losco, negativo.
E sto naturalmente lavorando a nuovi progetti...

Alberto Sordi

(Queste dichiarazioni sono state raccolte nello studio romano di Alberto Sordi il 3-7-95: al momento non è dato di sapere se il Commendator Sordi è diventato Senatore della Repubblica, ma lo auspichiamo.)

ALBERTO SORDI E LA RADIO

Nel 1947 Alberto Sordi esordisce alla radio nei programmi Rosso e nero *e* Oplà, *entrambi condotti da Corrado e diretti dal fratello Riccardo Mantoni. In tandem con Fiorenzo Fiorentini, l'attore elabora il personaggio de* Il signor dice.
L'exploit è notevole. Sordi inventa un «carattere» che diverrà il suo cavallo di battaglia per molti anni: un ometto petulante, insistente, maligno per quanto ingenuo, capace di terribili e inaspettate esplosioni fonetiche.
Sordi ha così modo di farsi interprete della realtà italiana di quei tempi con interventi «pseudogiornalistici» di taglio satirico rivolti a deformare il contesto.
Nel 1948, sempre alla radio, parte il programma Vi parla Alberto Sordi, *che consacra l'attore come protagonista assoluto nello spettacolo serale delle famiglie italiane.*
Nascono personaggi popolarissimi, ai quali Sordi è ancora oggi legato: Mario Pio, Il compagnuccio della parrocchietta, Il conte Claro.
Grazie a questo successo, la casa discografica Fonit lancia l'attore anche come cantante con brani da lui scritti come Noneta, Il carceratto, Il gatto, Il milionario, Finalmente solo, Cerco una donna, Fanciulla...
Nel 1951 si conclude l'esperienza radiofonica di Sordi, che ormai si appresta ad affermarsi nel firmamento cinematografico, con la rubrica Il teatrino di Alberto Sordi.

Vi parla Alberto Sordi

Buonasera amici miei carissimi. Buonasera a tutti. Come state? State tutti bene? Che cosa fate di bello con queste magnifiche giornate? Vi divertite? Ci andate a farvi le scampagnate? Certo che con queste giornate ed una bella automobile si potrebbero davvero fare delle gite da non dimenticarsi più per tutta la vita. Ah, ma a proposito di automobili, voi non lo sapete che cosa mi è capitato a me? Ah, non lo sapete? Be', statemi attenti tutti e poi vediamo che cosa ne pensate. Ecco qua. Giorni fa mentre leggevo il giornale vidi un annuncio. Mi ricordo proprio bene quello che c'era scritto, diceva: «Attenzione! Volete imparare a guidare l'automobile? Recatevi nelle nostre agenzie vi convinceranno i nostri mezzi rapidi e sicuri. E dopo un giro di prova gratuito sulle nostre automobili non avrete più dubbi. Provateci. Non vi costerà niente e risparmierete tempo». Ah mamma mia ho detto fra me e me questo è proprio quello che mi ci vuole. Proprio per il mio lavoro. Così senza por tempo al tempo, l'indomani di primo mattino mi sono recato in una di quelle agenzie riportate sul giornale.

Dissolvenza

L'Automobile

Ambiente agenzia

SORDI (*campanello della porta*) Buongiorno!

SIGNORE Buongiorno!

SORDI Buongiorno, scusi è qui che si insegna ad andare in automobile?

SIGNORE Sì signore. Lei vorrebbe imparare?

SORDI Sì signore per l'appunto. Sono venuto apposta. Sarebbe possibile?

SIGNORE Ma certo signore e perché no?

SORDI Ah, grazie signore molto gentile.

SIGNORE Prego si immagini, grazie a lei.

SORDI Ah, benissimo. Sa, appena ho letto l'annunzio sul giornale ho detto subito: vedi? Questo è proprio quello che fa per me. Siccome io svolgo un lavoro molto meticoloso, ho molto da fare durante il giorno, non è vero? Così ho pensato, questa sì che è una bella occasione. Perché non approfittare? Io potrei fare tutte le mie cose molto più veloci e con molta più comodità e nel contempo daje oggi, daje domani, vedi una cosa, vedi un'altra come si fa. Mi posso pure imparare a guidare l'automobile. Non è vero? Non è così? Non dico bene? Non dico giusto?

SIGNORE Ah per questo stia tranquillo, signore, che le basteranno pochissimi giorni e le garantisco di poter guidare qualsiasi tipo d'automobile alla perfezione.

SORDI Davvero? Ah fantastico. E uno poi può andare in automobile come meglio le pare? Può mandarla pure ad una velocità fantastica? Tante volte non so, uno ha fretta, non è vero? Deve andare da un posto all'altro della città e... scc... via come il vento. Ci si può andare, se uno vuole? Veloci, veloci?

SIGNORE Ma certo, quando avrà fatto pratica, può fare quel che vuole.

SORDI Davvero? Ah, fantastico!... Ah sono proprio contento. Vedi tante volte come succede? Se oggi non mi capitava di leggere sul giornale l'annunzio io neanche lo sapevo che si poteva usufruire di questa comodità.

SIGNORE Ah, stia tranquillo che chiunque ha frequentato la nostra scuola, può dire veramente di sapere andare in automobile.

SORDI Davvero? Ah benissimo... Avete delle belle automobili voi? Molto comode e molto veloci?

SIGNORE Perbacco signore. Abbiamo una 1100 ed una 1500 ultima serie. Nuove.

SORDI Nuove? Ah che bellezza. Sono proprio contento. E dica un po' scusi si può fare subito la prova di andare sull'automobile?

SIGNORE Come crede signore, vuole fare il giro di prova?

SORDI Sì signore magari. Siccome avrei molto da fare, non è vero?

SIGNORE Capisco. Be' mi dica lei l'orario che più gli fa comodo.

SORDI Subito signore. Mi farebbe molto comodo. Non sarebbe possibile? Subito subito?

SIGNORE Subito adesso?

SORDI Sì signore... Subito subito. Non sarebbe possibile?

SIGNORE Be', veramente adesso è ancora presto. Il maestro arriva alle dieci.

SORDI Alle dieci? Ah no mi dispiace, ma alle dieci è troppo tardi. Se si poteva subito bene, ma io fino alle dieci non posso aspettare. Eh allora sarebbe tutto inutile no? Scusi. Io svolgo un lavoro troppo meticoloso. C'ho tutti gli orari segnati, all'ora tale quello, all'ora tale quell'altro, non posso perdere neanche un minuto di tempo. Ecco perché gli dicevo se si poteva subito subito usufruire di questa comodità bene, sennò, se non è possibile pazienza...

SIGNORE Be', aspetti un momento. Potrei accompagnarla io per questo primo giorno.

SORDI Davvero? Ah, grazie signore, grazie molto gentile. Mi dispiace doverla disturbare.

SIGNORE Niente, niente per carità, venga venga pure, la macchina è qui fuori.

SORDI Sì signore grazie, grazie tanto... Ah, è questa l'automobile?

SIGNORE Sì, le piace?

SORDI Ah è molto bella altroché... Accidenti che bella automobile... Guarda come è lucida aho... lucida, lucida, lucida... Posso salire signó?

SIGNORE Prego si accomodi... Guido io eh?

SORDI Guida lei? Bravo sa guidare? Ah, hai visto? È molto che lei si è imparato a guidare l'automobile signó?

SIGNORE Io? Eh sono trent'anni.

SORDI Trent'anni? Ah, accidenti aho, trent'anni. Ha voglia ad impararsi. A quest'ora ci scommetto che lei sarà pure capace di guidare l'aeroplano.

SIGNORE Che c'entra l'aeroplano?... Be', andiamo va'... Avanti chiuda lo sportello.

SORDI Sì signore subito. Pronti! (*sportello auto*) Avviamento, motore, partenza. Aspetti, aspetti, aspetti! Signó! Signó aspetti!

SIGNORE Che c'è? Che è successo? (*frena*)

SORDI I pacchi, i pacchi signó!

SIGNORE Che pacchi?

SORDI Ho lasciato i pacchi dentro l'ufficio... (*via*) Ah, ecco fatto... Mamma mia che paura mi ero messo, aho meno male che me ne sono accorto in tempo, stavo proprio bene se lasciavo i pacchi...

SIGNORE Be', li riprendeva al ritorno.

SORDI Al ritorno? Quale ritorno signó. Queste mi servono adesso altroché sono le pile.

SIGNORE Che pile?

SORDI Le pile col fischio. Io sono il rappresentante della pila col fischio signó, non lo sapeva?

SIGNORE No, la pila col fischio?

SORDI Sì signore, è un nuovo ritrovato della tecnica moderna. È una cosa fantastica sa. Si tratta di una pila di alluminio, eccola vede? Un po' più grande del normale con un meccanismo speciale nascosto che non si vede. Questo serve appunto per le massaie distratte, o per chi non può perdere tempo a stare lì in dipresso al fornello ad aspettare che la pila bolle. Lei mette la pila con l'acqua sul fuoco, poi esce e se ne va a fare una bella passeggiata. Ad un certo momento in qualunque punto lei si trova, per la strada, dentro a qualche negozio, dovunque, lei sentirà un fischio acuto come il sibilo della sirena. Il suono è diverso da quello delle sirene però. L'abbiamo dovuto cambiare, perché ultimamente ci hanno fatto reclamo. Perché ogni volta che bolliva qualche pila gli operai che lavoravano nelle fabbriche, nelle officine lì vicino, sentivano il fischio, si credevano che era mezzogiorno, staccavano il lavoro e se ne andavano a magnà. Ha capito come succedeva bene? Era un equivoco... Ah, ah... Comunque è una cosa fantastica sa, è molto ricercata, abbiamo molte ordinazioni di queste pile col fischio. Che gli interessano pure a lei forse signó le pile col fischio?

SIGNORE A me? No, no grazie.

SORDI Senza complimenti signó. Se lei volesse usufruire

gliene posso lasciare una in prova. La vuole pure lei la pila col fischio signó? La vuole? Gliela posso lascià... La vuole signó?

SIGNORE Ma no, ma che c'entra adesso la pila col fischio scusi? Andiamo piuttosto... È pronto? Si può andare?

SORDI Sì signore, pronti!

SIGNORE Bene, ha dimenticato niente?

SORDI No signore andiamo pure... Pronti! (*motore*) Lo sa dove deve andare, signó?

SIGNORE Come dove devo andare? Facciamo un giro no?

SORDI Sì signore, appunto lo dicevo, siccome lei non lo sa, adesso glielo dico io... Dunque, primo Attilio Cornicioni, viale Liegi 212. Andiamo in viale Liegi 212!

SIGNORE Viale Liegi?

SORDI Sì signore 212... Quanto ci mette da qui scusi signó per arrivare in viale Liegi, così in approssimativo?

SIGNORE Viale Liegi? Ma non lo so... cinque minuti.

SORDI Cinque minuti? Davvero?... Ah mamma mia che impressione... Vediamo un po'? Accidenti aho cinque minuti... Io ci metterei più di mezz'ora, altroché... Andiamo signó vediamo un po'!

SIGNORE Vuole andare a viale Liegi?

SORDI Sì signore vediamo un po' quanto ci mettiamo? Che la manda ad una velocità fantastica adesso l'automobile signó? Sfido io che si fa presto, avete proprio ragione... Mamma mia aho, guarda che andiamo come il vento!... Stia attento però sa? Non sia mai detto... non mi metta impressione io sono poco pratico... Guarda l'alberi tu... come corrono pure loro tutti all'incontrario... Scc... Accidenti come si fila... Guarda le facce della gente non si vedono neanche più... Mamma mia se passasse per la strada qualche compagnuccio mio, neanche mi riconoscerebbe più a questa velocità fantastica... Daje!... Scc... Ce l'ha i freni signó?

SIGNORE Senta stia zitto per favore... Ma che sta dicendo?

SORDI No dicevo ce l'ha i freni? Ci guardi bene signó! Dovessimo andare a salire sopra a qualche tranve con tutta l'automobile... Non sia mai detto per l'amor di Dio sa... Me lo dica prima che me lo prendo da solo il tram non c'ho mica bisogno dell'automobile...

SIGNORE Ma stia zitto mi faccia il piacere!

SORDI Scc... Mamma mia come si fila! (*frena*) Oddio! Che è successo signó? Che è successo?

SIGNORE Niente, niente, che è successo?

SORDI Che è successo? Perché s'è fermata? Si sono sfilate le ruote signó?

SIGNORE Ma che dice si può sapere? Siamo arrivati.

SORDI Siamo arrivati? Stiamo già a viale Liegi?

SIGNORE Sì, viale Liegi.

SORDI Al 212?

SIGNORE Sì 212!

SORDI Davvero? Mamma mia come abbiamo fatto presto sa. Bravo! Accidenti che comodità è questa aho. Io avrei perso tutta la mattinata... E invece tiè... in pochi minuti già siamo arrivati.

SIGNORE È soddisfatto?

SORDI Soddisfatto? È una cosa fantastica altroché... Scusi eh... Aspetti un momento... Faccio proprio un salto. Vado dal signor Attilio Cornicioni a portargli la pila e ritorno subito... Aspetti eh? Non vadi via!

SIGNORE Ma no, no stia tranquillo... Uhh!

SORDI Ecco fatto! Ho fatto presto? Ha visto come so' veloce? Pure io filo come il vento quando faccio le commissioni... Andiamo? Con una velocità fantastica un'altra volta... Pronti! (*sportello*)

SIGNORE Andiamo?

SORDI Pronti! Lo sa dove deve andare signó?

SIGNORE Come dove devo andare? Ritorniamo no?

SORDI Ritorniamo? Come vuole signore, lei lo sa come si guida l'automobile... Si fa prima per andare in via Marianna Dionigi a passare per la strada del ritorno?

SIGNORE In via Marianna Dionigi?

SORDI Sì signore. Via Marianna Dionigi 2. Appena imbocca la strada il primo portone a destra.

SIGNORE Ma scusi, ma che significa? Che andiamo a fare a via Marianna Dionigi?

SORDI Andiamo dal signor Ludovico Malatesta. Via Marianna Dionigi 2.

SIGNORE E chi è?

SORDI E non lo so. Io non lo conosco. Non la conosco mica chi è questa gente. Io faccio la commissione mia. Gli consegno la pila e me ne vado.

SIGNORE Sì lo so ma che c'entra scusi, col giro che stiamo facendo noi?
SORDI Non c'entra niente? Che abbiamo sbagliato strada signó?
SIGNORE Ma no, ma che sbagliato strada. Dicevo che ci stiamo indugiando troppo scusi...
SORDI Andiamo, andiamo signó. Io sono pronto. Anzi più presto facciamo e meglio è... Pronti! Quanto ci mette da qui scusi per andare a via Marianna Dionigi 2? Così in approssimativo? Quanto ci mettiamo signó? Quanto ci mettiamo?
SIGNORE Ma quanto ci mettiamo... quanto ci mettiamo! Non lo so... Ma guarda che mi doveva capitare a me oggi. (*motore*)
SORDI Scc! Accidenti aho come abbiamo già preso la velocità fantastica... Daje!... Mamma mia che impressione che me fa questa corsa sfrenata. Mi pare di stare al cinematografo... Attento signó! Attento signó? Attento signó!
SIGNORE Ma che c'è?
SORDI C'era un cane! Non ha visto come ha attraversato la strada di corsa senza neanche guardà a destra o a sinistra... C'è mancato proprio un pelo poverello... Che impressione che ho avuto! Accidenti pure a questi cani ed ai padroni che gli fanno attraversà le strade pure da soli... E statevi attenti no? Statevi attenti!
SIGNORE E statevi zitto! E che maniera è questa scusi?... Ah! (*frena*)
SORDI Oddio! Ci siamo fermati un'altra volta!... Aho che è successo?
SIGNORE Niente! Siamo arrivati.
SORDI In via Marianna Dionigi 2?
SIGNORE Sì!
SORDI Davvero? Eh ma questa è una cosa fantastica sa... Bravo! È proprio un miracolo... E qui più veloci del vento si fanno le commissioni...
SIGNORE Andiamo si sbrighi... Che deve fare?
SORDI Subito signore... Rivengo subito... Arieccome qua.
SIGNORE Ha già fatto?
SORDI No signore me so' scordato la pila. Scusi sa rivengo subito...

SIGNORE Uhh!
SORDI Ecco fatto! Ho fatto presto?
SIGNORE Sì, sì, ha fatto presto. Andiamo adesso!
SORDI Pronti signore andiamo. Via Pigafetta 13... Questa è un po' lontana, sta vicino alla Garbatella...
SIGNORE Ah no senta adesso basta sa? Ma che mi ha preso per un tassì?
SORDI Come dice signore, scusi? Non comprendo!
SIGNORE Ah, non comprende? Ma glielo faccio capire io però... Ma che si crede che io l'accompagno dove dice lei?
SORDI E dove mi vorrebbe accompagnà signó? A fà la scampagnata? Io non posso mica perdere tempo sa... Io devo fare le commissioni mie...
SIGNORE E che m'importa a me delle commissioni sue. Noi siamo usciti per fare il giro di prova, mica per fare il giro del mondo.
SORDI Ma che mi importa a me scusi. Se io non faccio le commissioni a me mi cacciano via sa? E con quelli mica si scherza. Lei perché non li conosce. Sono burberi e severi sa i fabbricanti delle pile col fischio.
SIGNORE Ma che c'entrano adesso le pile col fischio. Questa è una scuola. E se lei vuole frequentarla deve venire con me e non a fare le commissioni.
SORDI Perché lei va a scuola signó? Ah io no grazie, io non ci vado più a scuola, io lavoro adesso, non ce posso venì...
SIGNORE Ma allora che è venuto a fare questa mattina nella nostra agenzia, si può sapere sì o no?
SORDI Come che ci sono venuto a fare scusi? Ho letto l'annunzio sul giornale e ci sono venuto subito, no?
SIGNORE Ma venuto a fare che?
SORDI Per andare in automobile, no? A fare le commissioni mie in fretta e in furia.
SIGNORE Ah per andare in automobile... per fare le commissioni.
SORDI Eh certo signore, lo diceva pure il giornale: «Provateci non vi costerà niente e risparmierete tempo».
SIGNORE Ah lo diceva il giornale?... Ho capito. Senti! Adesso senza dire più una parola prenditi le pile, scendi più presto che puoi dalla macchina e mettiti a correre. Sali però sul marciapiede perché se ti trovo in mezzo alla

strada ti stritolo come una salsiccia hai capito? Brutto deficiente, cretino, idiota, criminale che non sei altro... Ma guarda che mi doveva capitare a me oggi.

SORDI Senta lei! Moderi le parole sa e guardi bene con chi parla ha capito? Che si crede perché sa andare in automobile di potermi dire con una velocità fantastica questa sorta di invituperi? Io sono un signorino per bene, sa, non so andare in automobile ma le risposte le so dare pure io veloci come il vento...

SIGNORE Andiamo scendi! Scendi matto che non sei altro!

SORDI Dai dai continua imperterrito!

SIGNORE Scendiii! T'ho detto di scendere! Hai capito? Scendi!

SORDI Scendo, scendo non temere non ci resterei neanche un minuto di più su questa automobile indemoniata (*motore*) corri, corri da solo impeccatore delle genti, verso la meta di perdizione. Mamma mia che gente aho; gente proprio da manicomio sa, guarda pure io dove sono andato a capità. Da qualche mistificatore... C'erano almeno sette o otto agenzie sull'annunzio del giornale, che mi sono segnato pure l'indirizzo. So' sempre padrone di andarci... (*campanello della porta*) Buongiorno! Scusi è qui che si insegna ad andare in automobile?

SECONDO SIGNORE Sì signore, lei vorrebbe imparare?

SORDI Sì signore per l'appunto, si potrebbe fare subito un giro per vedere come si va in automobile?

SECONDO SIGNORE Prego signore, vuole fare il giro di prova? Si accomodi pure in macchina.

SORDI Ah, grazie signore, questa sì che è una bella automobile. È molto veloce? Può andare anche ad una velocità fantastica?

SECONDO SIGNORE È velocissima. Vuole provare?

SORDI Magari, vediamo un po'... in via Pigafetta 13 è un po' lontanuccio sa, sta vicino alla Garbatella, vediamo quanto ci mettiamo... Scc.

Dissolvenza

Buonasera amici miei carissimi. Buonasera a tutti. Come state? State tutti bene? Che cosa fate di bello questa sera?

Ci andate al veglione mascherato? Se ci andate buon divertimento amici miei, perché io invece me ne vado proprio a letto a dormire. Sono tanto stanco. Che brutto giovedì grasso che ho passato. E pensare che mi volevo tanto divertire. Mentre invece... Ma va, va... Da *I Tre Moschettieri* non mi sono potuto mascherare. Anche i compagnucci miei, ognuno se ne è andato per conto suo. Io mi sono trovato solo solo. E per non sapere né leggere e né scrivere, me ne sono andato al cinematografo. Ero tanto lieto e contento che c'ero anche andato con l'intenzione di portare un po' di buonumore ed invece... Mamma mia... aho... Perché voi non lo sapete quello che mi è capitato? Ah, non lo sapete? Be', statemi attenti tutti e poi vediamo che cosa ne pensate. Ecco qua. Quando sono entrato al cinematografo il film era già incominciato...

Dissolvenza

Carnevale

Ambiente cinematografico

SORDI È permesso? Permesso? Permesso? Scusi è libero quel posto?

SIGNORE Sì, credo di sì.

SORDI Allora permesso, scusi! A ragazzì, leva un po' qui 'ste gambe che mi devo mettere a sedere! A ragazzì, dico a te, sa. Leva un po' 'ste gambe!

SIGNORE Ludovico! Ma che fai? Stai composto.

SORDI Ah ah. S'era messo tutto con le gambe sopra questa poltrona.

SIGNORE Stai buono, Ludovico. Stai fermo e buono, altrimenti ti porto via.

SORDI Be', adesso non gli dica niente, poverello, è un ragazzino! So' tutti uguali. Io pure quando ero ragazzino, non mi stavo mai fermo. È figlio suo, signó? Signó! Signó!

SIGNORE Eh?

SORDI Dico, è figlio suo?

SIGNORE Sì, è figlio mio.

SORDI Quanti anni c'ha?

SIGNORE Dieci.

SORDI Ah, è bello grandino. Allora capisce? Non ci vai a scuola?

BAMBINO (*forte*) Sì, ci vado!

GENTE Sst... Sst... Silenzio!

SIGNORE Zitto Ludovico. Che strilli!

SORDI Accidenti che voce. Mi sembra un tenore! Non ti piace il cinematografo?

BAMBINO Sì che mi piace.

SORDI Ti piace? Allora stai fermo e buono, no?... Be', si sa, quando non sono film d'avventure i ragazzini si annoiano. Non ti piace questo film, non è vero ragazzì?

BAMBINO No.

SORDI Be', certo, lo capisco io, poverello. Un film dell'Ottocento... Tiè, guarda un po' se ti piace questa? Ragazzì! Guarda un po' che c'ho? La vedi, la vedi così all'oscuro? Ti piace?

BAMBINO Che è?

SORDI È una maschera, non la vedi?

BAMBINO La maschera?

SORDI Certo, la maschera di carnevale. Non ti piace? Guarda un po'? La vuoi? Tiè, mettetela un po'. Tiè!

BAMBINO Ah ah... A papà! Papà! Me vedi?

SIGNORE Che è? Cos'è questa roba? Che ti sei messo?

BAMBINO Me l'ha data il signore.

SORDI Gliel'ho data io, signó. Almeno sta buono. Oggi è giovedì grasso, ai ragazzini gli piace di portare le maschere. Ti piace ragazzì? Ti piace questa maschera? La vuoi? Tiettela così adesso quando si accende la luce, ti alzi in piedi e metti paura a tutti quanti. Lasciatela in faccia, ragazzì, non te la levà.

BAMBINO Me la dà?

SORDI Certo, se la vuoi. Prendila.

BAMBINO A papà, il signore me la dà.

SIGNORE Ah, grazie, grazie tante.

SORDI Prego signore.

SIGNORE Ma perché si disturba?

SORDI Niente, signore, nessun disturbo, per carità. Se al figlio suo gli piace gliela lascio. Ci si diverte poverello. Ti piace la maschera?

BAMBINO Sì che mi piace. Uhh!

SIGNORE Ludovico! Ludovico, che fai?

SORDI Sta a fare l'orco... Ah, ah, ah, è la maschera dell'orco.

BAMBINO Uhh!

GENTE Sst! Silenzio!

SIGNORE Ludovico! Stai zitto...

SORDI Sta buono adesso. Sta buono ragazzì, sennò tuo padre te la leva la maschera. Quando s'accende la luce lo fai l'orco. Ah, ah, ah. Dunque vediamo un po'. Una maschera d'orco... Ecco fatto... Ragazzì! Ragazzì! Guarda un po' se ti piacciono queste? Le vedi? Ragazzì! Guarda un po'.

BAMBINO Che so'?

SORDI Sono le stelle filanti.

BAMBINO Le stelle filanti?

SORDI Sì. Ti piacciono? Le vuoi? Tiè, prendetene un pacchetto. Tiè, ragazzì...

BAMBINO A papà!... Papà! Lo vedi che mi ha dato il signore?

SIGNORE Cos'è?

SORDI Sono le stelle filanti, signó.

SIGNORE Ma perché, scusi?

SORDI Come perché? Sono le stelle filanti, no?

SIGNORE Lo so... ma mi dispiace...

SORDI Gli dispiace? E perché, scusi? È carnevale, non si deve mica guardare a queste cose. I ragazzini ci si divertono. Almeno è tutta roba che non ci si fa male.

SIGNORE Va be'... Sta buono, però, Ludovico, eh!

BAMBINO Sì, papà, sto buono.

SORDI Allora un pacchetto di stelle filanti... Non le tirà adesso eh, ragazzì! Le tiri quando s'accende la luce. Vedrai come sono belle e come vanno lontano queste stelle filanti. Tiè, adesso all'oscuro tira questi... Tiè, ragazzì... Ragazzì, guarda un po'?

BAMBINO Che è?

SORDI Sono i coriandoli fosforescenti. Che quando li tiri per aria, all'oscuro sembrano come tutte lucciole. Guarda un po', ragazzì! Guarda, eh, li vedi? Li vedi come sono belli all'oscuro?

BAMBINO Ihh!

SORDI Ah, ah, ah! Ti piacciono? Li vuoi? Tiè, pigliatene un pacchetto.

BAMBINO Grazie...

SORDI Niente bambino. Tanto tuo padre ha detto di sì... Dunque un pacchetto di coriandoli...

BAMBINO Ihh!... Le lucciole!... Ahh!

SORDI Ah, ah, ah... Le vedi? Le vedi come sono belle? Che sembrano proprio come tutte lucciole?

BAMBINO (*forte*) Ah, ah, ah.

GENTE Sst!... Silenzio... Sst!... Silenzio!

SIGNORE Ludovico! Basta eh! Adesso ti porto via.

SORDI No, signore. Non stava mica a fare niente, sa. Non gli strilli poverello. Guardava i coriandoli fosforescenti.

SIGNORE Ma che m'importa quello che guardava. Deve stare buono, la gente protesta.

BAMBINO Ma che faccio, papà?

SORDI Be', sta zitto adesso, ragazzì. Sennò tuo padre davvero ti porta via.

BAMBINO Sì, sì, sto buono, sto buono.

SORDI Ecco, bravo. Sta buono... Mamma mia però che antipatica che è la gente, sa. Una povera creatura... È carnevale, butta due coriandoli. E che sarà mai? Pure oggi che è giovedì grasso gli dà fastidio... Tiè a ragazzì... Ragazzì... Tiè, guarda un po'? Guarda un po' queste. Queste non si vedono all'oscuro.

BAMBINO Che so'?

SORDI Sono le pallette. Le pallette del cotijon. Le vedi come sono belle, tutte a colori? Tiè, le vuoi?

BAMBINO Che ci faccio?

SORDI Come che ci fai, le tiri, no?

BAMBINO Le tiro?

SORDI Sì, tira, tira, tanto non si vedono all'oscuro.

BAMBINO Ammappele come so' pesanti.

SORDI So' pesanti? Eh, sono proprio quelle speciali col piombo. Che non gliela fai a tirarle?

BAMBINO Sì che gliela faccio.

SORDI E allora tirale. Tira, fammi vedere come le mandi lontano.

BAMBINO Ahh!

UOMO Oddio! Oddio! Mi hanno tirato un sasso.

Forte brusio

GENTE Che c'è, che è successo?

UOMO Oddio che dolore... Mi hanno tirato un sasso in testa...

GENTE Un sasso?

UOMO Non lo so se era un sasso... Una cosa dura. Oddio che dolore. Se me ne accorgo chi è che fa questi scherzi... Brutte canaglie.

GENTE Sst! Silenzio! Silenzio!

UOMO Guarda che gente che viene al cinematografo...

GENTE Sst! Silenzio! Silenzio!

Cessa il brusio

BAMBINO Ah, ah, ah!

SORDI Ma che fai, se pò sapé? Lontano, ragazzì! Te sto a dì lontano? Lontano devi tirà. Tu le tiri vicino... Poi fa male a qualcuno, no?

BAMBINO E che ne so io? Non vedo niente!

SORDI E lo so che non vedi niente. Apposta devi tirare bene... Forte, devi tirà. Più forte che puoi. Così vanno lontano, no? Dai, ragazzì, prova un po'. Però tira forte, eh?

BAMBINO Forte?

SORDI Eh, già, forte devi tirà. Dai, tira un po'?

BAMBINO Ahh!

UOMO Oddio! Oddio! Oddio!

GENTE Che è successo?

Forte brusio

UOMO Mi hanno tirato un'altra sassata! Oddio! Oddio che dolore. Adesso basta però... Chi è questo cretino che fa questi scherzi? È da criminale, chi è? Cacciatelo via... Oddio che dolore.

GENTE Sst! Silenzio! Basta... Finitela laggiù!

MASCHERA Signori! Signori! Che succede? Calma, silenzio!

UOMO Ma che silenzio un corno! Tirano i sassi, là dietro.

GENTE Silenzio... Mandatelo via... Sst!

SORDI Ah, meno male che si è accesa la luce. Mamma mia che pandemonio. Accidenti, ragazzì che mira che c'hai. Due volte sempre lo stesso signore, hai colto.

BAMBINO (*ride forte*) Ah, ah, ah!

SIGNORE Ludovico! Ludovico! Non sarai mica stato tu, per caso?

BAMBINO A papà!

SORDI Sì signore, è stato proprio lui. Accidenti, come l'ha tirata forte.

SIGNORE Sei stato tu? Ah, brutto... Tiè. (*forte schiaffo*)

BAMBINO (*piange forte*) Aio! A papà!... Ma io che c'entro?... È stato lui che me l'ha date... Ah, ah, ah...

SIGNORE Sta zitto! Sta zitto!

BAMBINO (*piange*) Sì, sta zitto... Andiamo... Ah, ah, ah!

SORDI Senta, signore, ma che fa scusi! Gli mena ad una povera creatura?

SIGNORE Ma stia zitto, lei. Gli dia pure ragione. Ma con oggi è finita, sai? Non ti ci porto più al cinematografo.

BAMBINO (*piange*) Aio! ah, ah, ah!

SORDI Be', adesso basta, poverello, no? E che maniera è questa, scusi? Dopo tutto lui che c'entra? Se non si diverte col film, oggi è carnevale, gioca un po' con le pallette, no?

SIGNORE Ma mi faccia il piacere, e poi lei la finisca di dargli quella roba.

SORDI Io? E io che c'entro, scusi? Io gliela ho fatta vedere, gli ho chiesto se la voleva. Pure lei mi ha detto di sì. Se mi diceva di non dargliela, non gliela avrei mica venduta, no? Eh, scusi.

SIGNORE Venduta? Ma perché lei la vende questa roba?

SORDI Sì, signore, e certo che la vendo. Ecco a lei. 435 lire. Questo è il conticino.

SIGNORE Che conticino?

SORDI Ecco, signore. Ecco qua. Ho segnato tutto. Gli ho fatto pure dei prezzi di fine carnevale. Ormai ci sono solo pochi giorni. Queste sono proprio rimanenze.

SIGNORE Ma che cos'è questa roba?

SORDI Ecco, signore, c'è scritto tutto qua sul conticino. Una maschera da orco, un pacchetto di stelle filanti, un pacchettino di coriandoli, e tre pallette col piombo.

SIGNORE Che pallette?

SORDI Quelle che il figlio suo ha tirato in testa a quel signore. Sono le pallette col piombo. Le pallette speciali del cotijon.

SIGNORE Ma per carità... Ma mi faccia il piacere...

SORDI Prego, signore, non c'è di che, il piacere è tutto mio.

SIGNORE Ma che storie sono queste? Andiamo Ludovico, ridagli tutto.

SORDI Mi ridà tutto? E che mi ridà, scusi. I coriandoli l'ha buttati, le pallette pure. La maschera dell'orco se l'è messa... Capirai con quel capoccione me l'ha allargata tutta... Che mi dovrei ripiglià, una cosa usata?

SIGNORE Ah, è così? E io gli dovrei dare 435 lire?

SORDI Sì, signore, 435. Se vuole fare conto paro, gli do altre tre pallette col piombo, così facciamo 450. Le vo'? Tiè, ragazzì, tiè le pallette col piombo.

BAMBINO Le devo prendere, papà?

SIGNORE Tiè, prendi questo tu. (*forte schiaffo*)

BAMBINO Aio papà! Ah, ma mo che ho fatto?

SIGNORE Stai zitto! Stai zitto, non piangere.

SORDI Ah, mamma mia, signore, ma che fa, scusi. Perché lo tratta così quel figlio suo?

SIGNORE Si faccia gli affari suoi lei, che li sa fare già abbastanza bene. E la finisca.

SORDI Scusi, signore, ma io glielo dicevo per lei. Se gli dà un altro schiaffo, quel povero ragazzino non c'ha più bisogno della maschera per fare l'orco.

SIGNORE Ma insomma, che cosa vuole lei da me, si può sapere sì o no?

SORDI Io niente, voglio da lei. Che gli ho chiesto forse qualche cosa?

SIGNORE E allora la smetta. Io sono venuto al cinema e non a discutere con lei che vende le maschere, i coriandoli e le pallette.

SORDI E che l'ho obbligato io forse a comprarle? Io gliele ho fatte vedere, gli sono piaciute, se l'è prese, adesso sta a fare tante storie?

SIGNORE Insomma basta, la finisca. Ecco le 435 lire e non mi secchi più.

SORDI Grazie, signore... Scusi sa ma so' 450. Glielo ho detto prima, ho fatto conto paro. S'è preso 'n'altre tre pallette, il figlio suo.

SIGNORE Pure? Bravo! Sei contento adesso?

BAMBINO Io papà? Ma io che c'entro?

SIGNORE 450 lire per le pallette. Che ci farai, dico io!

SORDI Le tira in testa alla gente! E come ce coje!

BAMBINO Ah, ah, ah!

SIGNORE Stai zitto, tu, sai! (*schiaffo*)

BAMBINO (*piange*) Aio... Ah, ah, ah.

SORDI Daje, un altro schiaffo... Poi dice che è smanioso 'sto ragazzino. Ma a questo poverello gli viene la verminara, altroché.

SIGNORE Basta, non ne posso più. Accidenti a me e quando ci sono venuto. Andiamo, alzati, cammina!... Andiamo via...

GENTE Sst!... Sst! Silenzio.

SORDI Zitto, signó, parli piano, è ricominciato il film.

SIGNORE Ma mi lasci passare e si levi di mezzo pure lei. Imbecille, cretino, idiota che non è altro.

GENTE Sst! Sst! Silenzio!

Forte brusio

SORDI Senta lei, moderi le parole sa? E guardi bene con chi parla, ha capito? Che niente niente mi ha preso pure a me per il figlio suo? Vada in qualche altro posto a sfogare quei nervi suoi, che se lei è manesco a me non mi fa mica paura, sa? Io gli so rispondere pure per le rime.

SIGNORE Uhh! È meglio che me ne vado, che se perdo la pazienza mi comprometto, oggi con questo deficiente. Permesso? Andiamo, cammina pure tu!

BAMBINO Ah, ah, ah. (*piange allontanandosi*)

GENTE Sst! Sst! Silenzio!

SORDI Dai, dai continua imperterrito. Ma non ti rimorde la coscienza? Sentilo tu quel povero figlio suo come lo fa piangere... Mamma mia che gente, aho, gente proprio da manicomio. Chi lo sa che gli avrà preso tutto ad un tratto? Sembrava un energumeno! Mamma mia le botte in testa che gli ha dato a quel povero ragazzino, aho. E quello domenica lo può mandare a Viareggio a fare la sfilata dei testoni...

SECONDO BAMBINO Permesso? Permesso? Mammina! Papà! Papà! Qui ci sono tre posti.

SORDI Fa' piano, ragazzì! Ragazzì, fa' piano! Mi sei montato tre volte sulle scarpe.

SECONDO SIGNORE Buono, Marco, fai piano, non disturbare, siamo qua. Scusi sa, abbia pazienza. Permesso?

SORDI Prego, signore, si accomodi.

SECONDO SIGNORE È un po' vivace...

SORDI Accidenti che vivacità... Sembrava una valanga.

SECONDO SIGNORE Adesso stai buono, Marco, non disturbare il signore.

SORDI Prego, signore, per carità. Sono ragazzini... Ah, ah, ah! Ti piace il cinematografo?

SECONDO BAMBINO Sì!

SORDI Ti piace? E questa? Guarda un po' questa se ti piace? A ragazzì! Guarda un po'?

SECONDO BAMBINO Che è?

SORDI La maschera. La maschera dell'orco.

SECONDO BAMBINO Ihh!

SORDI Ti piace?... La vuoi?... Tiè, mettetela un po'?... Tiè, ragazzì!...

Dissolvenza

Buonasera amici miei carissimi, buonasera a tutti. Come state? State tutti bene? Sono sicuro di sì. Ma ancora più si starebbe bene, se tutti fossero tranquilli e sereni. Ma non vedete che ogni tanto, quando meno te l'aspetti, salta sempre fuori qualcuno che fa di tutto per impressionare la gente? Ah, mamma mia davvero, in che epoca brutta siamo nati. Certo che per me e per gli amichetti miei che siamo giovani... l'avvenire non è certo molto roseo sapete. Ah! A proposito di amichetti... sto pensando a quell'anima pura di Colangeli che... poverello come è rimasto. Ah, ah, ah. Giorni fa Colangeli stava sotto braccio ad una signorina, e mentre camminava per la strada, tutto ad un tratto incontra il suo capufficio. Potete immaginare quel povero Colangeli che è tanto timido poverello... Diventa rosso rosso... Gli fa un gran saluto e poi gli dice: «Permette cavaliere che le presenti mia cugina?». «Ah, tanto piacere» dice il cavaliere. «Ma io la conosco già vostra cugina... Un mese fa era la mia.» Ah, ah, povero amichetto mio di un Colangeli... Come è rimasto male. Ah, ma a proposito di capufficio e di ufficio... Voi non sapete che cosa mi è capitato a me pochi giorni fa? Ah non lo sapete? Be', ascoltatemi bene amici miei carissimi e poi mi direte fino a che punto arriva l'incomprensione umana. Ecco qua. L'altro giorno, di buon mattino, mi sono recato nientemeno che al ministero dei Lavori Pubblici per...

Dissolvenza

L'impiegato

Ambiente ufficio. Macchina per scrivere

SORDI Buongiorno signorina.

SIGNORINA Buongiorno.

SORDI Scusi lei è la segretaria privata del direttore generale dei Lavori Pubblici?

SIGNORINA Sì.

SORDI Molto piacere signorina! Allora se vuole essere così gentile di annunciarmi che il signor direttore mi aspetta.

SIGNORINA Ha un appuntamento?

SORDI Sì signorina. Ho già avuto l'alto onore di parlargli per telefono, annunciandogli la mia visita.

SIGNORINA Va bene, signore. Vado subito a vedere se può riceverla.

SORDI Grazie signorina, molto gentile.

SIGNORINA Vuole accomodarsi? Prego! Da questa parte.

SORDI Eccomi pronto... compermesso.

DIRETTORE Avanti, avanti, venga pure avanti.

SORDI (*batte i tacchi*) Riverisco con molta stima. Signor direttore i miei omaggi.

DIRETTORE Prego, prego stia pure comodo.

SORDI Senza complimenti con molto piacere.

DIRETTORE A che debbo il piacere di questa sua visita? Signor... Signor?

SORDI Io sono un anonimo, signor direttore.

DIRETTORE Come sarebbe a dire un anonimo?

SORDI Sì signore lo dico e lo ripeto. Io non sono uno di quelli che quando fanno del bene agli altri lo vanno a raccontare ai quattro venti. Io sono semplicemente un anonimo.

DIRETTORE Va bene, come vuole. Ma di che... di che si tratta?

SORDI Glielo dico subito signor direttore. Lei non sa chi sono io è vero?

DIRETTORE No, veramente, se lei non me lo dice...

SORDI E be', glielo dico subito. Io sono un signorino che ha deciso di mettere tutte le sue energie e tutte le sue possibilità a completo beneficio di un'importantissima categoria di cittadini, signor direttore, ha capito?

DIRETTORE Sì, ma... quale categoria di cittadini, scusi?

SORDI La categoria dei senzatetto.

DIRETTORE Dei senzatetto.

SORDI Sì signor direttore. Proprio dei senzatetto. Che forse non se lo meritano i senzatetto, che io gli dia tutte le mie energie e le mie possibilità?

DIRETTORE Perbacco se se lo meritano!

SORDI Che forse non sono in una condizione proprio insopportabile loro?

DIRETTORE Altroché!

SORDI Signor direttore, fino ad oggi si è parlato tanto e poi tanto di questa gente. E che forse c'è stato qualcuno che fino ad ora gli è venuto incontro in un modo concreto e soprattutto disinteressato?

DIRETTORE Be', tra cittadini privati no! Per la verità no... Anzi direi...

SORDI È appunto quello che dico pure io... «anzi direi». Ma signor direttore parliamoci chiaro, è una vergogna quello che sta succedendo. Che quelle sanguisughe delle affittacamere appena trovano uno senza tetto gli mettono certe pigioni?... Che nemmeno se lo immagina... Se sapesse di certi amichetti miei che sono diventati addirittura nevrastenici per tutte le impressioni che hanno ogni volta che devono pagare la pigione. E questo lo chiama venire incontro lei?

DIRETTORE Ah no!... Veramente no...

SORDI Oh meno male. Ho fatto proprio bene a venire da lei, una personalità così comprensiva e simpatica.

DIRETTORE Sicché lei avrebbe deciso di... Bravo! E in che forma scusi?

SORDI Come? In che forma signor direttore? Nella forma più completa, scusi. E che facciamo le cose a mezzo... Già che uno ci mette le mani bisogna andare fino in fondo. E sennò siamo sempre da capo a dodici che non si finisce mai con questa storia.

DIRETTORE Ho capito. Mah...

SORDI Qui si tratta proprio di risolvere, di dare una casa comoda con tutti i comfort moderni a tutti quelli che non ce l'hanno... Ma insomma glielo vogliamo fare un focolare domestico a quei poveretti, sarebbe pure ora no?

DIRETTORE Sì sì sono d'accordo. Lei cosa proporrebbe?

SORDI Io signor direttore? Io ho un piano. Mi ascolti bene! E vedrà che la cosa che io ho studiato in tutti i particolari sarà da lei pienamente approvata. Ne sono sicuro.

DIRETTORE E va bene, sentiamo.

SORDI Eccomi pronto signor direttore generale. L'argomento che io gli sto per esporgli si potrebbe concludere con una sola parola: lavoro! Lavorare, ed in questo specifico caso, per costruire le case a tutti coloro che ancora non ce l'hanno.

DIRETTORE Ma caro signore, ciò che lei dice è precisamente ciò che da anni noi stiamo facendo.

SORDI Ecco signor direttore generale. Anni lei dice. Sono anni che si parla di costruire case per i senzatetto. E intanto ci sono migliaia di persone che ancora oggi non hanno una casa. Che cosa si aspetta? Perché non si costruiscono una buona volta e subito tante case? Quante ne occorrerebbero per sistemare tutti? Cento, duecento? Ebbene noi le costruiamo subito. E tutto questo le assicuro con un fortissimo risparmio. Perché i miliardi che potranno essere spesi... molti... moltissimi milioni potranno ritornare dritti dritti nelle sue tasche!

DIRETTORE Hum! Hum! Mi pare poco chiaro ma... Ma la prego perché non si siede? Queste sono cose che vanno esaminate con una certa calma no? Bisogna discuterne con ponderatezza calcolando tutte le eventualità... e... con molta riservatezza.

SORDI Certamente, signor direttore generale.

DIRETTORE Ecco... Ecco appunto... Perché i milioni sono i milioni no? (*ride*)

SORDI Certo. (*ride*)

DIRETTORE Bravo! Sono felice che lei mi sia venuto a trovare. Dunque lei mi diceva che ha delle grandissime possibilità.

SORDI Sì signor direttore generale. Moltissime possibilità. E sempre pronto per servirla.

DIRETTORE Bene, bene, sento già di avere una grande fiducia in lei.

SORDI Grazie, signor direttore generale... E sono sicuro che non se ne pentirà, sapendogli dimostrare di buon animo tutta la mia più profonda devozione.

DIRETTORE Allora, dunque, mi dica... Che cosa mi proporrebbe per primo?

SORDI Ecco, signor direttore. Come prima cosa, comincerei a costruire una bella casetta per me, tutta bianca e con un bel giardinetto tutto fiorito. Poi quella dei miei parenti vicini e lontani, magari un edificio unico. Al primo piano tutte le altre case con la precedenza a quelli che ne hanno più bisogno. Naturalmente ho già alcuni nomi di famiglie di poveri amichetti miei. I Burco, i Ludovisi, i Valerini, i Barbato, i Furlano... Be'! I Furlano non so se subito, perché in questi ultimi tempi hanno fatto dei pettegolezzi sul conto mio che proprio non li dovevano fare. Tutto questo dicevo signor direttore generale, naturalmente dovrà avvenire sotto la mia personale sorveglianza. Che come persona attiva capace di coscienza bianca come la neve e disinteressata, potrò realizzare un effettivo risparmio eliminando tutte le perdite e le disonestà. Ed ecco qui un primo rientro di parecchi svariati milioni.

DIRETTORE Mah!

SORDI Di conseguenza tutte queste famiglie che saranno sistemate in una casa accogliente e soprattutto gratuita... Tutti questi padri di famiglia che si sentiranno al caldo di tutti questi focolari domestici, con i figlioletti che rientrando la sera a casa dopo il lavoro diranno con tanto affetto: Papaa! Papaa! Lavoreranno con tanta più gioia e tutto quel lavoro che prima fruttava per modo di dire, uno, adesso, frutterà per modo di dire tre. E che cosa vuol dire tre? Forse che la gallina fa coccodè?... No, signor direttore, vuol dire più danaro che essi guadagnano e che con poco, pochissimo sacrificio potranno restituire in pagamento delle case. Ed ecco così un secondo rientro di altri parecchi milioni. Lei potrà così ben capire, signor direttore generale e con quel suo alto senso, che tanto più si estende questo piano tante più famiglie si sistemano e si fanno felici. Tanti più milioni rientrano a lei che li ha tirati fuori!

DIRETTORE Come, come, come?... Aspe'... Aspe'... Mi faccia capire bene!

SORDI Subito, subito, non si preoccupi! È appunto quello che sto cercando di fare. Se lei non mi comprende a ragion veduta, mi spiegherò più chiaramente. Magari con degli esempi. Ecco ordunque... Quando lei con l'impiego che mi darà avrà messo me nella possibilità di muovermi liberamente e attivamente... Proprio come quando uno mette la benzina nell'automobile, che senza benzina non potrebbe mica camminare l'automobile, non è vero?... E tale e quale è pure come quando uno dà la carica ad un orologio... Allora io con questa benzina all'automobile e la carica all'orologio, potrò occuparmi con coscienza e precisione di tutti i lavori, realizzando così molti moltissimi risparmi con la mia sola presenza ed il mio preciso controllo che io farò come se si trattasse di roba mia. Sarebbe insomma la situazione da cui è nato quel detto: «Dall'occhio del padrone che ingrassa il cavallo». Ha capito? Perciò, ecco ordunque, che, costruite che siano le case, lei altamente comprenderà, signor direttore generale che ognuno si sentirà ricco come un signore. Non si dice forse: «Casa mia, casa mia pur piccina che tu sia tu mi sembri una badia»? Ricco per ricco avrà più soldi e potrà restituirli a lei, con loro e mio beneficio. E così potrà cominciare ad avere la soddisfazione dei famosi rientri di milioni e milioni! E mi creda signor direttore generale, chiuda gli occhi e cerchi di immaginare, guardi guardi bene, signor direttore generale tutta quella popolazione che ora è senza tetto. Verrà invece portata ad un grado di civiltà superiore, proprio come adesso, le popolazioni del Sud Africa, o della Svizzera o dell'Olanda... Ha capito qual è l'evoluzione umana che dobbiamo raggiungere? E tutte queste case con tutti i rientri di quei parecchi e svariati milioni quanto crede che possano venire a costare a lei? Mi dica signor direttore, quanto crede?

DIRETTORE Ma aspetti un momento... aspetti un momento! Ma lei cosa sta dicendo che ancora non ho capito niente?

SORDI Non ha capito? E che cosa non ha capito, signor direttore generale?

DIRETTORE Quello che lei sta dicendo, questi rientri... questi milioni... Ma di quali milioni parla lei?

SORDI Ma signor direttore, ma che dice mai? Mi viene proprio da sorridere adesso, ma dei milioni che ci vogliono per costruire le case, no?

DIRETTORE Sì, questo lo so! Ma chi li tira fuori questi milioni?

SORDI Come chi li tira fuori? Chi li deve tirar fuori? Ma lei signor direttore generale! Lei quale rappresentante di tutti i Lavori Pubblici, no?

DIRETTORE Ah, ah, io! Ah! Adesso sì che ho capito. E già che stupido (*ride*) e chi li dovrebbe tirar fuori... Certo che io eh, eh? Mica lei?

SORDI Eh mica io? Magari potessi. (*ride*)

DIRETTORE Lei sa che sembra? (*ride*) Lei è venuto solo per propormi di costruire tante case a tutti coloro che non ce l'hanno, non è vero?

SORDI Sì, signor direttore generale. Vedo che lei ha perfettamente capito quali sono gli scopi e le mete da raggiungere a costo di qualunque sacrificio pur di risolvere quello che oggi costituisce il problema più importante per il nostro paese.

DIRETTORE Va bene signor anonimo, sia certo e vada via pure tranquillo, che faremo quanto più ci sarà possibile per veder pago questo suo desiderio.

SORDI Grazie signor direttore sento già il sopraggiungere di una profonda commozione. Ma scaccio il pensiero e fiero ed impavido come un soldatino resto fermo al mio posto e non mi muovo più.

DIRETTORE No! Noi invece adesso ci salutiamo e lei sarà tanto gentile e tanto bravo da andarsene e lasciarmi solo. Non può immaginare quanto io questa mattina ho da fare. Perciò buongiorno e grazie ancora per i suoi saggi consigli.

SORDI Ma signor direttore generale non ho mica finito di esporgli il mio progetto. Quello che devo dirle è l'argomento principale. Ed è soprattutto per queste ragioni che sono qui da lei. E ci mancherebbe pure questo che me ne andassi senza averglielo potuto dire.

DIRETTORE Ah!

SORDI Eh scusi tanto signor direttore generale, capisco che lei ha molto da fare e che quello che gli chiederò non è una sciocchezza che si risolverà solo con un suo «Sì» tanto buono compiaciuto e generoso. Ma per me mi creda signor direttore generale da questo suo sì dipenderà proprio tutta la mia vita. Eh, scusi? Allora che cosa sarei venuto a fare questa mattina da lei? Ho parlato per più di un'ora per dirgli che cosa? Eh, scusi!

DIRETTORE Ma insomma che cos'altro ha da dirmi? Che cosa vuole ancora da me?

SORDI Ecco prima di tutto voglio ringraziarla per aver preso in così alta considerazione questo mio progetto e che grazie a questo ho potuto conquistarmi la sua più completa fiducia.

DIRETTORE Ah!

SORDI E dal momento che lei ha tanta fiducia in me quello che ora le chiedo non è altro che un posticino d'impiegato in pianta stabile.

DIRETTORE Che?

SORDI Con questo noi raggiungiamo, primo: che io finalmente ho la possibilità di lavorare dopo tanto tempo che sono disoccupato e Dio solo sa, quanto io ho diritto a questo posto che lei nobilmente mi mette a disposizione. Quando io sarò finalmente impiegato, con uno stipendio finanziariamente adeguato alle mie possibilità produttive, e mi potrò così procurare tutti i mezzi necessari per darmi una bella ripulitina, mi presenterò tutto bello e pettinato magari con un po' di profumo che dà proprio un senso di pulizia.

DIRETTORE (*lo interrompe*) Signorinaaa! Signorinaaa! Uscieriii, guardie!

SIGNORINA Signor direttore che cosa c'è?

DIRETTORE Portatemi via quest'uomo, levatemelo da davanti agli occhi. Portatelo viaaa!

SORDI O Dio mamma mia bella!!!

SIGNORINA Sì, signor direttore, subito subito.

DIRETTORE Viaaa! Via divento pazzo...

SORDI Ma che gli ha preso, mamma mia! Che succede, che succede?

Porta che si chiude

SIGNORINA Ma signore che cosa è successo?

SORDI E che ne so io che è successo. Io mica lo so. Non lo so! Ma ho capito perfettamente una cosa però.

SIGNORINA Che cosa?

SORDI Una cosa che forse tutti non sanno. Ma che io ho capito perfettamente. Ecco perché nella vita molti problemi importanti non si risolvono mai, per la nevrastenia e per l'incomprensione degli uomini. Ecco che cos'è.

SIGNORINA Eh be', cosa ci vuol fare? Abbia pazienza...

SORDI Ha torto! Che cosa ci vuol fare. Noi siamo della povera gente cara signorina, ecco chi siamo.

SIGNORINA Buongiorno signore! Arrivederci.

SORDI (*apre la porta*) Buongiorno signorina, grazie tante a lei. Speriamo che mi vada bene un'altra volta. (*chiude la porta del corridoio*)

USCIERE Buongiorno eccellenza.

SORDI Eccellenza! Ah! (*corre*) Mi scusi eccellenza! Mi permette?

ECCELLENZA Sì prego!

SORDI Ecco eccellenza, io sono un anonimo.

ECCELLENZA Come sarebbe un anonimo?

SORDI Sì eccellenza null'altro che un anonimo, che ha deciso di mettere tutte le sue energie e le sue possibilità a completo beneficio di un'importantissima categoria di cittadini. La categoria dei senzatetto.

ECCELLENZA Ah! Molto interessante. Lei dice di avere molte possibilità?

SORDI Sì eccellenza. Molte. Moltissime possibilità.

ECCELLENZA Molto interessante, perbacco. Venga pure nel mio ufficio.

SORDI Grazie eccellenza. Obbedisco come un soldatino ai suoi comandi.

Porta che si chiude

Dissolvenza

Buonasera amici miei carissimi. Buonasera a tutti. Come state? State tutti bene? Speriamo di sì non è vero? Eccoci dunque ancora qui insieme a fare quattro chiacchiere. Il carnevale è finito, le maschere pure e gli scherzi... Be' gli scherzi continuano sempre al mondo anche quando non è carnevale, si dicono certe cose nella vita se fate bene attenzione che anche quando sono dette sul serio sembrano dei veri scherzi. Giorni fa per esempio una signora stava dal fruttivendolo per comprare della frutta, e mentre il fruttivendolo si accingeva a raccoglierla per pesarla, la signora: «Ferma... Ferma.. Ferma...» gli dice, «fate un po' vedere? Uh, non mi piacciono. Credete voi fruttivendolo che contengano abbastanza vitamina?». «Uh, quanto siete scrupolosa signora mia» risponde il fruttivendolo. «Si sa che la frutta prima di arrivare qui passa in tanti altri posti e per tante altre mani. Ma voi fate presto, andate a casa gli date una buona lavata e, credete a me signora mia, l'acqua porta via tutto. Potete pure mangiare tranquilla, quelle cose che dite voi non ce rimangono sopra. Poi quello che non strozza ingrassa. Avete paura di morire signora?» Ah, ah, ah, fantastico questo fruttivendolo quante risate mi ha fatto fare. Tanto non morite gli ha detto. Ah, ah, ah, che tipi certa gente. Ah, a proposito di morire... no non spaventatevi non parlo certo né per me e né per voi ma indovinate chi? Be', statemi ad ascoltare e quando ci risentiremo mi direte che cosa ne pensate. Dunque è andata così. L'altro giorno sono uscito di buon mattino e sono andato dritto difilato al commissariato.

Dissolvenza

Delitto

Ambiente commissariato

SORDI Buongiorno!

AGENTE Buongiorno. Desidera?

SORDI Senta per cortesia vorrei parlare con il commissario. Sarebbe possibile?

AGENTE Il commissario in questo momento è occupato. Se vuole attendere si accomodi laggiù in quella camera, la chiamerò io appena è libero.

SORDI Grazie, grazie tante, molto gentile... (*si allontana*) Senta, senta... agente dell'ordine.

AGENTE Che c'è?

SORDI Senta devo entrare qui dentro?

AGENTE Sì, sì entri pure la chiamerò io.

SORDI Io entro ma posso stare tranquillo?

AGENTE Ma di che cosa scusi?

SORDI Be', è sempre meglio domandare sa... in questi casi. Come si dice? Chi ha prudenza l'adoperi. Perché non si sa mai tante volte nei commissariati quello che ti può capitare. Si fa presto a dire, entri là dentro. Ammetti che uno... non so... si sbagli, e invece di entrare nella camera d'aspetto, entri nella camera di sicurezza. Poi vagli un po' a spiegare che ti sei sbagliato. Sì ci credono... domani.

Si apre una porta

SIGNORA Allora siamo d'accordo commissario... i documenti li ha. Se ci sono novità me le comunichi subito la prego.

COMMISSARIO Non dubiti signora, stia pure tranquilla.

SIGNORA Grazie ancora commissario. Buongiorno.

COMMISSARIO Buongiorno, signora.

AGENTE Commissario, c'è un signore che desidera parlarle.

COMMISSARIO Fallo entrare!

AGENTE Ehi, voi, potete entrare.

SORDI Grazie, grazie, molto gentile... È permesso? Buongiorno signor commissario!

COMMISSARIO Si accomodi prego!

SORDI Grazie signor commissario.

COMMISSARIO Allora? Mi dica!

SORDI Ecco, signor commissario, lei mi perdoni se sono venuto a disturbarla, non è vero? Ma non avevo altro mezzo ed altro scampo. Ho cercato di risolverlo da solo questo difficile problema. Ma come lei certamente capirà signor commissario queste sono cose di cui io sono poco pratico... Non è vero? Allora ho pensato bene di rivolgermi a lei signor commissario e certamente mi vorrà aiutare a risolverlo questo che per me, le assicuro signor commissario, è proprio un intrigo d'inferno e certamente da solo non ci sarei mai e poi mai riuscito.

COMMISSARIO Ma di che cosa si tratta?

SORDI Di un delitto, signor commissario!

COMMISSARIO Un delitto?

SORDI Sì, signor commissario, ma le assicuro un delitto così intrigato che anche lei quando saprà, gli ci vorrà molta fatica per riuscire a sbrogliare questa matassa.

COMMISSARIO Avanti mi dica...

SORDI Con tutto il piacere, ma non vorrei proprio disturbarla signor commissario. Se lei dovesse sbrigare qualche cosa di più urgente senza complimenti proprio, sa... Non si preoccupi per me... io sono molto comprensivo... limitato e contenuto...

COMMISSARIO Ma cosa dice? Che cosa avrei da fare di più urgente che ascoltar lei? Ha detto che mi deve parlare di un delitto, no?

SORDI Sì, signor commissario proprio di un delitto.

COMMISSARIO Allora mi dica. Dunque?

SORDI Subito signor commissario. Se lei proprio insiste.

COMMISSARIO Insisto. Ma io la obbligo a parlare.

SORDI Grazie, signor commissario. Sono io molto obbligato. Lei è veramente molto gentile.

COMMISSARIO Avanti, non si perda in chiacchiere, in nome di Dio venga al fatto.

SORDI Sì, signor commissario le dirò proprio tutto il fatto come sta. Mi faccia bene attenzione, però. È un intrigo molto complicato e ci vuole proprio un fiuto poliziesco per risolverlo, lei capisce. Io ho un animo un po' sensibile e certe cose mi fanno molta impressione, mi sembra quasi impossibile che possono accadere. E allora mi si confondono le idee.

COMMISSARIO Ma insomma mi vuol dire di che cosa si tratta, sì o no?

SORDI Sì signor commissario, subito, ecco dunque. Il conte di Camilluccia, uomo sulla quarantina, bello di aspetto e di figura atletica, è morto.

COMMISSARIO È morto?

SORDI Sì signor commissario. Proprio così. Il suo cadavere giace disteso a terra nella sua stanza. L'espressione del suo volto rivela chiaramente momenti di angoscia e di terrore. Nella stanza ogni cosa è al suo posto, nulla è stato toccato, nessun indizio di lotta, all'intorno tutto tace. Però il conte di Camilluccia, uomo sulla quarantina, bello di aspetto e di figura atletica, è morto. Ma perché è morto? Come è morto?

COMMISSARIO Ma senta, mi spieghi, dunque!

SORDI Sì signor commissario, le spiegherò tutto tutto. E vedrà che la cosa non è semplice come si può credere. Qui signor commissario, ci troviamo di fronte ad un siffatto intrigo che sarà molto faticoso poter far luce su tutti i punti oscuri della vicenda. Qui ogni particolare ha la sua grande importanza. Tutto ciò che si vede può essere un indizio. Fonte rivelatrice di questo mistero.

COMMISSARIO Senta...

SORDI Scusi, signor commissario. Mi lasci dire altrimenti perdo il filo e mi s'infuggono i particolari del misfatto. Ecco dunque: mi ascolta attentamente signor commissario?

COMMISSARIO Ma sì, sì mi dica!

SORDI Nella stanza dove giace il cadavere vediamo a destra una libreria. Dirimpetto al muro un divano e due poltrone. Vicina alla finestra una scrivania e un pochino discosto un pianoforte. Per terra un tappeto variopinto con una grande testa di drago al centro. Tutto è al suo posto. Tutto è in ordine. Però il conte di Camilluccia, uomo sulla quarantina, bello di aspetto e di figura atletica, è morto. Perché è morto? Come è morto? Ecco l'enigma. Sta ora a noi signor commissario, scoprire l'intrigato mistero di questo losco ed oscuro misfatto.

COMMISSARIO Ma senta, mi dica una cosa!...

SORDI Sì signor commissario! Quello che adesso devo dirle sono appunto tutti i particolari della scena che io ho studiato attentamente e ho scoperto alcune cose che solo lei signor commissario con la sua improntitudine, la sua arte sopraffina e il suo fiuto poliziesco, pronto e deciso a tutto ardire saprà arrivare con sommo successo a scoprire il capo e la coda di questa tanto imbrogliata matassa.

COMMISSARIO Ma insomma si vuole spiegare? Mi vuol far capire cosa è successo sì o no?

SORDI Eccomi pronto, signor commissario. Ecco tutti i particolari della scena... Primo... Senta signor commissario mi vorrà certamente perdonare se le sto facendo perdere del tempo prezioso. Lei è tanto buono, si vede subito dal suo viso rubicondo e dal suo sguardo bonario di schietta e sana letizia. In questo momento io sono un egoista penso solo ai miei interessi, me lo dica sinceramente... tanto io non mi offendo se vuole che ripassi in un'ora più comoda per lei, senza complimenti. Non vorrei poi sa, avere rimorsi sulla coscienza...

COMMISSARIO Ma in nome di Dio non mi faccia diventare pazzo. Parli... parli mi dica tutto, tutto quello che sa!

SORDI Sì signor commissario, la ringrazio tanto tanto tanto. Ecco ordunque. Primo punto. Cosa notiamo di caratteristico sui mobili che ci sono nella stanza? Nulla! Proprio nulla! Abbandoniamo le ricerche? No! Continuiamo con fede pronti e decisi a scoprire qualche traccia? Sì! Bravi! Perlustriamo allora più attentamente la stanza. I nostri occhi fieri e felini osservano... Si avvicinano lentamente sul divano... Guardano, guardano, guardano in interrottamente, senza posa. Nulla di nuovo? Scoperto niente? No! Maledizione!... Ma ecco una voce: persevera mi dice: abbi fede non abbandonare le ricerche qualcosa troverai, qualcosa che è molto vicina a te, guarda bene! Ma dove? Cercala... Va bene... Pronto e senza tregua riprendo a cercare... Acqua, acqua, acqua... Acqua, acqua, acqua... Acqua, acqua, acqua, foghetto, foghetto... Acqua, acqua, foghetto, foghetto, foghetto... Foghetto, foghetto, foghetto, fuoco! Fuoco! Finalmente ho trovato il primo indizio, che cos'è? Il pianoforte signor commissario... il pianoforte.

COMMISSARIO Il pianoforte? Che c'entra il pianoforte?

SORDI Ah! Ecco signor commissario questo è il momento scottante. Il pianoforte secondo me è il complice del movente responsabile del delitto.

COMMISSARIO Ma che dice?

SORDI Sì, signor commissario, proprio così. Beninteso sempre fermo restando a quelle che sono le modeste opinioni della voce.

COMMISSARIO Quale voce?

SORDI La voce mia, signor commissario quella che mi ha detto: Fuoco! Fermati ed osserva bene il pianoforte. Infatti osserviamolo bene e che cosa vediamo? Sul pianoforte c'è uno spartito aperto.

COMMISSARIO Che cosa?

SORDI Uno spartito, signor commissario e precisamente l'opera del «Barbiere di Siviglia». Se ne intende lei di musica?

COMMISSARIO La musica? Ma che c'entra, scusi?

SORDI Ah, signor commissario non lo dica, è proprio questa musica che ci porterà a far luce completa su questo intrigato enigma. E in che modo? Molto semplice e sbrigativo! A che pagina è aperto lo spartito? Quale pezzo dell'opera era orsù dunque pronto per essere suonato? «La calunnia» signor commissario.

COMMISSARIO «La calunnia»?

SORDI Proprio così. Vogliamo essere più convinti di non esserci sbagliati? Proviamo? Va bene. Dan dan dan dan dan dan dan dan...

COMMISSARIO Che cos'è?

SORDI Il tastino signor commissario, il tastino per prendere la nota. Dan dan dan dan dan dan...

La calunnia è un venticello
un'auretta assai gentile
che insensibile e sottile
leggermente e dolcemente
incomincia incomincia a sussurrar.
Piano piano terra terra
sotto voce sibilando
va scorrendo va scorrendo
va ronzando va ronzando
nell'orecchio della gente
s'introduce s'introduce destramente
e le teste di cervelli e le teste di cervelli
fa stordire fa stordire
fa stordire fa gonfiar.
Prende forza a poco a poco
vola già di loco in loco
sembra il tuono la tempesta
che nel sen della foresta
va fischiettando brontolando
e ti fa d'orror gelar
alla fin trabocca e scoppia
si propaga si raddoppia
e produce un'esplosione
come un colpo di cannone
buroburoburobororobun...

COMMISSARIO Ma porca miseria... Ma che sta facendo? Che sta combinando?

SORDI Mi scusi sa, signor commissario...

COMMISSARIO Ma che scusi e scusi. Ma insomma che significa tutto questo?

SORDI Non ha capito signor commissario?

COMMISSARIO No, non ho capito niente.

SORDI Ecco dunque, signor commissario. A mio modesto parere la soluzione dell'enigma non è altri che questa.

COMMISSARIO Ma quale enigma?

SORDI L'enigma che debbo risolvere signor commissario. Questo. Eccolo qui, lo vede?

COMMISSARIO Dia qua! E che cos'è?

SORDI Le piccole puzzole tascabili, signor commissario.

COMMISSARIO Le parole incrociate?

SORDI Sì, signor commissario, io sono proprio un appassionato. Ed ecco qui l'enigma premio. Eccolo qui lo vede? A pagina sette! Ecco vede?! Vede come dice? Il conte di Camilluccia, uomo sulla quarantina, bello d'aspetto e di figura atletica, è morto. Eccolo lo vede? Che giace per terra. Tenga ben conto di questo, signor commissario: il conte di Camilluccia è a terra, a terra ha capito? Questo è il pianoforte con lo spartito aperto e precisamente al pezzo: «La calunnia». Tenga presente la calunnia. Ecco qui sotto le domande. Le vede? Dice: Omicidio? O suicidio? Chi è l'assassino? Come è stato ucciso? Perché è morto? E di quale morte? Ecco la mia soluzione: il conte di Camilluccia non è morto. Quello che noi vediamo non è altri che il suo spirito che giace a terra. Si tratta di omicidio. L'assassino del conte di Camilluccia è la gente. La sua morte è una morte spirituale provocata da che cosa? Dalla calunnia, la calunnia della gente. È esatto signor commissario? Alla perfezione questo enigma. Ha da infrapporre forse opinione contraria signor commissario? No! Allora posso stare tranquillo il premio sarà mio? Posso stare tranquillo?

COMMISSARIO Il premio?

SORDI Sì signor commissario, vede come dice? A tutti i solutori di questo enigma gli verrà spedito a franco di porto un'attrezzatura completa di ping pong. Tavolo l'olimpionigo pieghevole, rete divisoria, quattro racchette, una palletta. Mamma mia che bellezza! Le assicuro signor commissario sono proprio tanto felice, che non vedo proprio l'ora di averli. Mi vedo, signor commissario a casa mia con tutti i compagnucci miei a fare la sfida di ping pong. Ah, ah, che bellezza! Signor commissario? Che mi dice? Va bene così la soluzione? La conferma di punto in bianco?... Signor commissario! Signor commissario!

Ma perché mi guarda fisso fisso?... Scusi! M'impressiona... Forse che lei non è convinto? Che mi dice signor commissario?

COMMISSARIO (*soffiato, poi sempre in crescenza fino all'urlo*) Esca! Esca... Esca... Esca di qui!... Piantone! Piantone!

AGENTE Comandi, signor commissario, che c'è?

COMMISSARIO Portatemi via quest'uomo! Portatelo via! Levatemelo da davanti agli occhi! (*continua*)

AGENTE Andiamo, uscite.

SORDI Mamma mia, mamma mia bella, mamma mia che succede?

COMMISSARIO Fuori! Fuori! Cacciatelo fuori!... O Dio!... O Dio non ne posso più...

Porta che sbatte

AGENTE Ma che è successo?

SORDI E che ne so io che è successo. Io mica lo so?! Parola mia.

AGENTE Ah, benedetto Iddio chissà che cosa gli siete andato a dire per farlo urlare così. Quello ha tanto da fare.

SORDI Senta signor agente dell'ordine, lei deve proprio credermi se io ci sono andato con tanta manierina e circospezione. Io ho molto rispetto per la legge sa e non me la sarei mai aspettata una cosa simile proprio da un alto funzionario.

AGENTE Eh, il commissario sta lavorando troppo è un po' esaurito di nervi, glielo dico sempre.

SORDI E ma si faccia curare, però. M'ha fatto un'impressione! Tremo ancora tutto, guardi, guardi se dico una bugia... Adesso però come faccio per la soluzione dell'enigma? Che ne dice lei signor agente dell'ordine? Che mi consiglia? Debbo forse rivolgermi allora a un altro commissario?

AGENTE Ecco, bravo! Credo che sia più opportuno per lei.

SORDI Sì, sì faccio proprio così! Mica saranno tutti esauriti di nervi i commissari, sennò mamma mia poveretti noi! Allora la tutela dell'ordine pubblico dove andrebbe a finire? Mah?! speriamo bene...

Pausa. Strada

SORDI Buongiorno! Scusi signore. Questo è il commissariato?

SIGNORE Sì? Chi desidera?

SORDI Vorrei parlare con il commissario, sarebbe possibile?

SIGNORE Sono io il commissario. Ma stavo uscendo. Di che si tratta? È urgente?

SORDI Ecco, signor commissario si tratta di un intrigo molto difficile che dovrei risolvere. Ho provato da solo ma vorrei il suo alto parere e la conferma dell'esatta soluzione.

SIGNORE Ma di che si tratta, scusi?

SORDI Di un delitto, signor commissario.

SIGNORE Un delitto?

SORDI Sì, signor commissario. Un delitto così intrigato che è molto difficile trovare la soluzione. Ma signor commissario, non vorrei proprio disturbarla. Se lei deve sbrigare qualcosa di urgente, senza complimenti non si preoccupi per me.

SIGNORE Ma cosa dice? La prego mi segua, venga su con me.

Dissolvenza

Mario Pio

Buonasera amici e nemici, grandi e piccini, vicini e lontani che siete in ascolto. Buonasera. Sono il vostro Mario Pio, null'altri che il vostro Mario Pio. Il vostro divoto consigliere, il vostro affezionato inconfidente. Svelto come una lepre, rispondo senza inalcuna esitazione alle vostre chiamate telefoniche. Pronto e senz'indugio vi do il consiglio, trovando per voi insull'istante quelle parole di conforto che per ogni inqualsivoglia travaglio della vostra vita quotidiana, vi arricreano. Il filosofo insegna: «Poni mente e pensaci due volte prima di dire al tuo amico che viene a trovarti: fai come se fossi a casa tua. Da quel giorno te lo troverai seduto alla tua mensa senza invito alcuno e indi per giunta con i tuoi vestiti addosso». Eccomi dunque pronto amici miei ad attendere che il tilefono squilli per rincorrere in vostro aiuto. Sono in vostra in più incompleta indisposizione a risentirci in quel di poi.

Il maestro della Scala

Squillo del telefono

SORDI Pronto, pronto in chi parla?

MAESTRO Pronto, Mario Pio?

SORDI Sì, Mario Pio. Pronto in chi parla? Con chi parlo io?

MAESTRO Mario Pio, mi perdoni, a lei sembrerà forse strana questa mia telefonata.

SORDI In che senso, perdon?

MAESTRO Per ciò che le dirò!

SORDI Davvero?

MAESTRO Sì, Mario Pio, è buffo... È buffo quel che devo dirgli... Oh come è buffo... Ah, ah, ah...

SORDI Ah, ah, ah...
MAESTRO È buffo Mario Pio! Ah, ah, ah...
SORDI Non c'è male... È carina non la sapevo!
MAESTRO (*piange*) No... no... non può essere... non può essere così... non è così!
SORDI No? Non è così? Be', lasci fare è carina lo stesso. Io pure tante volte credo di saperle, quando poi le vado a raccontare non me le ricordo più.
MAESTRO Mario Pio!
SORDI Sì!
MAESTRO Le ho telefonato per dirle tutto di me e di ciò che mi angoscia.
SORDI Dica pure in erre moscia.
MAESTRO Mario Pio!
SORDI Sì!
MAESTRO Io sono... Ma forse è inutile che io le dica chi sia... Lo saprà certo...
SORDI Da sua zia?
MAESTRO Mia zia? Ma io non ho zie!
SORDI Davvero? Beato lei... Io ne ho tre!
MAESTRO Ma di che?
SORDI Di zie mie, ne ho tre... Se calcolo pure zia Eleonora che sta a Pogginferro e che io non vedo mai, so' tre. Zia Lucia, zia Vermiglia, e zia Eleonora da Pogginferro... eh, quante so', non so' tre?
MAESTRO Ma cosa c'entrano?
SORDI Chi, loro? Niente! Quelle non c'entrano mai niente, eppure te le trovi sempre in mezzo. Se vonno impiccià de tutto!
MAESTRO Mario Pio! Mi ascolti, prego!
SORDI Prego a lei non c'è di che!
MAESTRO Mario Pio, io sono un grande artista e come tale, vede...
SORDI Non mi dica... C'ha fame? Eh, ne conosco tanti io... Poverelli tutti bravi artisti...
MAESTRO Ma no, le dicevo che come tale lei mi conoscerà certamente. Chissà quante volte mi avrà visto.
SORDI Davvero? Dove perdon?
MAESTRO Scala!... Scala Mario Pio!
SORDI È improbabile, ma or non mi sovvien, mi dia qual-

che ragguaglio io non lo nego, forse lei saliva e io scendevo? E poi bisogna vedere in che scala! Scala A o scala B? Io sto alla A, lei sta alla B?

MAESTRO Ma alla Scala di Milano, Mario Pio!

SORDI Alla Scala di Milano? Il teatro lirico?

MAESTRO Sì!

SORDI Davvero?

MAESTRO Sì, Mario Pio. Sono maestro concertatore direttore d'orchestra.

SORDI Maestro concertatore del direttore dell'orchestra? Oh, quanta gioia nel mio cuor, il suo nome perdon?

MAESTRO Maestro Arturo...

SORDI Toscanini? Davvero? Maestro?

MAESTRO Oh, no. Al tempo!

SORDI Eh, lo so al tempo de mi nonno, ma sempre Toscanini è!

MAESTRO Ma io non sono il maestro Toscanini!

SORDI Mi ha detto maestro Arturo...

MAESTRO Sì, ma Arturo Debitont.

SORDI Debitonto? In Puglie? Mamma mia, l'olio che ci avete lassù...

MAESTRO Ma Mario Pio, non conosce il maestro Arturo Debitont?

SORDI Il maestro Arturo Debitont? No! Mi perdont!

MAESTRO La celebrità di tanti famosi cantanti è opera mia Mario Pio.

SORDI Davvero?

MAESTRO Già. Ma posso dire che tutta la mia vita l'ho dedicata ad una sola voce. La voce di Toti!

SORDI Enrico Toti?

MAESTRO Ester Toti, Mario Pio, la giovane soprano che io conobbi quindici anni or sono. Che voce, che temperamento, che donna, Mario Pio!

SORDI (*lieve*) Sìì!

MAESTRO Mario Pio. Io ho amato Ester, l'ho tanto amata. E la nostra vita trascorreva felice, perché anche lei mi amava. Lei lì sul palcoscenico e io dal mio podio la guardavo e le sorridevo e con la mia bacchetta la guidavo su, su, su, verso il successo.

SORDI Mamma mia, con la bacchetta? Quanto deve essere bravo lei maestro Bitonto!

MAESTRO Modestamente Mario Pio... Sì! Quando però una sera... una triste sera, (*energico*) era l'antiprova generale della «Bohème». Fu allora che mi accorsi che il Panza...

SORDI Chi perdon?

MAESTRO Mario Panza. Un tenorucolo, di poca voce ma di molta...

SORDI Panza?

MAESTRO Di molta presunzione, Mario Pio. Mi accorsi così quella sera, durante il duetto, che costui tratteneva la mano di Ester più del necessario.

SORDI Il Panza?

MAESTRO Sì, lui.

SORDI Ma guarda un po', questi panzoni.

MAESTRO (*molto energico*) Interruppi immediatamente le prove! Alt! Basta! Via! Pausa! Riposo! Via tutti! A casa!...

SORDI Sciò... Via, andate via, ho detto via!

MAESTRO Cosa fa Mario Pio?

SORDI La sto aiutando maestro, non si preoccupi... Non si preoccupi ci penso io...

MAESTRO Mario Pio, la prego mi stia a sentire.

SORDI Mi dica maestro Bitonto... mi dica pure.

MAESTRO Chiesi subito ad Ester una spiegazione. Può immaginare: scene, isterismi, lacrime ed infine la confessione. Ester lo amava. Amava...

SORDI Panza?

MAESTRO Sì, Mario Pio. Da allora sono passati molti anni, non ho più saputo nulla di Ester. Ha girato il mondo a quel che mi consta. L'avevo ormai quasi dimenticata, ma ora... Mario Pio!

SORDI Sì!

MAESTRO Ester è tornata. E canterà nella prossima stagione lirica in un'opera che dovrò dirigere io.

SORDI In quale opera perdon?

MAESTRO «Rigoletto»!

SORDI Ah, il «Rigoletto»? Davvero? Oh passione mia! Maestro Bitonzolo!

MAESTRO De Bitont, prego... Cosa c'è?

SORDI Eh, lo so io cosa c'è, o per meglio dire che ho qui dentro... il «Rigoletto»?

MAESTRO Già, capisce Mario Pio? Io non so che cosa fare, come comportarmi, cosa dire quando la rivedrò. Sono agitato, nervoso. Mario Pio!

SORDI Eh? Chi è?

MAESTRO Mario Pio, mi ascolta?

SORDI Sì, maestro Bitonto!

MAESTRO Cosa posso fare Mario Pio? Cosa debbo fare?

SORDI Eh, maestro Bitonto... una cosa ci sarebbe da fare... Magari la volesse fare!

MAESTRO Certo, mi dica: l'ascolto!

SORDI Davvero, maestro Bitonto? Mi vuole ascoltare?

MAESTRO Ma certo, Mario Pio. Le ho telefonato proprio per questo.

SORDI Mi potrebbe ascoltare maestro?

MAESTRO Ma certo, avanti!

SORDI Grazie, maestro Bitonto... Però non sarà questo vero, come dire... Tanto per incominciare maestro Bitonto, glielo dico prima, sono un po' intitubante!

MAESTRO Ma che cos'ha da temere Mario Pio? Avanti su, l'ascolto!

SORDI (*canta*) Pari siamo! tarazan!
Io la lingua, egli ha il pugnal... tarazan!
L'uomo son io che ride (*risata*) ei quel che spegne.

MAESTRO Mario Pio!

SORDI Tarazan, tarazan!

MAESTRO Ma Mario Pio, che cos'è questo?

SORDI Il «Rigoletto» maestro Bitonto, il «Pari siamo» del «Rigoletto». Il pezzo più bello. Forse non preferisce? Vogliamo andare subito al pizzicato? Sì, maestro Bitonto, ecco ordunque...
Blin, blin, blin, blin... questo padrone mio
Giovin, giocondo, sì possente e bello
Sonnecchiando mi dice: fa' ch'io rida buffone! Zan, zan!
Forzar mi deggio...

MAESTRO Ma Mario Pio, che significa?

SORDI Come che significa... È questo giovin padrone che vuole per forza che Rigoletto lo faccia ridere. E a lui non gli va 'sta cosa. È molto commovente questo pezzo, maestro Bitonto, altroché!

MAESTRO Ma Mario Pio, ma che vuol dire? Ma perché lei s'è messo a cantare?

SORDI Ma come perché maestro Bitonto? Per farmi udire da lei! Se lei volesse, tante volte un suo appoggio... Non gli va 'sta voce mia, maestro Bitonto?... Mi dica la verità! Sapesse che passione che c'ho per il canto, fin da bambino... Potessi un giorno all'opera cantare... Mi dica maestro Bitonto... mi dica... potessi un giorno all'opera cantare!

MAESTRO Ma mi faccia il piacere! Io le ho telefonato per ben altra ragione.

SORDI Mi perdoni, ma io ho voluto approfittare di questa combinazione.

MAESTRO Ma cosa me ne importa a me. Io debbo pensare alla mia Ester che è tornata!

SORDI Ed io devo pensare a 'sta vocetta mia così bella impostata!

MAESTRO E allora va' al diavolo tu e quella vocetta tua che neanche si sente!

SORDI Ma va' al diavolo tu e Ester tua che non te vede manco pe' niente... Che te lo sei detto pure da te che strigne la mano al Panza...

MAESTRO Imbecille! Cretino! Idiota!

SORDI Modera! Modera! Sai!

MAESTRO Ed io cretino che vado a telefonare a questo deficiente per domandargli un consiglio. Cretino! Insulso! Microcefalo! Imbecille! Imbecille!

SORDI Dai, dai, continua, continua pure imperterrito con questa sorta di invituperi. Ti approfitti non è vero? Ti approfitti della mia bontà che parlo sempre in cuore aperto in mia schiettezza e in mio fulgido. Ma quello che ti devo dire te lo dico sai: imbecille imbecillone ci sei tu, maestro Bitonzo con la tua lingua incalunniosa, la tua bacchetta, il Panza e quell'Ester invergognosa, tiè... zan! zan!

Squillo del telefono

SORDI Pronto, pronto in chi parla?

BERTEA Pronto, Mario Pio?

SORDI Sì, Mario Pio. Pronto in chi parla? Con chi parlo io?

Sigla

Il poppolone

Squillo del telefono

SORDI Pronto, pronto in chi parla?

DONNA Pronto, Mario Pio?

SORDI Sì, Mario Pio. Pronto in chi parla? Con chi parlo io?

DONNA Mario Pio!

SORDI Eh!

DONNA Io sono stanca, stanca, stanca, capisce? Non ne posso più!

SORDI E si metta a sede, non faccia complimenti, tanto parliamo in tu per tu!

DONNA Mario Pio!

SORDI Sìì!

DONNA Io sono sposata, ma è come se non lo fossi. Capisce?

SORDI No!

DONNA Ho dovuto isolarmi da mio marito.

SORDI Ragione di malattia?

DONNA Peggio Mario Pio.

SORDI Qualche malattia infettiva? Morbillo, scarlattina?

DONNA Oh, no, Mario Pio.

SORDI Orecchioni?

DONNA No, Mario Pio. Crudeltà mentale. Per un cappotto!... Un cappotto, capisce?

SORDI No!

DONNA Mi dica una cosa Mario Pio.

SORDI Sìì?

DONNA Può un cappotto essere la rovina di una famiglia?

SORDI Un cappotto? Be', secondo. Un bel cappotto? Di cammello?

DONNA Di Giancarlo!

SORDI Di Giancarlo? Di Giancarlo... di Giancarlo... Quali so' quelli di Giancarlo? Quelli pelosi?

DONNA Che cosa Mario Pio?

SORDI I cappotti di Giancarlo, quali sono, che adesso non mi ricordo bene. Quelli pelosi?

DONNA Ma no, il cappotto di mio marito.

SORDI Perché suo marito ci ha un cappotto di Giancarlo?

DONNA Ma Giancarlo è lui!

SORDI Chi lui, signora perdon?
DONNA Mio marito! Giancarlo è mio marito!
SORDI Ah, Giancarlo è suo marito? E il cappotto?
DONNA Ma il cappotto è suo!
SORDI Ah, be', se è suo allora che vo'?
DONNA Niente. È che questa volta non ha sopportato che io il cappotto lo dessi a Cristoforo. Capisce, Mario Pio?
SORDI No.
DONNA Io il cappotto di Giancarlo...
SORDI Sì.
DONNA L'ho dato a Cristoforo.
SORDI Ho capito... ma perché?
DONNA Ma perché è naturale.
SORDI Lei lo crede, signora. Contenta lei, contenti tutti.
DONNA Tutto ciò che Giancarlo non usa più io lo davo a Cristoforo... Cappotti, vestiti, cappelli, camicie...
SORDI Tutta 'sta robba a Cristofaro?
DONNA Tutta!
SORDI E Cristofaro se la pija.
DONNA Ma si capisce... Cristoforo ha gli stessi diritti di Giancarlo, non dico bene Mario Pio?
SORDI Benissimo, signora, altroché... Ma chi è 'sto Cristofaro perdon?
DONNA È lui... il poppolone mio... il mio adoratone.
SORDI Il poppolone suo? In che senso scusi?
DONNA In tutti i sensi. Cristoforo è tutta la vita mia... Guai, guai, guai a chi mi tocca questo poppolone... Poppolone, poppolone... Amore mio... che vuoi, eh? Poppolone... poppolone che vuoi, di'!
SORDI Ma con chi ce l'ha, scusi? Pronto!
DONNA Pronto, Mario Pio, parlo con Cristoforo, è qui vicino a me. Ci vuol parlare Mario Pio, ci vuol parlare? Sì? Sì?
SORDI E fammece un po' parlà... Pronto! Pronto!
DONNA Di' pronto, poppolone! Poppolone, su!
SORDI Poppolone pronto! Pronto Poppolò!
DONNA (*cane che ringhia*) Lo sente Mario Pio, lo sente?
SORDI Ma che è un cane?
DONNA Sì, Mario Pio, è lui, è proprio lui è Cristoforo.
SORDI Mi perdoni, signora, ma a me mi pareva proprio un cane.

DONNA E certo Mario Pio che è un cane. È un cane.

SORDI Ah è un cane. Cristofaro è un cane.

DONNA Sì, Cristoforo è il mio barboncino, è un nano rarissimo, gli manca la parola, capisce tutto, proprio come uno di noi; qualunque cosa gli si dica, Mario Pio. Qualunque cosa!

SORDI Pussa via! Tiè!

DONNA Mario Pio, cosa ha detto?

SORDI Come dice, signora? No, dicevo pussa via... Si dice così ai cani, non è vero? Per vedere se Cristofaro capiva... Ha capito? Se ne è andato? Quanto è caro 'sto Cristofaro che gli manca la parola...

DONNA Ha sentito Mario Pio quant'è caro? Ha sentito? E mio marito invece non lo poteva sopportare.

SORDI Ma guarda un po'... Sempre per il fatto del cappotto?

DONNA Per il cappotto? Per tutto era geloso di Cristoforo. La sua insofferenza nasceva dal semplice fatto che qualunque cosa io gli facessi lui era convinto che lo facevo per darla prima o poi a Cristoforo. Perché in verità Mario Pio, mio marito sposandomi è diventato l'amministratore dei miei beni. Lui non lavora, non ha mai lavorato, non produce. Le vere sostanze sono le mie. E chi gli dà da mangiare? Io! Chi gli fa i vestiti? Io! Chi gli fa i cappotti? Io! Chi fa le camicie, i calzini, le scarpe, le cravatte? Io! Chi fa i cappelli? Io!

SORDI Accidenti, pure i cappelli gli fa?

DONNA Tutto, tutto, tutto... Dico io ora. Se ti faccio un vestito nuovo quando è vecchio sarò padrona io di fare un vestitino per Cristoforo? Se ti faccio un cappotto nuovo, sarò padrona di farci poi...

SORDI Un cappottino a Cristofaro? Ma certo... Ma guarda un po' 'sto Cristofaro la robba che se pija.

DONNA E invece Giancarlo questo non lo sopportava. Ha avuto il coraggio di mettermi perfino un ultimatum. O io, o Cristoforo, mi ha detto. Cristoforo! Gli ho risposto io. Cristoforo!

SORDI Ha fatto bene signora, d'altronde a parer mio il filosofo insegna che è meglio un Cristofaro oggi che un Giancarlo domani.

DONNA Lo so. Ma intanto ora sono sola. Cristoforo mi

riempie la vita, ma Giancarlo mi manca. Perché non confessarlo? Mi manca. Oh, Mario Pio, mi consigli lei... Cosa posso fare? Mi dica Mario Pio, cosa debbo fare ora che Giancarlo non c'è più? Mario Pio!

SORDI Sìì?

DONNA Cosa posso fare?

SORDI E una cosa ci sarebbe da fare, magari la volesse fare!

DONNA Qualunque cosa, Mario Pio. Sono disposta a fare qualunque cosa.

SORDI Senza complimenti signora... Non vorrei vero però... che poi si venisse a creare... che poi uno dice... adesso questo non so...

DONNA No, Mario Pio, non tema nulla, mi dica, mi dica pure francamente cosa posso fare, qualunque cosa. Mi dica!

SORDI Come vuole lei signora. Se tanto mi dà tanto, si prenda 'ste misure.

DONNA Che cosa Mario Pio?

SORDI Le misure, scriva. Scriva su un foglio bianco... Dunque: der torace 97. Scritto? Spalla 75, giro de manica 40, der bacino 104, der cavallo...

DONNA Ma Mario Pio! Mario Pio!

SORDI Sì...

DONNA Ma cos'è questo?

SORDI So' le misure mie, signora.

DONNA Le misure sue? E cosa ci faccio?

SORDI E come che ci fa, scusi? E li vestiti come li fa, senza misure?

DONNA Ma quali vestiti?

SORDI Li vestiti miei.

DONNA I vestiti suoi? E io che c'entro?

SORDI E come che c'entra, è lei che me li deve fare.

DONNA Io?

SORDI Sì, signora, senta come l'ho pensata bene nel mio intuito non è vero? Adesso che nun c'è più Giancarlo, li vestiti a Cristofaro chi glieli dà? Glieli do io signora. E li vestiti a me che ce n'ho uno solo, chi me li dà? Me li dà lei signora.

DONNA Cosa dice Mario Pio? Cosa dovrei darle io? I vestiti, quali vestiti?

SORDI Faccia pure lei, signora, de gusto suo. A me tutto mi si addice data la persona non è vero?

DONNA Mario Pio, io non capisco, non so che cosa pensare di tutto ciò!

SORDI Per carità non ci deve pensare minimamente... in semplicità si fanno queste cose... Come faceva per Giancarlo fa per me. Guardi glielo dico io. In per sotto basta un completo. Un completo di lana dal collo infino ai piedi, che io porto sempre, estate e inverno, per via di un lombo che ho avuto in freddo in una sera da lupi senza ombrello. In per sopra veda lei. Basta che sia roba garantita, dicono che inglese sia meglio. Insomma guardi lei. Se ce l'hanno la prende e se non ce l'hanno, be'... cerchi altrove. Come le dicevo data la persona, qualunque colore mi si addice. Che mi vo' fà? Un completo grigio? Va bene mi faccia un completo grigio e uno sportivo giacca e pantaloni, e uno marrone con righetto bianco. Uno serio, in nero cupo, doppio in petto con la pattina, che può poi servire a Cristofaro in qualche sera de ricorrenza. Uno a quadrettoni come in stile americano in completo di gilè...

DONNA Ma Mario Pio, si rende conto...

SORDI Eh, si va be' lo so, in completo di gilè costa un po' de più, per forza c'è più stoffa, ma io il gilè lo voglio, mi sta bene. Mi stringe ma mi infina... E vo' dì molto quando uno s'infina...

DONNA Insomma basta! Mario Pio... Che vuol dire tutto ciò? E Cristoforo?...

SORDI E Cristofaro, se li pija tutti lui... E signora per chi se fa tutto 'sto sponsale? Nun se fa per lui? Che se fa per me? Io me li metto e poi li passo a lui. E i vestiti quelli so', lei non fa altro che tanto che li conta eccoli là, in completi di gilè, nessuno li tocca.

DONNA Ma mi faccia il piacere, Mario Pio, ma cosa sta dicendo? Io le ho telefonato per un consiglio.

SORDI E io glielo sto consigliando, ogniqualvolta lei nun fa altro che tanto che mi dà i vestiti nuovi, io quelli vecchi li do a Cristofaro, il patto è fatto e non si discute.

DONNA Ma quale patto? Che dice? Con chi ha fatto il patto?

SORDI Con lei signora, e pure con Cristofaro, che me l'ha fatto parlà al tilefono, non ricorda? Eh, scusi...

DONNA Ma che cosa sta dicendo? Ma mi faccia il piacere... Io ho altro per la testa che i suoi vestiti, io penso a Giancarlo mio che non ce l'ho più.

SORDI E io penso ai vestiti miei, che non ce l'ho mai avuti... Eh, scusi...

DONNA E se non li ha mai avuti, li vuole da me?

SORDI E da chi li devo volé. È lei che mi dà i vestiti no?

DONNA Ma io non ti do proprio niente. E va' al diavolo tu e i tuoi vestiti!

SORDI Ma va' al diavolo tu e quel rognoso del cane tuo!

DONNA Imbecille!

SORDI Inpergiura!

DONNA A stupido! A cretino! E io idiota che vado a telefonare per un consiglio a quest'imbecille... A scemo! Cretino! A stupido! Imbecille!

SORDI Dai, dai, continua, continua pure imperterrita con questa sorta di invituperi. Ti approfitti non è vero, ti approfitti del mio alto senso incomune che parlo sempre a cuore aperto in mia schiettezza e in mio fulgido... Ma quello che ti devo dire lo dico, sai? Imbecille, imbecillona, ci sei tu, in tua solitudine con Giancarlo, Cristofaro, adoratone, barbone, pappone, rognosone!

Squillo del telefono

Pronto, pronto in chi parla?

VOCE Pronto, Mario Pio?

SORDI Sì, Mario Pio. Pronto in chi parla? Con chi parlo io?

Sigla

Il conte Claro

Buongiorno, amici e nemici. Buongiorno a tutti. Questo è il mio motto: buongiorno! Null'altri che buongiorno! Se in per caso ho l'appuntamento con qualcuno o che mi incontro con qualcuno, io dico: «Buongiorno, buongiorno a tutti». In per primo io dico, buongiorno ai nemici; non è così in per dire che io auguro il buongiorno anche ai nemici. No! Io dico buongiorno amici, e in soprattutto ai nemici. I nemici, amici miei, bisogna rispettarli e amarli, perché se sono nostri nemici, essi sono però amici dei loro amici, e se non rispettiamo i nostri nemici, manchiamo di rispetto anche agli amici dei nostri nemici, i quali, non so in un indomani possono anche diventare amici nostri. Val più un nemico che dieci amici: pensate solo a quanti soldi vi tolgono gli amici; se invece viene un nemico a chiederveli, voi gli dite: «Che vuoi tu da me, che sono nemico tuo?». E quello se ne va e zitto e mosca. E tu lo vedi da distanza. Comprendi l'importanza? Io sono il conte Claro! Tutti lo sanno non è vero? Tanta e tanta gente già mi conosce perché legge in sul giornale indove io scrivo perché sono un giornalista, legge sempre la «Piccola posta del conte Claro». Piccola in così per dire, non perché in fondo all'ultima pagina del giornale, proprio giù in fondo all'angolo a destra, che uno tante volte non facendoci caso manco la vede. Ma quelli che la vedono (e sempre stanno diventando in sempre più numerosi), sentono il bisogno di scrivere al conte Claro. Ho qui in giusto appunto una lettera. Questa lettera, mi è stata scritta, diciamo così, da una signora che vive in solitudine, con un cane. Un cane, vi dico, un canone... Questa signora si è ritirata dalla vita mondana e si è inconfidenziata con questo canone. Perché, amici e nemici, perché? Tanto semplice! Perché il cane è il fedele amico dell'uomo.

Ed ecco, amici miei, che nei casi come questo della signora col canone, che presentano un grande interesse umano, il conte Claro non si limita a rispondere per lettera, ma va in persona a vedere, a indagare, a esaminare. Amici e nemici, volete seguire il conte Claro in questa sua nuova spedizione di carattere introspettivo? Volete vedere il conte Claro nel pieno della sua opera psicologica? E allora seguitemi, orsù! Andiamo tutti dalla signora che vive in solitudine co' 'sto canone. Affrettiamo il fatto che è già mezzogiorno, avete sentito il cannone?

Glissato

La signora e il cane

Campanello e apertura porta

DONNA Chi è?

SORDI Permesso? Posso entrare?

DONNA Chi è?

SORDI Non rifiutare mai l'ingresso a un tuo fratello. Sono il conte Claro in persona, ma prima ho suonato il campanello. Posso entrare?

DONNA Ma già è entrato!

SORDI Ho visto che l'uscio era insocchiuso, sono entrato ed ho messo dentro il muso. Perché nun se fa?

DONNA Ma chi è lei, scusi?

SORDI Il conte Claro! Perché ti sorprendi? Non mi hai scritto forse? Non ti sovviene?

DONNA Il conte Claro? Quello del giornale?

SORDI Appunto! Aspettavi una risposta, o signora, non è vero?

DONNA Sì, è vero.

SORDI E allora eccomi qua: sono venuto a rispondere...

DONNA Veramente, io credevo...

SORDI Che cosa credevi?

DONNA Be', non mi aspettavo questa sua visita... Non sapevo che lei venisse a rispondere di persona.

SORDI Sono venuto appunto di persona, perché nei casi, vero, speciali come il suo, o signora, il conte Claro preferisce sempre di imperscrutare nell'intimo di chi gli scrive per chiedergli consiglio.

DONNA Grazie, mi dispiace di questo incomodo.

SORDI Indove mi accomodo?

DONNA No, dicevo, mi dispiace di questo suo incomodo!

SORDI E io dicevo, indove mi accomodo? Posso entrare? Tu vivi in solitudine, vero, signora?

DONNA Come dice, scusi?

SORDI Dico, vivi in solitudine, sola col tuo canone, non è vero?

DONNA Ma che sola! Con mio marito e quattro figli!

SORDI Alla larga! E sono tutti a casa, a quest'ora?

DONNA No, adesso non c'è nessuno: sono sola!

SORDI Allora posso entrare! Che bella casa che t'aritrovi... Quanti ambienti? È molto dispendiosa?

DONNA Si accomodi, conte Claro!

SORDI Non ti preoccupare del comodo e dell'incomodo! Diceva un filosofetto, un piccolo filosofo che era amico mio, ma ora non c'è più, sta nel mondo dei giusti, una mattina è andato sotto il tram; diceva dunque questo filosofetto: «Non è tanto lo scomodo quanto l'incomodo che fa il mondo più comodo!». M'intenda chi m'intenda 'sta frecciata da distanza. Comprendi l'importanza?

DONNA Sì... comprendo, conte Claro...

SORDI Confida ordunque nel conte Claro, che ti sarà di molto aiuto per il tuo spirito indepresso. Che cos'è che ti conturba? Che cosa ti ha spinto a scrivermi e a domandarmi il consiglio?

DONNA Ma... si tratta del mio cane.

SORDI Solo del tuo cane?

DONNA Sì, conte Claro, del cane!

SORDI E di chi è il cane?

DONNA Ma è mio, conte Claro!

SORDI E allora?... E allora?... Diremo noi!

DONNA Noi chi?

SORDI Noi del giornale; non è vero! E allora?

DONNA «Allora» che cosa?

SORDI Allora, qual è il movente che ti ha spinto?

DONNA Eh... sono preoccupata per il mio cane.

SORDI T'ha mancato di rispetto?

DONNA Chi?

SORDI Er cane?

DONNA No, poverino! È tanto bravo, tanto affezionato. È che da qualche giorno, non so che gli sia preso, ma non mangia più le polpette.

SORDI Ma davvero? Nun te magna più le polpette?

DONNA No, non ne vuole più sapere... Eppure è stato sempre il suo piatto preferito.

SORDI Ma guarda un po'... Embè non ti preoccupare... Famme un po' vedé...

DONNA Vuol vedere il cane?

SORDI No, famme vedé le polpette...

DONNA Le polpette?

SORDI Sì, fammele un po' vedé... Tante volte un'occhiata, uno sguardo infuggente mi fa intracapire tutto. Vamme un po' a pijà 'ste polpette.

DONNA Sì, conte Claro, subito. Ne ho fatto giusto una padellata. Ecco... sono ancora calde, croccanti!

SORDI So' calde? Croccanti? So' bone 'ste polpette?... So' bone, saporose?

DONNA Sono buonissime, conte Claro!

SORDI Davvero?... Ne posso assaggià una, de 'ste polpettone?

DONNA Prego, conte Claro... Ma non so...

SORDI Non ti preoccupare, lo so io. Comprendi perché le voglio assaggià? Comprendi l'importanza? Mmh... So' proprio bone 'ste polpette... Come le fai?

DONNA Oh, niente di strano... vitella tritata, uova e pane macinato!

SORDI Vitella tritata, uova e pane macinato... Mmh... Me ne permetti un'altra?

DONNA Prego, conte Claro... Sono buone vero?

SORDI Buonissime! E il cane non le vuole?

DONNA Ha capito? Fuffi non le vuole!

SORDI Ah, nemmeno Fuffi le vuole! E chi è Fuffi? Quello che fa i buffi?

DONNA Ma Fuffi è il mio boxer!

SORDI Ah! C'hai un figlio boxeur? 'Ndo sta adesso?

DONNA Chi?

SORDI Tuo figlio! In palestra?

DONNA Mio figlio? Sta a scuola.

SORDI Scuola di boxe?

DONNA No, scuola di lingue!
SORDI E fanno la boxe a scuola di lingue?
DONNA Ma che dice? Il boxer è il mio cane.
SORDI Il tuo cane? Davvero? Un cane che fa la boxe? Io non l'ho mai visto. E nun mozzica?
DONNA Noo. Fuffi non morde, non ha mai morso nessuno!
SORDI Eh, lo so. Ma se quello fa la boxe, te dà un cazzotto in faccia. È molto grosso?
DONNA Eh, sì, è un bel cane. Lo vuol vedere?
SORDI Me lo vuoi proprio far vedere? È indispensabile? Tiè, fa un'altra padellata de 'ste polpette.
DONNA Un'altra padellata? E perché?
SORDI Come, perché? Non vedi che queste so' finite?
DONNA Ma come, conte Claro?... Ah, ah, ah. Se le è già finite tutte!
SORDI Ah, ah, ah... Perché ti meraviglia? Erano cinque o sei... Tiè fanne un'altra padellata.
DONNA E che le faccio a fare, conte Claro? Fuffi non le vuole!
SORDI E chi ti dice che le deve volere Fuffi? Tu fanne un'altra padellata! Il metodo lo so io! Capace che il cane, sapendo che le polpette nun ce so' più, capace che le vole... I cani so' come i ragazzini... Prova a farle senza pane tritato, prova un po' come vengono...
DONNA Va bene, conte Claro, come vuole!... Ooh! Guardi chi c'è... Carino... Abbiamo visite...

Cane

SORDI Oddio! E chi è questo?
DONNA È Fuffi, conte Claro!
SORDI E no, signora, lei non mi deve far così... Io soffro d'un patema! E questo non è un cane! È un mostro antidiluviano! Questo quand'uno lo vede, dice subito: «E qui ci vogliono un paio d'ettari di terreno incolto, sennò in casa me sfascia tutto! E questo me se magna pure qualche mano!».

Cane abbaia

SORDI Bono! Bono! Ma perché non lo tiene alla catena, 'sto canone?
DONNA Alla catena? Conte Claro, che cosa dice? Fuffi è la cosa più cara che io abbia al mondo!

SORDI E che vuol dire? Anche quest'orologetto che m'ha lasciato la contessa mia zia per parte di madre, è la cosa più cara che io c'ho al mondo eppure lo tengo in catena. Non vedi?

DONNA Ma no, buono! Fuffi! Su, fai compagnia al signore!

SORDI Che fa adesso? Se ne va signora? Me lascia solo co' 'sto dinosauro? Dove va?

DONNA Vado a fare le polpette, no? Torno subito!

SORDI Aspetta un po'... Non c'hai un bastone nodoso?

DONNA Che?

SORDI Un bastone nodoso!

DONNA E per che farne, conte Claro?

SORDI Ma come, per che farne. Un bastone nodoso è indispensabile con un bestione come questo... Se s'avvicina, come fai senza bastone nodoso?

DONNA No, conte Claro, con Fuffi non c'è bisogno! Ecco vado e torno fra un minuto!

SORDI Oddio. Se n'è andata?!... Bono, bono sa... Non t'avvicinare, sa? Non t'avvicinare d'un centimetro di più, sa? Guarda che occhi foschi che c'hai! E tu sei un diavolo, sa, un diavolo co' tutte le corna! Nun t'avvicinà sa? Fuffi? E questo Luciferone, lo deve chiamare!... Guarda che il conte Claro non c'ha il bastone, ma te dà un calcione, sa?...

DONNA Ecco le polpette, conte Claro!

SORDI Oh, brava... Famme un po' vedé.

DONNA Che dice conte Claro? Proviamo a darle a Fuffi?

SORDI No, aspetta un po'... Fammele un po' vedé... Ma 'ste polpette so' tutte smollicate... Com'è 'sta cosa?

DONNA È perché le ho fatte senza pane macinato.

SORDI Senza pane?... E nun ce l'hai un po' di pane? Un po' di pane casareccio? Per accompagno... Comprendi l'importanza?

DONNA Ma conte Claro, Fuffi non mangia pane!

SORDI Lui no, ma io sì! Senza pane, dove me le spalmo 'ste polpette smollicate? Le debbo assaggià sì o no?

DONNA Ah, conte Claro, mi sembra che lei assaggi un po' troppo!

SORDI Vamme un po' a pijà 'sto pane casareccio.

DONNA Ma, conte Claro?! Io il pane casareccio non ce l'ho.

SORDI Non c'hai il pane casareccio? Non c'hai il pane casareccio? Ma che c'hai allora?

DONNA Scusi, che c'entra?

SORDI E come che c'entra? Come me le mangio adesso 'ste polpette tutte inciancicate?

DONNA Conte Claro! Le polpette sono per Fuffi.

SORDI Ma Fuffi nun le vo'. Prima che venissi io, se le mangiava le polpette?

DONNA No!

SORDI E allora perché se le deve magnà proprio mo che ce sto io?... Be', sai che te dico? Si nun c'hai il pane casareccio, ce l'hai due foglie?

DONNA Due foglie?

SORDI Due foglie di lattughella bianca. Per accompagno! La condisci in tua discrezione. Ricorda che «insalata poco aceto e molto oliata».

DONNA Ma conte Claro, io proprio non la capisco!

SORDI Figlia mia, nun capisci no, stacce 'n'antro po', qui so' finite già le polpette ciancicate, sai che ti dico? Fanne un altro paio di padellate!

DONNA Eh no, conte Claro, adesso basta! Lei s'è mangiato già due padellate de polpette. Lei è venuto qui per mangiare. Me lo poteva dire che le davo pure la cena di mio marito.

SORDI Davvero? Fammela un po' vedé 'sta cena? Che gli hai preparato di saporoso? Famme un po' vedé!

DONNA No, conte Claro, quello che le faccio vedere è la porta! Lei è un morto di fame! E chissà pure se è il conte Claro!

SORDI Non lo metta in dubbio, sa? Non lo mettere in dubbio! Io so' il conte Claro! E chi sono, se non il conte Claro? Chi sono?

DONNA Glielo ho detto, lei è un morto di fame!... E mi faccia il favore di uscire immediatamente, perché se torna mio marito, non so come va a finire.

SORDI Come deve annà a finì, scusa? Che me fa tuo marito? Lui comprenderà l'importanza, comprenderà l'importanza...

DONNA La smetta, la smetta di fare il ciarlatano. Esca, mi faccia il favore. Non mi faccia perdere tempo.

SORDI Esco, esco, non ti preoccupare! Basta solo la presenza del conte Claro, perché trenta polpette ciancicate, siano senz'altro già pagate!

DONNA Ma se ne vada! Accidenti a me e quando le ho scritto quella maledetta lettera. Per dare retta a un'amica! «Scrivi al conte Claro, scrivi al conte Claro...» lo so io chi è lei!

SORDI Sono il conte Claro!

DONNA No, tu sei un mascalzone!

SORDI Mascalzone sei tu e Luciferone!

DONNA Ma vattene via, incosciente!

SORDI Vattene via tu e quel cane delinquente!

DONNA Vagabondo da strapazzo!

Cane abbaia

SORDI Pussa via. Io 'sto cane te l'ammazzo!

DONNA Chi ammazzi? Chi ammazzi? Pezzente. Morto di fame.

SORDI Antipatica e primitiva! Che te se possa magnà quer cagnaccio, idrofobo e incimiciato.

DONNA Via! Via da questa casa! Via farabutto, vigliacco!

SORDI Improsegui, improsegui pure in questo tuo linguaggio inoffensivo! Sono sempre il conte Claro, un conte decaduto, ma te lo posso dire, indemoniata, inviperata, se sono un conte decaduto, per trenta polpette ciancicate, nun me so' venduto!

Glissato

Buonasera amici e nemici. Buonasera, buonasera a tutti. Questo è il mio motto, buonasera, null'altri che buonasera. E non è in così per dire che io dico buonasera. No amici miei, io dico buonasera senza illusione e senza chimere. È per il semplice infatto inspecifico perché nel saluto si riconosce l'amico come nell'alibì si riconosce l'innocente; anche se questo alibì è un fatto in privato, un bisogno impellente. Noi non lo sappiamo, ma tante volte, anche senza colpa alcuna, possiamo dare un contributo fantastico alla società... A questa società che se appena appena si accorge

che non sei un criminale, si meraviglia, e per sette otto giorni ti pubblica sul giornale. M'intenda chi m'intenda 'sta frecciata da distanza. Comprendi l'importanza?
Io sono il conte Claro, tutti lo sanno non è vero? Sono un conte decaduto e in prima pagina mai nessuno mi c'ha veduto. Eppure nella mia vita, anche se sospettato, non ho mai fatto male neppure ad un animaletto... E così benché sia conte quando arriva l'ora de magnà me tocca restà a letto. M'intenda chi m'intenda 'sta frecciata da distanza. Comprendi l'importanza? Ma non ci improlunghiamo in argomenti che in un indomani potrebbero urtare la suscettibilità di alcuni ambienti di reportaggio.
L'unico mio conforto è la moltitudine infinita di lettere che il postino scarica davanti al mio ingresso, col carretto che ha dovuto sostituire alla borsa ormai insufficiente per contenere le lettere che mi scrivono tutti, il grande e il piccino, il diritto e lo sciancato, il saggio e il deficiente. Infra tutte queste lettere ce n'è una scrittami da una signora che chiede il consiglio per come mandar via la pinguedine che l'affligge e che controlla sulla bilancia. E allora, direte voi, se la signora non sa come mandar via la pinguedine che l'affligge e che lei controlla sulla bilancia, e la bilancia controlla la pinguedine della signora che l'affligge, chi è che affligge la bilancia? Chi lo sa? Nessuno lo sa. Solo il conte Claro. Amici e nemici! Volete voi inseguire il conte Claro in questa sua nuova risposta in domicilio? Volete voi vederlo nel vivo della sua opera umanitaria di risposte e di consigli?... Avete detto sì?... Fateme sentì... E allora, andiamo tutti a casa della signora cicciona che visto che nun magna, tante volte per simpatia pò fà pure un'opera bona.

Glissato

La signora Ceccone

Campanello
PORTIERA Chi voleva?
Campanello
PORTIERA Ma chi voleva? Chi voleva?

SORDI Chi voleva? Aridillo un'altra volta... Io neanche ti rispondo, con quella voce da selvaggia che t'aritrovi.

Campanello

PORTIERA Ma insomma se pò sapé che sona a fà... Se pò sapé perché sona?

SORDI Ma te la smetti?... Te la smetti una buona volta? T'ho chiesto forse qualche cosa? Pensa ai fatti tuoi che io penso ai miei... Chi sei almeno, che io neanche ti conosco?

PORTIERA Io so' la portiera... Mi dica lei piuttosto chi è.

SORDI Io sono amici, amici buoni... Te va bene? Cerco la signora che abita qui...

PORTIERA Se lo diceva prima... La signora non c'è, è uscita...

SORDI È uscita? Mi dici il vero portiera? E dove è andata?

PORTIERA È uscita proprio adesso... Guardi eccola là... Sta attraversando la strada... La vede?

SORDI Quale, portiè?... Non è il filobus quello?

PORTIERA Ma che filobus... È la signora Ceccone.

SORDI Davvero? È quella la signora Ceccone? Famme andà sennò mi sfugge.

PORTIERA Grazie, eh?

SORDI Grazie a te e con buona salute portiera... Ricordete alle feste de mette fuori la bandiera...

Rumori di strada. Clacson

SORDI Aspetta automobile, fatte 'sta frenata, che si passamo insieme, famo la frittata...

VOCE A stupido!

SORDI Te corca 'n furmine, a te e quell'ordigno infernale... Finalmente l'ho raggiunta, signora Ceccone... Buongiorno come sta? Sta bene non c'è male...

DONNA Chi è scusi? Io non la conosco.

SORDI Nun me fa quello sguardo fosco... Io sono un gentiluomo.

DONNA (*languida*) Ma cosa vuole?

SORDI Sta bona signora... Nun te scioglie tutta... Nun te fà illusioni... Abbandona il pensiero... Se qualcuno ti ferma per strada, come dicono in Spagna... non significa nada.

DONNA Ma insomma chi è, si può sapere?

SORDI Areggete signora... Sono il conte Claro.

DONNA Il conte Claro, davvero?

SORDI No per scherzo!

DONNA Il conte Claro!

SORDI E già... Non mi vedi che brillo come un faro?

DONNA O conte... Che piacere mi fa di conoscerla...

SORDI Stai comoda signora... Il piacere è tutto tuo.

DONNA Oh che contrattempo... Ero uscita per andare a far la spesa.

SORDI Embè? Improsegui... Io ti vengo appresso a testa alta e mano tesa.

DONNA Ma no, conte Claro, non fa niente, a far la spesa posso andarci anche dopo.

SORDI Nun t'azzardà signora mia... Chi la spesa la rimanda al dopo, resta in trappola senza il cacio, come un topo.

DONNA Ma conte Claro... Lei si annoierà.

SORDI Nun te preoccupà.

DONNA Ma dovevamo anche parlare conte Claro.

SORDI E certo che parlamo... Tra un assaggio e l'altro... Tra un chicco d'uva e una foglia d'insalata, mi dici che cos'è che t'ha allarmata... Annamo signora, annamo a fà la spesa. Cammina senza indugio... Su non fà la furba; dimmi piuttosto che cos'è che ti conturba.

DONNA E va bene, andiamo pure conte Claro... Vede, come le ho scritto, ho tanto bisogno di un suo consiglio. Mi aiuti conte Claro... Io sono disperata.

SORDI Aio... Signora sta attenta indove metti i piedi, mi hai dato una acciaccata.

DONNA Oh scusi, conte Claro...

SORDI E che te scusi signora mia? Calma, modera il tuo furore... Tieni sempre presente che non sei normale... Mi pari un compressore... Avanti, parla, nun ce mette due ore.

DONNA Ecco, conte Claro. Lei deve sapere che un giorno io pesavo 65 chili.

SORDI De che?

DONNA Come dice, scusi?

SORDI Dico 65 chili de che?

DONNA Come de che? Io pesavo 65 chili.

SORDI Aridillo un'altra volta, 65 chili ma di che? Di patate? Farina? Callarroste?

DONNA Ah, ah, ah. Ma no, che ha capito, conte Claro, ero io che pesavo 65 chili.

SORDI Eri tu? Te corca 'n furmine... Che memoria lunga che c'hai... 65 chili... Eri in fasce?

DONNA No, l'anno scorso.

SORDI L'anno scorso? È stata una bella annata... Te corca come te sei inquartata.

DONNA Eh sì... E tutto questo mangiando normalmente, che cosa crede?

SORDI Chi ha detto niente? Chi non te crede? Solo che er dubbio insorge quanno te se vede.

DONNA Si vede, vero conte Claro? È questo che mi abbatte.

SORDI Noo, nun se vede niente... Basta nun guardatte.

DONNA E tutto questo, così, improvvisamente... E poi, mangiando che? Mangiando che?

SORDI E che lo chiedi a me? Eri tu che magnavi, beata te.

DONNA Al massimo un po' di gallina lessa, e tutto a un tratto...

SORDI È successo er fatto?

DONNA Capisce?

SORDI E come nun capisco? Dalla sera alla mattina.

DONNA E già.

SORDI Che, te la magnavi co' tutte le penne la gallina?

DONNA Qualche mese dopo, mi ripesai... E, indovini un po'... 5 chili in più.

SORDI Li lasciamo?

DONNA Purtroppo. Poi mi ripesai ancora ed ero aumentata...

SORDI De 'n antri 100?

DONNA No altri 5.

SORDI T'avranno rubato sul peso.

DONNA Ma la cosa impressionante, conte Claro, fu quando mi pesai una terza volta e sentii dalla viva voce della bilancia parlante: 80, 80, diceva 80.

SORDI Ho tanta fame?

DONNA Come conte Claro?

SORDI Dico, la bilancia diceva ho tanta fame?

DONNA No, no. Diceva 80 chili conte Claro. E questa è la dura realtà... Oggi io peso 80 chili.

SORDI Te li porti bene però... A occhio e croce mi sembravi un par de quintali.

DONNA Che debbo fare conte Claro? Ho provato tutto. Cure, pasticche, iniezioni, diete. Mi dica, conosce lei qualche sistema che possa giovare alla mia linea?

SORDI E qui nun se tratta de linea figlia mia... Qui se tratta de circonferenza... Tu fra 'n antro po' te stacchi da terra e t'aritrovano su quarche pianeta.

DONNA Mi consigli lei, che cosa posso fare?

SORDI Intanto fai la spesa no?

DONNA Ma che spesa, conte Claro. Per quello che m'importa.

SORDI Ma m'importa a me... Io ti debbo sorveglià... Sennò che consiglio ti posso dà? Che fai oggi de bono, per il tuo pranzo?

DONNA Oh! Come il solito... Ecco: un po' di formaggio qui, dal salumiere.

SORDI Bono! Formaggio co' le pere?

DONNA Questo è tutto... Perché ormai conte Claro non si può neppur dire che io mangi... Io pilucco.

SORDI A chi lo dici signó! So' er conte Claro e nun resto de stucco. Te lo confesso, lo voi sapé? Anch'io pilucco. Ma qualche volta, come se fa? Quanno ce vo', ce vo' un piatto de sostanza! Comprendi l'importanza?

DONNA Eh magari conte Claro... Ormai ho quasi perso il ricordo di tutto.

SORDI Davero? Pure tu? Nun se famo vedé insieme dalla gente, che sembra brutto... Entramo va... Annamose a istruì. Rinfrescare i vecchi ricordi è sempre un dovere. Entriamo signora, entriamo dal salumiere. Buongiorno pizzicarolo... Pizzica pizzica, che sei solo.

VOCE Buongiorno, desidera?

DONNA Oh, il solito due acciughine e un po' di mozzarella fresca.

SORDI Agguanta pizzicarò, mettece pure 'sta mezza ventresca. Un po' de prosciutto, un po' de pecorino. Pizzicarò, aggiungece pure quel salamino... Tanto le cose mo me vanno bene col Presidente Pella... Aho, sai che te dico? Mettece pure 'sta mortadella.

VOCE Altro signore?

SORDI E non lo so! Voi altro signó?

DONNA Io? Conte Claro, ma che cosa dice? Chi le ha detto che io voglio questa roba? Io non voglio niente!

SORDI Sta' zitta signora. Er pizzicarolo ha già incartato tutto; mica pò disfà... So' stato io che ho ordinato, che me voi fa sfigurà? Andiamo signora paga tutto e io agguanto er pacco... Buongiorno pizzicarolo, te saluto e batto er tacco. (*colpo di tacchi*)

DONNA Ma conte Claro io non capisco... Perché ha voluto che comprassi tutta questa roba?

SORDI Come perché, signora mia? M'hai domandato un consiglio e io te lo sto a dà... Questo è il metodo e più non domandà.

DONNA Il metodo?

SORDI E già. Ma che te credi signora, che pe' dimagrì, basta nun magnà? Devi avé tutto sott'occhio, devi desiderà... Solo così la tua carne poi mortificà.

DONNA Dice conte Claro? Dice che questo mi giova?

SORDI Ma certo signora. Annamo mettete a tracollo 'sta borsa e cammina.

DONNA Ma dove andiamo? A casa mia? E io abito lì.

SORDI Ma chi t'ha detto che andiamo a casa tua?... Chi ce vo' venì? Annamo trotta, vuoi o non vuoi dimagrì?

DONNA Va bene conte Claro mi giovasse almeno a qualche cosa.

SORDI E certo che te giova, devi fà esercizio te devi sforzà.

DONNA Lei pensa, conte Claro?

SORDI E lo penso sì... Sinnò quanno smaltisci?

DONNA Forse ha ragione. Andiamo allora.

SORDI Annamo va, camminiamo in fretta, non vedo l'ora d'arrivà.

DONNA Ma dove andiamo?

SORDI Sta zitta risparmia er fiato e nun parlà.

Marcia dei bersaglieri

SORDI Senti? Li senti signó? So' i bersaglieri. Li vedi i bersaglieri quanto so' belli? Che dici signó ce volemo provà?

DONNA Che cosa conte Claro?

SORDI Te la senti di trottà?

DONNA Come?

SORDI Dico te la sentiresti de fa 'na corsa?

DONNA Una corsa?

SORDI Sì, dai... Io sono la tromba e tu porti la borsa. Tarata-tata-tata.

DONNA (*ride*) Ah, ah! Conte Claro. Ma che fa?

SORDI Sta zitta, guarda come corri, che poi cascà... Parapa...

DONNA Oh Dio conte Claro... Oh Dio! Mi sento morire.

SORDI È segno bono signora... Vuol dire che stai a smaltire. Vedrai che sorpresa domani con la bilancia parlante: resterà senza fiato.

DONNA Per la sorpresa?

SORDI No pe' er peso.

DONNA Basta, basta, conte Claro non mi spinga così, la prego basta.

SORDI Tarata-tarata-taratattata.

DONNA Oh Dio, basta! Oh Dio!

SORDI Aspetta ancora 'n antro sforzo signora, arivamo fino a quer cantone... Ma che hai fatto signora c'hai er fiatone?

DONNA Fiatone? Ma io non ne posso più!

SORDI Va bene basta, semo arivati. Alleggeriscete un po'. Damme la borsa... Tanto io vado via.

DONNA E dove va?

SORDI Vado a casa no? Questa è casa mia...

DONNA Casa sua?

SORDI E già... Io so' bello che arivato e già t'ho salutato. Adesso nun sembra, ma 'sta corsa t'ha giovato molto: tu sei contenta e io er problema l'ho risolto. Adesso che hai imparato, improsegui in questo metodo, e vedrai che tra un trent'anni, diventerai un grissino. Buongiorno signora te risaluto e fo l'inchino.

DONNA Ma... Scusi conte Claro aspetti un momento.

SORDI Che voi da me?

DONNA Voglio la borsa.

SORDI O la vita?

DONNA Ma no la borsa.

SORDI Che borsa, perdon?

DONNA La borsa mia.

SORDI La tua?

DONNA Sì.

SORDI Qual è?

DONNA Quella che ha lei!

SORDI È tua?
DONNA Sì.
SORDI E la mia indo' sta?
DONNA La sua?
SORDI Sì, la mia. Ce l'hai te?
DONNA No io non ho borse.
SORDI Allora questa è mia.
DONNA Ma no è mia.
SORDI Si nun c'hai borsa, perché dici che è tua?
DONNA Perché è mia.
SORDI E allora? E allora? Diremo noi.
DONNA Noi chi?
SORDI Noi borsaioli. E allora?
DONNA Allora che?
SORDI E che ne so? Lo voi sapé da me. Me stai a intralcià tutto il programma.
DONNA E questo programma qual è?
SORDI Signora, t'ho dato il consiglio vattene a casa. Ih, so' già le tre.
DONNA Ma lì c'è tutta la mia roba.
SORDI E questa nun è roba per te! Tu questa roba nun la devi manco guardà, sinnò la carne come fai a mortificà? Questa è roba per chi ha bisogno di sostanza, comprendi l'importanza?
DONNA Altroché se comprendo. Ma io con la mia roba, non la lascio andar via.
SORDI Allora viè su, fatte 'sti otto piani, me fai compagnia... Vieni signora, vieni a vedé come se magna... È un ambiente alla buona, te sembrerà de stà in campagna. Andiamo?
DONNA Andiamo un corno! Ora capisco tutta la sua manovra. Ho capito perfettamente. Lei non è altro che un imbroglione. Presto mi ridia la borsa.
SORDI Non me mette le mani addosso. Non t'avvicinà sa?
DONNA Non faccia il buffone, andiamo.
SORDI Andiamo?
DONNA Avanti dia qui. E ringrazi Iddio se non chiamo una guardia. Lei è un tipo da togliere dalla circolazione.
SORDI Modera il termine signora. Er conte Claro se pò pure offenne.
DONNA Ma che conte Claro. Lei è un morto di fame.

SORDI Modera il termine che qui va a finì male.
DONNA Andiamo basta. Mi dia la roba. Qui va a finire male davvero.
SORDI In questo tono la pigli? In questo tono la pigli?
DONNA Sì in questo tono perché?
SORDI No, appunto dicevo è sempre meglio sapere in che tono uno la piglia.
DONNA Ma guarda che gente ti deve capitare.
SORDI Te la sei ripresa la borsa? Ingozzete. Nun ce pensi agli altri che devono mangiare?
DONNA Ma vai, cretino, idiota.
SORDI Dai, dai, improsegui, improsegui pure imperterrita in questa sorta di invituperi. Sono sempre il conte Claro, un conte decaduto, ma te lo voglio dì, grufona, toro seduto; sei troppo cattiva, troppo prepotente, hai voglia a corre, tanto non smaltisci niente.

Carillon

SORDI Ed ecco qui, amici e nemici, il vostro conte Claro al chiuso della sua soffitta, solo con i suoi pensieri, e solo co' 'sta coccetta de pecorino, che mica me la magno... Sai che faccio io? La gratto fino fino.

Carillon

Pensierino notturno. O bilancia parlante che pesi tutte le persone quando verrà a pesarsi la signora Ceccone, con furbizia non gli dire il peso, guardala in faccia e a nome mio digli una parolaccia.

Carillon

Ed ora, cari amici e nemici, altro dirvi non vo', buonanotte a tutti e che volete che vi dica? Anche oggi è andata come è andata per il vostro conte Claro. Non fa niente. Tanto non si muore. C'è sempre il piccolo carillon che mi fa dimenticare il mio languore e mi dice in sua dolce voce musicale: «Conte Claro... conte Claro». Ma che vuole? «Sono io il tuo carillon.» Embè? «Io comprendo l'importanza.»

Carillon e sigla

Il teatrino di Alberto Sordi

Notizie a ruota libera

Si ode bussare alla porta

SORDI Si può?

CORO Avanti.

SORDI È permesso?

CORO Chi è?

ANNUNCIO Il teatrino di Alberto Sordi.

Sigla. Sfuma. Si sente distintamente un solo applauso

SORDI Grazie Filippo! Amici in ascolto dal Lilibeo al Brennero, dal Manzanarre al Reno, da Scilla a Cariddi, buonasera! E, virgola, rispettando i fusi orari, virgola, a te ascoltatore statunitense buongiorno! Agli ascoltatori groenlandesi sui quali incombe la notte polare, buonanotte polare! A proposito di notte polare la sapete quella dei due negri?

VOCE Sìì!

SORDI Bene, come non detto... Cominciamo allora il nostro programmino con un colpo di uccellino. (*uccellino*) Creata così un'atmosfera campestre e primaverile mi permetto di sottoporvi le ultime notizie... Ragazzo dammi il giornale... (*leggendo*) «Giolitti affronta oggi...» Ragazzo questo è troppo vecchio... un giornale più recente. Ecco: «Muss...» Ragazzo un giornale di oggi ho detto... Oh! Finalmente! (*squilli*) Penultime notizie:

PARIGI: A Place dell'Opéra, uno dei punti più frequentati della capitale francese, il traffico, colpito da congestione si accasciava al suolo.

Gong

PASADENA: Eminenti personalità si sono riunite oggi a

congresso per decidere se viviamo nel dopoguerra della guerra passata o nell'anteguerra della prossima.

Gong

VALMONTONE: La pecora Giuseppa D. di Carsoli è partita alla volta della capitale con una commissione di ovini onde protestare presso le competenti autorità per il famoso detto: «Meglio vivere un giorno da leone che cento anni da pecora».

Gong

VIAREGGIO: Il bagnino balneare Salvatore Coriacei, preso da improvvisa follia ha issato la bandiera rossa di pericolo davanti alla vasca da bagno del suo appartamento. La famiglia Coriacei, ligia ai regolamenti, non si bagna da oltre un mese.

Gong

Ed ora gentili uditori una breve parentesi musicale: un ritmo lento del maestro Gambera. Ci si permetta a questo proposito un innocente gioco di parole: in gambara questo Gambera! A proposito di Gambera la sapete quella dei due pesci?

VOCE Sìì!

SORDI Ma, le sanno tutte! Eccovi allora la nostra parentesi musicale.

CANTANTE Un ritmo lento del maestro Gambera: «La Fanciulla».

Canzone e applauso

SORDI Grazie Filippo... (*marcetta*) Il mondo cammina... (*ancora musica che poi sfuma*) Si fermi, si fermi un momento... (*musica*) Ho detto si fermi... (*cessa la musica*) Il mondo si è fermato. Ne approfittiamo per farvi assistere, cari radioamatori, ad una cerimonia che ha sempre il suo fascino: il varo... (*sirene, rumori di cantiere, banda in sottofondo con tono di radiocronista*) Abbiamo portato, anzi, abbiamo fatto portare, il nostro microfono perché troppo pesante al cantiere dove tra poco si svolgerà la cerimonia del varo. Bandiere e commozione tra le maestranze che attendono con visibile disinteresse l'arrivo della madrina. (*applausi*) Ecco in questo momento sopraggiunge la figlia della madrina, una bella bionda che le maestranze accolgono con poderosi «hurrà»! Immediatamente una commissione di operai si presenta con una mozione con cui si richiede l'immediata istituzione di figlinato invece del madrinato. La mozione viene respinta a pugno dal sindaco ex portiere di calcio. Sullo scalo brilla al sole delle sue cento lamiere la nave, frutto del sudore e della fatica di tanti operosi operai. Ecco la madrina... Con passo sicuro sale la scaletta del palco e si avvicina al nostro microfono... Vuol dire due parole, signora?

SIGNORA Volentieri... sono un po' commossa perché è la prima volta che divento madrina... spero presto di diventare nonnina.

SORDI Grazie signora... L'ora solenne sta per scoccare... La madrina preme l'apposito pulsante e 1185 giovani appositamente istruiti sollevano di peso la nave e... (*possibilmente rumori di catastrofe*) la nave va ad infrangersi contro i fianchi della bottiglia che viene felicemente varata. (*rumore di tappo che salta e liquido versato*) ... Un po' di champagne a lei, un po' a lei... anche a lei... lei no che è piccolino e, se permettete, un po' a me hurrà! (*musica*) Abbiamo trasmesso la cerimonia del varo della bottiglia.

Stacco musicale. E per finire la buonanotte

Buonanotte. Buonanotte a te tram notturno, e a te figlia della notte, buonanotte a lei Cavalier Abaco che con tanto onore tiene da dieci anni il primo posto nell'elenco telefonico di Milano, buonanotte! Buonanotte ai suonatori, buonanotte al secchio... e a te, bambino buono che ora ti sei svegliato per ascoltare la buonanotte che io do ai grandi. Riposa, pargoletto, metti di nuovo il capino biondo sul guanciale, socchiudi dolcemente gli occhietti ceruli. Dormi bambino; dormi, ho capito. Forse una dolce musica renderà più facile, e più dolce il tuo ingresso nel mondo dei sogni... ascolta bambino... ascolta... (*cantando*). Pari siamo: io la lingua egli il pugnale.

BAMBINO Mamma, mamma mia!

Sigla di chiusura

LE CANZONI

«Alberto Sordi ha svolto un ruolo molto importante nella storia della musica leggera italiana. In un periodo, come quello degli anni Quaranta e Cinquanta, in cui dominava la canzone sciropposa, retorica e melodrammatica, Sordi con il suo talento impareggiabile ha inventato canzoni che contenevano storie surreali, piene di nonsense. Alberto Sordi si può considerare un innovatore della nostra musica leggera, perché ha riportato nelle canzoni l'ironia.»

GIANNI BORGNA

«Nella storia dei musicisti che scrivono per il cinema il posto di Piero Piccioni e Alberto Sordi è a latere rispetto ai musicisti ortodossi, ma solo in apparenza. In realtà loro occupano un posto molto interessante tra i realizzatori di quell'incontro tra suoni ed immagini che sono i musicisti autori di colonne sonore. Lo hanno fatto fingendo di scherzare, ma in realtà scrivendo musica di grande valore. Piero Piccioni prima di lavorare con Sordi aveva scritto musiche da film serissime per Rosi e Lattuada. Poi quando è nato il loro sodalizio sono riusciti a scrivere cose giocose, con grande semplicità, frutto della sostanza della musica vera.»

ERMANNO COMUZIO

NONETA

Sono tanti ani
Che non ritornavo al mio paeselo
Lo rivedo tal e qual come un dì
E la piazeta e la chieseta col suo campanil
E laggiù, la mia caseta
Tale e qual come allor.
Mi venne da piangere
Una finestra illuminata
Guardo, che vedo? Una testina bianca che fa la calza...

Refrain

Noneta, noneta
Ritmo, ritmo
O nonetina, nonetina mia, tu sei tanto stanca non puoi
[caminar
Ma ritmar, ritmar con me potrai.
O nonetina, nonetina mia
Tu sei paralitica
Ma ritmar, ritmar con me vorrai
O nonetina, nonetina, nonetina miaa...
Yes.

IL BIMBO CHE NON CONOBBE INFANZIA

È una storia dolorosa e triste quella che sto per raccontar.

Era una sera d'inverno e di una campana si udiva un
[rintocco lontan
Din Don Din Dan.
Il Vespro è già finito
Si chiude la chieseta ed esce una vechieta.
Vede qualcosa apogiata sul freddo gradino
È in fasce, si muove, sarà certo un bambino.
Un picolo neonato
Che una mama snaturata ha abandonato.
Ma la vecchia fa uno strilo
E saltando come un grilo
Fugge via.
Quel bambino con le fasce da neonato
Non è altri che un uomo nudo abandonato.
Chi è? Chi sarà? Chi è? Chi sarà?
Ad indagini compiute risultò essere un bimbo
[abandonato
Da una signora di trent'anni fa.
La vecchia lo prende
E a casa lo porta
Non è la sua mama ma a lui non importa.
Ha trent'ani e c'ha il barbone
Ma è rimasto un bambinone
Dorme sempre non sa nula
E la vecchia cantando lo cula.

Refrain

Ninna nanna nanna ninna
Che tesoro della nonna
Canta e balla la vechieta
Ma non sa quel che le aspeta.
Con quel canto il bimbo si desta
Afferra la vecchia e le dà un cazzotto in testa...
Ninna nanna nanna ninna
Dormi e sogna mio tesor
Samba, rumba, rock and roll...
Yes.

IL CARCERATTO

Non scriverò le *Mie Prigioni*
Perché son state già scrite da Silvio Pelico
Scriverò soltanto un memoriale
Che legerete un giorno sul giornale.
Io sono un carceratto
Ma il mio pensiero vaga al ricordo di quando ero bambino
Che avevo sempre a mia disposizione qui nel taschino
Un rilucente soldino.
Bei tempi d'allora d'un tempo passatto
Pasiensa, e un ricordo, ora son carceratto
Ma non per questo son disperatto
Ansi, tutt'altro.
Prego maestro...
No, lei è di scuola... Quel'altro
Quello di musica, please.
Prego maestro, please...

Refrain

Bato il taco non son mato
Bato le mani sì sì domani
Faccio ué, mi chiederà un passante cosa c'è
Cosa c'è cosa c'è
Scusi lei signore lei chi è?
Sono un carceratto
Perché questa domanda ma perché?
Ritmo sincopatto
Do-re-mi-fa-sol...la-si-do-re...mi-fa-sol-fa... mi-re-do-si
[la-sol-fa-mi-re-do...

Gioco al base-ball
Sei un americano?
No son carceratto
Ritmo sincopatto
Ritmo ritmo
Faccio ué
Si son carceratto miei signori cosa c'è
Ritmo ritmo sol per me...
Yes.

CERCO UNA DONNA

Cerco una donna che non posso trovar
Il perché non la trovi non me lo so spiegar.
La storia signori un dì cominciò
Volete sapere? Or vi dirò.

Son nato in un circo equestre
Ed allevato, nel circo equestre.
Un po' gli uomini ed un po' le bestie
Un intrepido mi fecer diventar.
L'intrepido del circo: Bataclam!
Così una sera tutto pieno d'emozion
Con la mia prima donna sulla pista del circo feci la
[mia prima apparizion.

Vestiti di bianco coi rossi mantelli
Il pubblico vedendoci esclamò: ma che belli!
Guardai la mia donna e vidi che tremava
Sorrisi beffardo, la gente acclamava.
Intanto la banda, la marcia intonava.

Marcia dei gladiatori

L'esercizio consisteva nel
Lanciare il coltello alla mia donna che faceva da bersaglio
Guai però se la mia mira avesse fatto un solo sbaglio.
Chiusi gli occhi e non guardai
Ed alla mia donna il coltello lanciai.
Ma, non so come mai, non capisco
Forse un contrattempo, forse un malinteso
Sta di fatto che colpii la mia donna in piena fronte.
Ma non persi il mio coraggio
Ed intrepido annunciai «colpo sbagliato»
Ma un signore mi gridò «disgraziato».
Ritmo, ritmo, ritmo sincopato...

Ora da allora tanto tempo è passato
Ed un'altra donna ovunque ho cercato.
(Sorprendente, ogni volta che l'invito
A fare il numero di attrazione del coltello
Con me, nessuna vuol venire

Non capisco il perché...)
Ma se un giorno la trovo potrò ricominciar
Son sempre l'intrepido del circo Bataclam.
Ritmando punta e tacco, punta e tacco
Punta e tacco, punta e tacco
Più moderno della samba, della rumba
Della conga è un cià cià cià!!!

L'orchestra protesta

What is it gentleman?
Orchestra.
Sheik... Yes...!!!

MARCETTA DEI COMPAGNUCCI

Quando che senti trucci trucci cavallucci
Vuol dir che arrivano i compagnucci...
Arditi e fieri belli e buoni signorini
Noi siamo le speranze del doman.

La la la la, la la la la
Su, dateci la mano...
La la la la, la la la la
Che amici diventiamo.
Non siamo i giovani della rivoluzione
No, no, non fate confusione.
Noi siamo solo i buoni e belli signorini
I cocchi della mamma e del papà.

IL CINEMA

(Per Albertone la vita coniugale è una sorta di galera, e la consorte è un'aguzzina alla quale dire solo bugie, una con cui piagnucolare e, se proprio messi alle strette, da aggredire... per quanto con mano di velluto.)

A cena col commendatore

Sordi rientra in casa a notte fonda, e trova la moglie ad aspettarlo seduta sul letto

SORDI In trattoria c'era il millefoglie e allora me lo sono fatto incar...

MOGLIE Dove sei stato?

SORDI Eh, a cena col commendatore.

MOGLIE (*ironica*) Come balla il commendatore?

SORDI (*confuso*) Come balla? (*con tono più deciso*) Allora c'è qualcuno che mi controlla. È la cognatina, vero? Ma come? Io la ospito in casa mia, rinuncio alla mia intimità e quella mi spia? Aho! Io ti caccio di casa, sai?

MOGLIE Non cambiare discorso, chi è quella donnaccia?

Sordi si precipita ad abbracciarla

SORDI Mannaggia, gelosona.

MOGLIE Non toccarmi, mi fai schifo con quel profumo addosso.

Sordi si scosta annusandosi la mano a disagio

SORDI Senti, Elena, noi siamo delle persone civili, viviamo nel ventesimo secolo e dobbiamo spiegarci con la parola, perché Iddio c'ha dato la parola appunto per distinguerci dagli animali.

MOGLIE Bene, parla.

SORDI Mi prometti di non interrompermi?

MOGLIE Te lo prometto.

Sordi si siede sul bordo del letto e parla alla moglie calmo e sorridente

SORDI Allora senti, Elena, prima di tutto non si tratta di una donnaccia, ma di una signora, di una vera signora. La quale signora ha tanti milioni quanti non puoi immaginare. Ha del materiale da costruzione, ha dei liquidi, ha una scavatrice che fa il lavoro di 100 operai e fra le altre cose ha anche un'enorme tenuta a Pordenone.

MOGLIE E io invece non sono una vera signora, perché non ho una scavatrice, né materiali da costruzione, né tenute a Pordenone. Io ti ho dato in dote solo la mia cultura, la mia sensibilità e il mio amore.

SORDI Allora lo vedi che non ragioni, Elena? Io con quella signora, che fra l'altro ha anche un figlio volontario in marina, ci devo fare un contratto di lavoro.

MOGLIE E per fare un contratto di lavoro non si va in ufficio, no. Si va al tabarin e si balla guancia a guancia.

Sordi preme il palmo della mano sulla guancia e si alza dal letto

SORDI Sì. Ballavo guancia a guancia. Be'?

MOGLIE Io ho rinunciato a tutto per te.

SORDI A che hai rinunciato, aho?

MOGLIE A tutto. Al mio ambiente, alle mie amicizie, alla scuola, alla cultura, al mio violoncello.

SORDI Ma il violoncello, bambinona, io te lo ricompro il violoncello, ci puoi suonare quando vuoi col violoncello. (*imitando un violoncellista*) Dum, dum, dum...

MOGLIE (*gridando*) Idiota!

SORDI Idiota eh? Sì, e allora questo idiota una volta per sempre ti dice quanto segue. Primo: in questa casa il marito sono io. Secondo: faccio quello che voglio, vado dove mi pare e piace, firmo i contratti con chi voglio, quando voglio, come voglio e dove voglio. Sul mio lavoro nessuno, compresa mia moglie, deve metterci il becco. Sst.

La moglie spegne la luce

SORDI Che fai? Spegni la luce? E quando hai spento la luce credi che io mi azzitti? Io strillo più forte. (*strillando*) Terzo. E per dimostrarti che faccio sempre quello che mi pare e piace, ti annuncio che domani il sottoscritto parte per Rovigo con quella signora. (*gesticolando freneticamente*) E in compagnia di quella signora ci sta due giorni e due notti per firmare un contratto dal quale dipende la mia vita, la vita tua, quella di mia cognata, di mio cognato, di mia sorella, con tutti i bambini, zio, zie, cugini, cani e gatti compresi. (*piagnucolando*) Ma lo capisci che mi libero di tutti i debiti e non fallisco? Ma perché guardi sempre lassù? Che fai? Rispondi! Che fai la statua? Senti, Elena, bada che ti do uno schiaffo, sai?

MOGLIE Provaci!

Sordi la colpisce leggermente su una guancia

SORDI Tiè!

MOGLIE (*isterica*) Vigliacco. Vattene. Fra noi è finito tutto. È finito. Basta.

Entra nella stanza l'anziana cameriera portando alla donna una boule di acqua calda

SORDI Vigliacco? Ma se manco l'ho toccata. L'ho sfiorata. È finita, dice, la senti? Oh, lo spasimo. C'ha l'attacco, c'ha.

La moglie porge il cuscino del marito alla cameriera, la quale prende anche il pigiama e si allontana

SORDI Fintona, non la conoscessi. (*alla cameriera*) Che fai tu col pigiama mio? (*seguendola fuori dalla stanza*) 'Ndo vai? Rispondi! 'Ndo vai?... Zitta, muta e che c'ha?

La cameriera sistema il cuscino su di un divano in un'altra camera

CAMERIERA Appendicite.

SORDI Appendicite, c'ha? Ma che fai con il cuscino, la coperta, il pigiama, che fai?

CAMERIERA Sempre chi si marita gode metà della vita.

SORDI Ah! La signora mi caccia dal letto. Tutto preparato, è una congiura. È vero che c'ha l'appendicite?

CAMERIERA Tra moglie e marito non mettere il dito.

SORDI Ma chi te conosce a te? Pussa via. Appendicite. La conosco l'appendicite sua.

La cameriera si allontana. Sordi, spogliandosi, comincia ad andare avanti e indietro dalla stanza alla terrazza, sbraitando e cantando

SORDI Ma che io stavo per essere ferito sul fronte albanese nessuno ne parla in questa casa. Zitti, eh? E che a forza de dormì con le finestre aperte mi è quasi venuta la polmonite... e fate finta di niente, eh? Ti fai venire l'appendicite ogni volta che ti fa comodo, vero Elena? Ah, ah... Ciociara! Tu sei furba, fai la scena, ma io non ci credo. Non ci credo! (*tra sé*) Appendicite... Elena, be'? Non parlà, eh? Aho! Lo sai che te dico? Bona notte! (*comincia a cantare a squarciagola «Bongo Bongo»*) Buona notte, appendicite! (*riprende a cantare*) C'ha l'appendicite. Chiama mamma. (*canta ancora*)

Da *Il marito,* 1958.

(Evidentemente l'unico strumento concesso ad un uomo sposato per dire tutta la verità è l'uso dell'alcool. E i fumi dell'ubriacatura fanno emergere l'esasperata misoginia di Albertone.)

L'alcool fonte di verità

Sordi e la moglie sono al tavolo di un locale all'aperto. Lui è ubriaco, lei tenta di calmarlo

SORDI (*con la voce impastata*) Figlio un corno!

MOGLIE Alberto, andiamo a casa.

SORDI Tua madre è ipocrita e usa il sotterfugio. E ora passiamo alla cognata. Non è mia cognata dalla nascita e io non mi ritengo parente di un'estranea, vero? Anche tu eri un'estranea. Ti ricordi? Poi ti ho sposata e... mi avete incastrato. Però io ti amo.

MOGLIE Hai ragione, Alberto, adesso paghiamo e andiamo.

SORDI E la macchina americana, scusa? È colpa mia forse? È colpa di mia cognata. Una vita distrutta dalla cognata.

MOGLIE Calmati, Alberto.

SORDI Sst! Statte zitta. Non si discute. Ho chinato il capo davanti a mia cognata. Io, che mi sono salvato dalla guerra di Albania ho dovuto chinare il capo davanti a mia cognata. Avevo un avvenire nell'edilizia. Un grande avvenire. Eccomi qua. Prigioniero. Avete ammazzato l'iniziativa privata. Va bene? Dico, va bene?

MOGLIE Sì.

Un cameriere si avvicina al loro tavolo

SORDI Mi avete fatto litigare con una persona che poteva fare la mia fortuna. Anche se aveva la barba. Ammazzete!

La moglie porge del denaro al cameriere

MOGLIE (*al cameriere*) Tenga pure...

SORDI (*al cameriere*) Una porzioncina di coda alla vaccinara, con il sedano. Che vuol dire sellero.

La moglie fa cenno di no al cameriere

SORDI Suona il violoncello, amore.

Sordi mima un suonatore di violoncello. La moglie si alza e prende il marito per il braccio, cercando di farlo alzare

MOGLIE Vieni, Alberto, andiamo. Andiamo a casa.

Sordi le morde la mano

SORDI Ti stacco una mano. Io non vengo a casa.

Lei si scosta

MOGLIE Dove vai?

SORDI Faccio quello che mi pare e quello che mi piace. Voglio la mia libertà. Io ho diritto alla mia libertà.

MOGLIE Sì, va bene. Hai diritto, ma non fare troppo tardi.

SORDI Io faccio tardissimo. Piuttosto telefona a Ernesto e chiedigli scusa subito.

Allontanandosi

MOGLIE Telefono. Ma non fare tardi.

Sordi si alza in piedi

SORDI Oh, ti dico, vattene a casa, vero? Di corsa.

Sordi si avvicina al tavolo di una coppia

SORDI Buonasera, signori. Sono sposati, loro? Felici? La donna ha due etti di cervello di meno dell'uomo. È scientificamente provato, vero? E le mogli sono il sale della vita. Per questo i mariti bevono. Non c'è un gatto in questa trattoria? Gli diamo il cervello. Hanno visto, signori, come ho trattato mia moglie? Hanno visto? Fila a casa, ho detto...

A tarda notte Sordi è in strada con un amico che cerca di riportarlo a casa

SORDI ...fila via, le ho detto: sono un uomo libero. E lei quatta quatta se n'è andata a telefonare a te. (*barcollando*) Fa' la pace col tuo amico, ti ha detto. (*mettendogli un braccio attorno alle spalle*) Certo che siamo amici, noi che siamo usciti vivi dalla guerra di Albania, che abbiamo superato le intemperie della natura dei tempi moderni, ci dobbiamo far mettere sotto i piedi dalle donne?

AMICO No, no.

SORDI Giusto?

AMICO Giustissimo!

SORDI Siamo giovani, perbacco, abbiamo delle qualità,

formiamo una forza insieme. Se qualcuno ci vuole dividere io lo distruggo.

AMICO Ma nessuno...

SORDI È giusto?

AMICO È giustissimo!

SORDI Andiamo a bere un goccetto.

AMICO No, no, no. Ora è tardi. Ora andiamo a dormire, su.

SORDI E non partiamo da zero. Io ho molte cose che bollono in pentola. Anche tu ce l'hai?

AMICO Eh, insomma.

SORDI Mettiamo insieme le due pentole e facciamo una pentola sola.

AMICO Veramente mi è rimasta solo la macchina americana.

SORDI Ce schiaffiamo pure la macchina americana in pentola?

AMICO E come non ce la schiaffiamo!

SORDI Te volevano far tagliare la barba, lo sai?

AMICO Davvero?

SORDI Che te frega della barba? Ti piace la barba?

AMICO Sì...

SORDI Tiette la barba. Me la faccio crescere anch'io la barba.

AMICO No, basta uno.

Sordi bacia l'amico

SORDI Bello... bello... (*serio*) Mi sei amico?

AMICO Ma come? Lo sai Alberto.

Sordi bacia ancora l'amico

SORDI Parliamo di affari?

AMICO No, domani, domani parliamo di affari con la vedova.

SORDI Domani mandiamo in galera Gargano, Rinaldi e l'onorevole.

AMICO Certo, certo, però domani andiamo dalla vedova.

SORDI E chi è la vedova?

AMICO Ma come non te l'ho detto? È la moglie di un industriale. Il marito è morto e lei è rimasta con un sacco di soldi, materiale da costruzione, una scavatrice.

I due si incamminano abbracciati

SORDI E dimmi Ernesto, c'ha il liquido la vedova?

AMICO C'ha moltissimo liquido. Se la sappiamo prendere quella entra in società con noi.
SORDI Allora andiamo a bere un goccetto di liquido dalla vedova.
AMICO No, no, domani, domani, adesso andiamo a casa.
SORDI Ce schiaffiamo pure la vedova nella pentola? Ce schiaffiamo tutti dentro la pentola: mia moglie, mia cognata, l'Ige, la mutua, mia suocera, la terrazza. Mia moglie c'ha il violoncello, la vedova c'ha il liquido. Dimmi: la vedova è nostra?
AMICO È nostra.
SORDI (*gridando*) C'abbiamo una vedova!
I due cominciano a ballare e cantare
AMICO-SORDI (*cantando in coro*) Vinassa, vinassa e fiaschi del bon... Vinassa, vinassa e fiaschi del bon.

Da *Il marito,* 1958.

(A dispetto della tradizione, che descrive l'italiano come eternamente circondato da amici, Albertone è ben consapevole che la solidarietà non esiste, soprattutto se c'è di mezzo il denaro.)

Gli amici e il denaro

Sordi è impegnato a disputare una partita di tennis contro un avversario più anziano di lui. Appare distratto da qualche pensiero, tanto che si blocca e lascia che una pallina lo colpisca, senza reagire. Si muove correndo verso la rete e l'avversario gli si fa incontro
SORDI (*serio*) Fofò, mi presti tre milioni? Ti faccio una cambiale a tre mesi.
AMICO E chi ce l'ha?
SORDI Va bene, come non detto.
Sordi scoppia a ridere e, correndo all'indietro verso la posizione di battuta...
SORDI Ci sei cascato, eh? Di' la verità, c'hai creduto?
AMICO Figurati, come se non ti conoscessi. Proprio a me mi vieni a fare 'sti scherzi, buffone.
La partita riprende

SORDI (*colpendo la pallina*) E vai. (*poi*) Non hai tre milioni... (*ride*) Ti vai a impegnare l'orologio. Panzone!

Fofò ferma nuovamente la partita e si avvicina alla rete per recuperare la pallina

AMICO È che ad un amico non avrei mai rifiutato un piacere, mai! Figurati che se non li avessi li ruberei per un amico.

Sordi si fa di nuovo improvvisamente serio

SORDI E allora prestameli, Fofò, ne ho bisogno sul serio.

AMICO (*ridendo*) Ma piantala, raccontane un'altra.

SORDI (*ride, poi sottovoce*) Cornuto!

Da *Il boom,* 1963.

(Ma anche ad amarla, la donna, si riesce ad ottenere ben poco. Soprattutto perché la moglie «tipo» non è come la donna indù, disposta a seguire il suo uomo ovunque... anche nelle ristrettezze economiche.)

L'amore matrimoniale

Sordi si guarda allo specchio nel bagno di casa, serio e pensieroso. Si volta verso la camera da letto, dove la moglie è semiaddormentata a letto

SORDI Silvia.

MOGLIE (*con voce impastata dal sonno*) Sì?

SORDI Ma tu mi vuoi proprio bene?

MOGLIE Che discorsi caro, certo che ti voglio bene.

SORDI Ma come bene? Proprio bene, bene, bene? Come le indiane?

MOGLIE Perché, che fanno le indiane?

SORDI Stanno sempre vicine ai mariti, nella buona e nella cattiva sorte. E quando i mariti muoiono pure loro si buttano sul fuoco.

MOGLIE E i figli? A chi li lasciano? Uno ci dovrebbe restare con loro.

SORDI Ma se ti dicessi: cambiamo vita, andiamo giù, a vivere a Catanzaro?

MOGLIE Adesso mi fai passare il momento del sonno poi non dormo più. (*aprendo gli occhi*) E poi che c'entra Catanzaro?

SORDI Be', nel sud la vita costa meno.

MOGLIE Ma noi stiamo tanto bene qui. Poi, nel sud, figurati... Sii buono, Giovanni, sono cotta, sto andando. Ciao.

SORDI Ciao.

MOGLIE (*lamentandosi*) Ma che c'hai stasera?

SORDI Niente...

Sordi, intristito, inizia a spogliarsi lentamente

Da *Il boom,* 1963.

(L'unico modo per poter ottenere un buon «ménage matrimoniale» è quello di assecondare sempre la propria metà, mostrarsi gentili e arrendevoli e... non stare mai in casa.)

La «bella famiglia»

Sordi con una gamba ingessata, è seduto su di una poltrona in terrazza. La cognata si avvicina portandogli un cuscino che sistema sotto il gesso

COGNATA Il cuscinetto va bene così?

SORDI No, mettemene 'n altro, Vitarè, famme il favore.

La cognata aggiunge un altro cuscino

COGNATA Così?

SORDI Ah, mi sento come un pascià, mi sento.

Si avvicina a Sordi il tenente porgendogli una sigaretta

TENENTE Prego, ingegnere, vuole una sigaretta?

Arriva in terrazza anche la moglie poggiando su un tavolino una radio portatile

SORDI Magari, tenente, la gradisco. 'Sto zampiró mi farà venire la tosse? So' del reggimento?

TENENTE Sì.

SORDI C'è un forte risparmio.

La moglie accende la radio e la sintonizza sulla partita

SORDI Che c'è la partita? Che le dà fastidio la partita, tenente?

TENENTE Ma le pare, sono uno sportivo.

SORDI A te te dà fastidio la partita, Elena?

Esce in terrazza anche la cameriera portando un vassoio

MOGLIE Tutto quel che piace a te piace a me.

SORDI Vedi, il tenente mi ha dato la sigaretta.

CAMERIERA Il tè signore?

Marito e moglie prendono entrambi una tazza di tè

SORDI Brava Armida con il tè, hai interpretato esattamente il mio pensiero. C'è anche la marmellata di more?

La cameriera si avvia verso il piano superiore

CAMERIERA No, è di prugne, ingegnere. Poi le porto anche i biscottini.

SORDI Brava, cara e bella Armida.

Al piano di sopra la suocera sta dirigendo il lavoro di alcuni muratori

CAMERIERA (*alla suocera*) Com'è diventato gentile il signore! Mi sembra un'altra casa questa. Ecco il tè.

SUOCERA Dai qua.

CAMERIERA Adesso vado subito a prendere dei biscottini per il signor ingegnere.

La suocera si sporge da un balconcino, chiamando il genero

SUOCERA Uhu! Uhu! Albertino santo.

SORDI Ciao mammina d'oro, che vuoi?

SUOCERA Nell'ingresso ci mettiamo mattonelle o marmettoni?

SORDI Fai tu mammina, anche se te lo dico fai sempre come te pare... Metticeli tutti e due.

MOGLIE Alla radio c'è «Toccata e fuga» di Bach.

COGNATA Ce la facciamo una canastina dopo?

Si sente lo squillo del telefono

SORDI Certo che ce la facciamo, adesso c'è «Toccata e fuga» di Bach... Armida, lo senti il telefono? Rispondi e portamelo qua...

La cameriera rientra in casa per rispondere

SORDI Mammina, chi sarà? Chi è? Speriamo sia il dottore, così gli dico se oggi mi leva il gambone.

CAMERIERA C'è Monsignore al telefono, ingegnere.

SORDI Mammina, c'è Monsignore al telefono, te lo saluto, eh? (*alla cameriera*) Dai, dai, dai, dai, dai, dai, dai, dai. (*al telefono*) Caro Monsignore, i miei rispetti, come sta? Eh, sì. Sempre inchiodato, causa quel mio scivolone... Però non ho mancato, eh? Mi sono visto la Santa Messa alla televisione, qui, in seno alla mia famigliola. Come sto? Sono felice di essere fallito, guardi un po'. Ma sì, niente preoccupazioni, niente cambiali, eh? Aveva ragione l'onorevole Tocci. Ah, non lo sa? Ho un posto fisso,

90.000 lire, più gli incerti, Padre, che qualche volta sono più dei certi. No. Dolciumi, Padre. Sono commesso viaggiatore per una ditta di Mantova. Eh, sì, purtroppo viaggerò sei giorni su sette, Padre. Eh, sarà penoso, sa, stare lontano dalla mia famigliola. Lontano da mia moglie, da mia suocera, da mia cognata, Padre. Eh, eh be', cosa vuole fare? Non ero nato, io, per costruire case. Eh, sì Padre... Però, per fortuna, sin da bimbo è stato sempre il mio sogno viaggiare, Padre. Mi stancherò? Eh, sì. Mi stancherò, Padre, ma... (*sottovoce*) Monsignó, mi piace viaggiare... no, no, no, mi piace, più viaggio, e più mi piace, mi piace, mi piace, mi piace...

In uno scompartimento di treno Sordi richiama l'attenzione di una signorina battendo l'indice sul suo fianco

SORDI Piacciono cioccolatini? Cioccolatini piacciono?

La ragazza, molto avvenente, si volta e si siede di fronte a Sordi. Nello scompartimento ci sono altre due belle ragazze

PRIMA RAGAZZA (*con accento emiliano*) Non si disturbi.

SORDI (*mostrando il contenuto della sua valigetta*) Per carità, nessun disturbo! Offre la mia ditta, ditta Capelli di Mantova, famosa per i cioccolatini vitaminosi. Okay. Prego signorina, si accomodi.

RAGAZZE (*in coro*) Grazie!

SECONDA RAGAZZA Quando si arriva a Parma?

SORDI Modena 14.22, Reggio Emilia 14.41, Parma 15.02.

PRIMA RAGAZZA Ma che bravo.

SORDI Eh, grazie. Ormai il treno è la mia casa... Loro scendono a Parma?

SECONDA RAGAZZA Si ferma anche lei a Parma?

SORDI Forse...

La prima ragazza lancia uno sguardo carico di sottintesi a Sordi

SORDI ...anzi, me fermo.

PRIMA RAGAZZA È sposato?

Sordi si sfila a fatica la fede dal dito, nascondendola nel taschino della giacca

PRIMA RAGAZZA È sposato?

SORDI (*imitando l'accento delle ragazze*) Eh, no... scapolo.

Da *Il marito,* 1958.

(Certo la fede in Dio non migliora l'umanità. Il fraticello Albertone, con numerose affinità con Don Abbondio, intende fare solo il suo «dovere»: benedire i condannati, una volta che si sono pentiti. Perché questo prevede la norma ecclesiastica. A lui non importa che fine faranno, e se quella fine è giusta: ciò che conta è che venga applicata la «regola».)

Il buon fraticello

Sordi è un frate incaricato di occuparsi della salvezza spirituale dei condannati a morte. Entra nella cella di due carbonari

SORDI Cari fratelli, è permesso l'introito? Pace e bene, pace e bene.

PRIMO CONDANNATO È arrivata l'ora?

SORDI Come si dice? Mors certa, ora incerta. Ma questo dipende da voi. Il braccio secolare, che è la giustizia, vi ha consegnato al braccio spirituale, che saremmo noi.

PRIMO CONDANNATO Ma... noi chi? Chi siete?

Voltandosi verso l'uomo che ha parlato

SORDI Chi so' io? E che te frega de sapé chi so' io. Semo granelli di polvere noi. Vuoi sapere il nome mio? E non è mica il mio. A noi ce lo cambiano quando entramo, eh! Ma non lo vedi chi so'?

Il condannato più giovane, sdraiato su un tavolaccio, interviene

SECONDO CONDANNATO E perché il braccio secolare ci avrebbe consegnato a voi?

SORDI (*spazientito*) Ma che vuoi sapé tutto, tu? Ma chi sei? Perché questa è la procedura. Noi poi vi riconsegneremo al braccio secolare non appena vi sarete pentiti.

PRIMO CONDANNATO Pentiti di che?

SORDI Aha! Ma come di che? Dei delitti che avete commesso. Non ve potemo mica ammazzà subito. Se noi vi ammazziamo così, voi ve ne andate dritti dritti all'Inferno. E noi qui, indegnamente, lavoriamo per il Padre eterno, mica per il diavolo. (*tuonante*) Per cui ve dovete prima pentì (*più dolce*) e poi morì in grazia di Dio.

PRIMO CONDANNATO E se non se pentimo?

SORDI (*scandalizzato*) Come non ve pentite? È così che rispondi tu? Qual è una delle virtù di noi altri frati?

Il condannato più anziano si siede accanto al più giovane. Sordi è di fronte a loro

PRIMO CONDANNATO (*al secondo*) Secondo te quali virtù hanno i frati?

SECONDO CONDANNATO Nessuna che io sappia.

SORDI No? Eppure una ce l'abbiamo.

SECONDO CONDANNATO Quale?

SORDI È la pazienza, figlio. (*agitando il pugno*) Sennò io a quest'ora già ti avrei dato un cazzotto in testa a te. E invece con la pazienza io mi metto qui e cerco di salvarvi l'anima. E finché non vi sarete pentiti, niente esecuzione. Questo è nei diritti del nostro ordine, figli miei.

PRIMO CONDANNATO E allora per l'esecuzione ce toccherà aspettà magari 'n par de cent'anni. E chi se pente?

SORDI Sì, lo so questo lo dicono tutti, ma con la pazienza si ottiene tutto.

PRIMO CONDANNATO No, un momento. La pazienza richiede tempo.

SORDI Eh, e a me chi me corre appresso? Anzi, datemi una sedia perché ho già capito che con voi qui la questione non si risolve in piedi.

Sordi prende una sedia e si siede di fronte ai due condannati

PRIMO CONDANNATO (*al secondo*) E col tempo tutto può succedere. (*a Sordi*) Allora, zi' fra'?

SORDI Però volete un consiglio, figli? Chiedete subito perdono a Dio.

PRIMO CONDANNATO Così ce fate subito zompà la capoccia.

Sordi si alza di scatto

SORDI (*agitando le braccia*) Aho, aho! E che è? La capoccia, la capoccia. E che sarà mai? Come siete piccoli, figli. Attaccati alle miserie. E che è la vita? Apri gli occhi e già s'è fatto notte. Ve ce affannate tanto. Cercate chissà che, volete rivoltà il mondo... Ma non fareste manco a tempo, la vita è corta! Chiedete subito perdono a Dio. Salvatevi l'anima. Il fine dell'uomo è l'eternità, perché lì andiamo tutti.

SECONDO CONDANNATO Ma noi andiamo da un'altra parte.

SORDI (*sorpreso*) 'Ndove?

PRIMO CONDANNATO (*al secondo*) Bravo Angelino.

SORDI Ma che bravo? Questo è mezzo scemo. (*accalorato*)

Non c'è altra parte, non c'è scampo. O annamo tutti giù all'Inferno o annamo tutti in Paradiso. Ce volemo annà?

PRIMO CONDANNATO Voi ci andrete. Noi pure da morti restiamo nel mondo.

SORDI A che fà?

PRIMO CONDANNATO (*serio*) A fare da esempio a chi resta.

SORDI A chi resta? Ma chi resta? Che è rimasto degli egiziani? Niente. Quattro mummie secche. E dei romani? Quattro muri crollati. E degli etruschi? Niente, du' cocci. Restano i carbonari? Che carbonari? Quelli che vendono il carbone, no' voi. Salvatevi l'anima, figli. Andate in Paradiso. Io ve ce posso mannà, perché indegnamente ho questo potere.

PRIMO CONDANNATO E noi invece non ce volemo annà. Non siete contento? Meno siete, mejo state, no?

SORDI Ho capito, va'. Allora io me rimetto a sede. (*sedendosi*) Ma te pare, figlio, che io starei qui a parlare contro l'interesse mio? Ma più semo, più vuol dire che c'avemo ragione noi.

PRIMO CONDANNATO Ma il punto è proprio questo. Noi non ci vogliamo pentire per dimostrare che avete torto voi. Come la mettemo?

SORDI Io mi metterei a piagnere. Ma non me viè. Ma insomma, se c'aveste ragione voi io me starei vestito così a sta a sentì a te? Che me stai pure antipatico, con 'o orecchino. Che pena che me fai, figlio.

Sordi si allontana e comincia a pregare

SORDI Cristus Jesus Marie. Aiutami tu. Ammazza come so' duri questi... aho.

Il prigioniero più giovane si lamenta

SORDI Che è? Che c'hai?

SECONDO CONDANNATO Ho sentito improvvisamente...

Avvicinandosi al giovane

SORDI E che te senti, figlio?

SECONDO CONDANNATO Non lo so, come un subbuglio dentro l'anima. Che sarà stato?

Sordi si butta in ginocchio davanti al condannato

SORDI È forse la coscienza che te se sveglia, tu che sei più giovane e meno incallito nel peccato di quest'altro. Che fai tu? Che stai a guardà? Vattene via. Te vuoi pentì figlio mio, eh?

SECONDO CONDANNATO Forse sì.

SORDI Vogliamo pregare insieme? Preghiamo...

SECONDO CONDANNATO No, forse è meglio che ci penso un po', per conto mio.

Sordi si accorge di un complice scambio di sguardi fra i due condannati

SORDI Ma che, me state a cojonà? Ah, ho capito, va'. A voi ve va de giocà. Allora basta con le chiacchiere, ne riparliamo domani, eh?

Il condannato più anziano si avvicina alla porta come per accompagnare Sordi

PRIMO CONDANNATO Ah, ecco è meglio. Avete visto mai che uno a mente fresca ci ripensa e magari dice... Ma che fate? Non ve ne andate?

Sordi si siede

SORDI E 'ndo vado?

Sordi comincia a sgranare il rosario, mormorando le sue preghiere

PRIMO CONDANNATO E dovete pregà proprio qui?

SORDI Eh, zitto. Ma che te credi che me sto a divertì? Io sto a lavorà, sto a pregà pe' voi. Ohe, se ve do tanto fastidio, fate finta che non ce sto...

Il mormorio delle preghiere cresce

SECONDO CONDANNATO Eh no, eh! Ma noi così quando dormiamo?

SORDI Mai, finché nun ve pentite, nun ve faccio chiude occhio.

Sordi si risveglia da solo in cella. Appena si rende conto di essere solo si prende paura

SORDI Gesù, Giuseppe e Maria, ma che sto a dormì? E li carbonari? Ando' stanno? Li hanno ghigliottinati? Mamma mia bella, me so' perso due anime... Signore mio perdonami. Aprite, fatemi uscì. Ma che è aperto? Carceriere, carceriere!

Sordi esce all'aperto. I carbonari sono su di un muro sopra la cella

SECONDO CONDANNATO Buongiorno.

PRIMO CONDANNATO Dormito bene?

Sordi si volta

SORDI Che fate voi, lassù? Chi v'ha fatto uscì?

Arriva il carceriere

CARCERIERE Io. È il regolamento.

SORDI Ma che regolamento, questi non dovevano manco dormì. Levate un po'.

Sordi si incammina per raggiungere i condannati. I due si nascondono dietro un muro più alto

SORDI Ve faccio vedere io... regolamento! Ma che regolamento?

PRIMO CONDANNATO Fratello.

SORDI Qui state?

PRIMO CONDANNATO Stanotte pregando, pregando, m'avete buttato giù dal letto e vi ci siete messo voi.

SORDI Io? Ma che stai a dì?

SECONDO CONDANNATO E come russate, padre mio, sembrate un animale.

SORDI Oh, me so' addormito, e che è? La carne è debole, figli. Ma lo spirito è sempre vigile. (*guardando il cielo*) Tiè guardatelo 'sto cielo. Guardate 'ste nuvole, 'ste nuvole smerlettate, ma chi ce le ha messe lassù?

SECONDO CONDANNATO E quelle guardie svizzere chi ce le ha messe laggiù?

SORDI Dove?

SECONDO CONDANNATO Là.

SORDI Attenti, voi altri increduli. Che stiamo tutti sotto la stessa cappa. Eccola qui, guardatela. Questa è la cappa nostra. Guardatela 'sta cupola che s'alza verso il cielo. Che ce sta a fà?

SECONDO CONDANNATO E quel cannone puntato verso Roma che ce sta a fà?

SORDI Oh, er cannone, er cannone. Ma che state a guardare sempre per terra. Guardate pure per aria.

I due condannati si fermano a fissare il cielo. Sordi li osserva, poi si spazientisce

SORDI Ho capito va'... continuate sempre a giocà.

PRIMO CONDANNATO Ma ce l'avete detto voi.

SORDI Ma tu lo sai figlio in che senso lo dicevo.

PRIMO CONDANNATO Zi' fra', è inutile che ci raccontate favole, lassù non c'è nessuno.

SORDI Peggio per voi. Io ve do la vita eterna e voi me date un calcio ner culo.

Sordi si allontana, il condannato lo segue

PRIMO CONDANNATO Ma se pò sapere che razza de gente siete? Con una mano ce scannate e con l'altra ce date la vita eterna?

SORDI Son le contraddizioni del potere, figlio.

CARCERIERE Zi' fra'. L'aria è finita.

SORDI 'Namo va'. Aho! La cella sta qui.

CARCERIERE E noi annamo dellà.

SECONDO CONDANNATO Ci volete accompagnare?

SORDI 'Ndove? Che v'hanno messo in cantina?

PRIMO CONDANNATO (*rassegnato*) Un passo avanti verso il patibolo.

SORDI Ma è così che lo dici? Questo sembra contento d'annà al patibolo.

Da *Nell'anno del Signore,* 1969.

(Albertone come padre non dev'essere proprio un esempio: superficiale, un po' assente, convinto di comprendere dei figli che sono ormai grandi e che di lui fanno volentieri a meno. Talvolta, però, ha dei soprassalti, che denotano la sua inadeguatezza ma, in fondo, sono anche la testimonianza del suo grande affetto.)

Il buon padre

Nella camera d'albergo Sordi discute con la figlia. Lei è sdraiata sul letto, lui cammina nervosamente per la stanza

FIGLIA Era quel ragazzo del bar.

SORDI E che voleva? Un appuntamento da te?

FIGLIA Non lo so, ha detto che ha bisogno di parlarmi.

SORDI Sì? Titti, senti, papà ti deve dire una cosa.

FIGLIA Uffa, ora voglio fare il bagno.

SORDI Dopo lo fai il bagno. Viè, viè, che papà te fa un discorsetto. Viè.

Sordi accompagna la figlia nella sua camera, comunicante con quella della ragazza

SORDI (*indicando una poltrona*) Titti, mettiti qui a sedere.

FIGLIA Ma che vuoi?

SORDI Mettiti giù, qua a sedere, buona, tranquilla e ascolta bene quello che ti dice papà.

La ragazza si siede

FIGLIA Che cosa?

SORDI È un discorso molto importante.

FIGLIA Ah! Dai allora.

Lui si siede sul bracciolo della poltrona

SORDI Vedi Titti, fra padre e figlia su certi argomenti non c'è molta confidenza, ma siccome tu ormai sei già grandicella e papà è un uomo ancora giovane, moderno e spregiudicato e allora io voglio dirti certe cose che una bambina come te le deve sapere.

FIGLIA Sì, papà.

Sordi, decisamente imbarazzato, si alza e va verso il lavabo

SORDI Vuoi bere, Titti?

FIGLIA Cosa?

SORDI Eh, un po' d'acqua, che?

Sordi si piega verso il rubinetto e beve direttamente dalla cannella

FIGLIA No, no.

SORDI Bona... (*riavvicinandosi alla figlia*) Senti Titti, tu lo sai che la befana non esiste, vero?

FIGLIA Ma non sono mica una deficiente.

SORDI E va be', ma una volta tu credevi alla befana, credevi al Babbo Natale e credevi anche alla cicogna che porta i bambini.

Sordi si siede su una sedia

FIGLIA È della cicogna che mi vuoi parlare?

SORDI Sì, della cicogna, Titti, (*avvicinandosi con la sedia*) e di tante altre cose.

FIGLIA Allora è inutile.

SORDI (*preoccupato*) Perché?

FIGLIA Perché io so già tutto.

SORDI Come sai tutto?

FIGLIA Mah... a scuola... si insegna a scuola.

SORDI Belle cose insegnano a scuola. E che sai?

FIGLIA Tutto quello che si deve sapere.

SORDI Titti, io sono preoccupato. Ah, Titti mia, ma che scherziamo? Sono preoccupatissimo.

Sordi si alza e si appoggia al letto

FIGLIA Per me?

SORDI Insomma Titti, (*sedendosi sul bordo del letto*) tu fino a poco tempo fa eri una bambina, poi improvvisamente sei cresciuta, insomma ti sei ingrandita. Mi sono spiegato? Ti sei... ti sei sviluppata. Ho reso l'idea, Titti?

FIGLIA Sì, ma perché mi fai questi discorsi proprio adesso?

SORDI Ma senti questa... (*con il tono di raccontare una fiaba*) Perché tu, Titti, per la prima volta arrivi in un grande albergo, bello, pieno di luci, di lussi, ma pieno di corruzione e di vizio, dove una bambina della tua età può... perdere la testa e commettere errori irreparabili.

FIGLIA Papà, come fai a pensare a certe cose?

SORDI Perché c'ho esperienza, pacioccona mia. Papà tuo ha vissuto, papà tuo conosce il mondo, ha viaggiato molto. Sono stato in Africa, in Albania, in Grecia, in Jugoslavia, in Montenegro, oh.

La ragazza si alza e va a sedersi sulle ginocchia del padre

FIGLIA Ma ci sei stato da soldato, papà. Conosci le caserme, la vita di trincea, non stavi nei grandi alberghi.

SORDI Ma che c'entra? Ma insomma, Titti. Siccome noi non siamo pratici dell'ambiente io ti dico stiamo attenti. Stai attenta Titti. Stai attenta a chi frequenti, non credere alle promesse, non bere, ma soprattutto non credere alle promesse. Te lo dice papà, sai Titti. Papà che ha una vita dietro di sé e che ormai non si illude più. E che te vuoi illudere? Co' tu' madre, poi... Titti, pensa che l'uomo, specialmente se ricco, prima ti illude, ti giura eterno amore, ti fa bere e poi ti abbandona, magari con un bambino.

FIGLIA Oh, papà...

SORDI (*accarezzando la figlia*) Ma guarda che discorsi bisogna fare ad una bambina. Ma che ti sei messa? Che è questo?

FIGLIA L'ho trovato al bagno.

SORDI Lo passa l'albergo?

La ragazza annuisce

SORDI Ah, meno male. Tua madre non m'ha dato manco la vestaglia. Pacioccona, ridi eh, lo vedi che sei una bambinona, patatona. Ma ti ricordi quando dicevi: voglio suonare la tantassa. Voglio il tacio pecorino, dammi il tacio pecorino....

Da *Vacanze d'inverno,* 1959.

(Chissà come, ma la donna che si desidera non contraccambia mai. Albertone, poi, con le donne è sempre impacciato prima di aprirsi. E questo limite fa insorgere molti equivoci...)

Le «buone» parole di una donna

Sordi e la ragazza stanno pranzando al vagone ristorante di un treno

SORDI (*un po' a disagio*) Senti, Carmela, il nostro viaggio sta per finire e prima di arrivare a casa io... ti vorrei parlare.

RAGAZZA Io pure ti vorrei parlare, Giuseppe.

SORDI (*sollevato*) Sì, Carmela. Allora parla tu. Io non dico niente.

RAGAZZA Giuseppe, com'è la casa tua?

SORDI È piccola, è di legno. Tutta dipinta a mano. Ma ci sono tutti i comfort, sai? Una kitchen economica che si spegne da sola. Un frigi. Yes. Un ferro da stiro, la macchina da cucire e il floro... il pavimento è tutto colorato.

RAGAZZA Bene.

SORDI Bellissima.

RAGAZZA Uno stipendio anche piccolo in fondo lo tieni.

SORDI Sì.

RAGAZZA Perciò ti puoi sposare?

SORDI That's all right. Anche subito.

RAGAZZA Giuseppe.

La ragazza gli prende la mano

RAGAZZA Sentimi allora, ti voglio fare un discorso molto importante.

SORDI Sì, Carmela, ti ascolto.

RAGAZZA Durante questo bellissimo viaggio, ebbi occasione di parlarti, di conoscerti, di apprezzare le tue buone qualità. E ho capito che sei una persona sola, che hai tante disgrazie, perciò hai bisogno di una donna che ti tiene compagnia. Che cura le malattie tue.

SORDI Sì, Carmela, io sono tanto solo, sai. È più di vent'anni che cerco compagnia.

La ragazza fruga nella borsetta, estraendone una foto che mostra a Sordi. Lui ha gli occhi chiusi e si bacia una mano con aria felice e trasognata

RAGAZZA E io te l'ho trovata.

La ragazza mette la fotografia in mano a Sordi che la guarda con gli occhi sgranati

RAGAZZA Si chiama Rosalba, ha 42 anni e una bambina che ha tanto bisogno di un padre. Se tu ci mandi un biglietto viene pure subito.

Sordi le restituisce la foto

SORDI No, io questa non la voglio!

RAGAZZA Ehi, aspetta, calmati. Vedrai quando ti leggo le misure: 86 di peso, piedi 43, fianchi 110, vita 90, petto 110, altezza 1 e 72, spalle 53. Che ne dici?

SORDI E che ti devo dire? A me mi dispiace tanto per la bambina, ma io questa non la voglio.

RAGAZZA Ma chista tene un carattere d'oro. Io la conosco. S'affeziona subito.

SORDI Carmela, io speravo qualche cosa di più...

RAGAZZA (*spazientita*) Aho, ma che pensi? Che una ragazza giovane, bella, viene fino qua a sposare un disgraziato come te? Ma vide a quisto, cose di pazzi!

Da *Bello, onesto, emigrato Australia sposerebbe compaesana illibata,* 1971.

(È un vecchio vizio di Albertone quello di rappresentare spesso individui del basso ceto romano a confronto con realtà più grandi di loro. Ma il suo è un approccio sempre affettuoso, quasi solidale...)

Il «burino»

Sordi arriva con la figlia nella hall di un lussuoso albergo di montagna. È vestito in maniera molto modesta e in contrasto con l'ambiente. Improvvisamente la valigia si apre facendo cadere il contenuto sul pavimento. Il fattorino interviene in suo aiuto

SORDI Accidenti alle valigie, aho, gliel'ho detto a tu' madre: mettece 'na corda, no? Niente, testona quella.

FIGLIA Papà, ti prego non strillare così.

SORDI Ma che dici? Me insegni a me come devo parlà? Sta bona e statte zitta. (*al fattorino*) Ce metta una mano, me faccia il favore. (*alla figlia*) Viè dal portiere, va'.

Padre e figlia si incamminano verso la reception

PORTIERE (*al telefono*) Pronto?

SORDI (*interrompendo*) Scusi, sono il ragionier Moretti.

PORTIERE Aspetti un momento. (*riprendendo la telefonata*) Due posti sull'aereo in partenza da Milano per New York. Signor Jackson e signora. Sì...

SORDI (*indicando alla figlia due anziani signori*) Li vedi questi? Adesso stanno qui e fra ventiquattr'ore stanno a camminare sulle strade di New York, aho! È fantastico. Sta su con le spalle, su... (*al portiere*) Sono il ragionier Moretti. (*alla figlia*) Sta dritta, Ti'...

PORTIERE Desidera?

SORDI Ecco, la mia bambina è la vincitrice del famoso concorso.

Il portiere indica ai due nuovi ospiti l'ufficio del direttore e li precede attraverso la hall

PORTIERE Si accomodi. Brava signorina.

SORDI Che signorina la chiama? Ma come? È una bambina, 'na bambinona, due mesi fa giocava con le bambole.

FIGLIA Papà...

SORDI Ma che papà...

PORTIERE (*al direttore*) Sono i due che hanno vinto il concorso alla Tv.

SORDI (*al portiere*) Ma veramente non sono io. È la mia bambina. E chi ce pensava? Stavamo lì a guardare la televisione, io, mia moglie e lei. A un certo momento lei si alza in piedi e dice: ho indovinato, papà, scrivo alla Tv, via Arsenale 21, Torino. Dico: ma che scrivi a fà? Tanto lo sappiamo, a «Lascia o Raddoppia», al «Musichiere»... tutti raccomandati.

PORTIERE Permette? Il direttore le darà le camere.

Sordi porge una sigaretta al portiere

SORDI Sì. Vuole una sigaretta?

PORTIERE No grazie.

SORDI E se la prenda.

PORTIERE No grazie.

SORDI È 'na nazionale.

PORTIERE No grazie.

SORDI Magari se la fuma dopo, semmai. (*al direttore*) Son belle le camere?

Il portiere si allontana

DIRETTORE Hanno le camere 215 per la signorina al secondo piano...

SORDI La signorina?

DIRETTORE ...316 per lei al terzo.

SORDI Che so' separate? Io non dormo mica separato, sa?

FIGLIA Papà, che importanza ha?

SORDI Ma che papà, nun te lascio dormì sola, aho non perdere la testa, per cinque giorni che esci di casa, ma che è...

DIRETTORE Be' allora, 184 e 185 al primo, comunicanti.

SORDI Ah, comunicanti, ah be', lo sapevo...

DIRETTORE I signori hanno diritto alle due camere da letto, prima colazione, seconda colazione...

SORDI ...e terza colazione...

DIRETTORE ...e pranzo la sera.

SORDI E be', lo so, tutto gratis, lo so, lo so.

DIRETTORE Tutto gratis, meno la tassa di soggiorno e il servizio.

SORDI Daje, meno la tassa di soggiorno? E quant'è?

DIRETTORE Sulle duemila lire al giorno, signore.

SORDI Ma come? Dice: tutto gratis. Io scrivo una lettera di protesta alla Tv, via Arsenale 21, Torino. Pure tu madre dice nun te serve niente...

Si avvicina un altro fattorino

FATTORINO Scusi signore, la sua 600 ingombra il passaggio.

Sordi segue il fattorino verso l'uscita

SORDI Ingombra? Ma dove? Aspettami un po' qua. Ma come ingombra? L'ho messa proprio qui davanti. Tutto voto era, mo ingombra?

Da *Vacanze d'inverno,* 1959.

(Raggiunta la mezza età Albertone non riesce più a reggere i panni del borghese agiato condizionato da una vita predeterminata: l'«evasione» da una esistenza vuota diventa il suo nuovo scopo.)

Cambiar vita

Una giovane donna in lacrime si siede su di un divano, sostenuta da un'altra donna. La prima si rivolge a Sordi che è nella stanza accanto

DONNA Sei ricco, felice, sei arrivato, mentre Titino poverino...

La donna singhiozza, mentre l'altra l'abbraccia. Dalla stanza accanto proviene un rumore di vetri rotti. Sordi tiene in mano il collo di un fiasco. Sul mobile ci sono cocci di vetro

SORDI (*trattenendo l'ira*) Tua sorella ha detto Titino poverino. Ho sentito bene? Titino poverino, ha detto. E io ho rotto un fiasco. (*gridando*) Sì, sì mondaccio maledettissimo. I poverini non sono quelli che sono andati via, ma quelli che sono rimasti qui, davanti a voi, coi pezzetti di vetro nella mano.

La seconda donna, che è la moglie di Sordi, si avvicina

MOGLIE Ti sei fatto male? Fa' vedere.

SORDI Sì. No. Mi sono fatto malissimo, ma non ti faccio vedere. Qui si muore. Trr! Sono un leone. Qui muoiono anche i leoni. Ma quale poverino. Quello ha conosciuto i silenzi dei grandi fiumi, io invece conosco solo lo stridio delle vostre voci irritanti. Corna, vacche, latte, mozzarella. Io sono stufo delle mozzarelle e sono stufo anche di voi. Va bene?

Sordi si siede stremato sul divano

MOGLIE Fausto, calmati. (*chiamando ad alta voce*) John, John.

Si alza in piedi, afferra una poltrona gonfiabile e la lancia al cameriere che intanto è entrato nella stanza

SORDI Ma non ci accorgiamo in mezzo a chi viviamo? Giuochi a golf? Fai il weekend sulla barca. Io do un party, tu fai un cocktail. John un drink pure a me. L'animaccia de Noè. (*al cameriere*) Ah, bravo, ci sei pure tu. Toh, vieni qua.

Sordi afferra il cameriere per un braccio e lo porta più vicino alla moglie

SORDI Eccolo John. Questo è John? Ma come, questo è barese. Perché lo chiami John? J'en ai assez de cette vie! Hai un figlio? Sì, certo, ho un figlio. Ma che? È un figlio quello? Quello è un passante. Tutto biondo, ma 'ndo va?

Afferra la moglie e la costringe a guardarlo in viso

SORDI Senti Rita, vieni qui. Guardami bene. Mi vedi? Vedi questo volto? Questo volto ha dato il via alla serie «I grandi amori d'oggi. Da Jacqueline a Sandrocchia». Va bene?

Si muove verso la porta

SORDI Ormai ho le idee chiare, sai? La persona in loco

sono io. Il povero Titino lo vado a cercare io. In Africa ci vado io.

Esce e sbatte la porta

Da *Riusciranno i nostri eroi a ritrovare l'amico misteriosamente scomparso in Africa?*, 1968.

(Nei momenti proprio difficili Albertone ha sempre dimostrato di sapersela cavare... magari a spese degli altri.)

Il carcerato

Sordi passeggia nervoso fra le pareti di una buia cella, che condivide con altri cinque prigionieri, che restano immobili con aria rassegnata

SORDI Ma da quanto tempo state in questo carcere buio e nero?

PRIMO PRIGIONIERO Sono 30 ore.

SORDI 30 ore... poco.

Sordi si rivolge ad un altro prigioniero

SORDI Anche tu?

SECONDO PRIGIONIERO 30 mesi.

SORDI Ah, di più tu...

Sordi si rivolge al prigioniero più anziano, dalla lunga barba bianca, che resta seduto in disparte

SORDI E tu?

TERZO PRIGIONIERO 30 anni.

SORDI Uhu! 30 anni, davvero? Che c'avevi il pizzo quando sei entrato? 30 anni! Hai imparato bene a fare il carcerato.

TERZO PRIGIONIERO (*solennemente*) Certe cose sarebbe bene non impararle mai!

SORDI Perché impararle, scusa? Sei un presuntuoso? Impara l'arte e mettila da parte, così quando ti capita di tornare in carcere sai bene quello che devi fare!

TERZO PRIGIONIERO Eh, non si ritorna più.

SORDI No?

TERZO PRIGIONIERO Perché da qui non si esce vivo.

SORDI (*facendo il segno delle corna*) Tiè! Le vedi 'ste corna? Pigliate 'ste corna e mettile sotto la barba. Che presuntuoso. (*rivolto agli altri*) Mi sta antipatico 'sto vecchio. Ma che avete fatto per stare in carcere tutta la vita?

QUARTO PRIGIONIERO Noi, noi non abbiamo fatto niente.

QUINTO PRIGIONIERO Niente, niente!

PRIMO PRIGIONIERO Sappiamo solo che c'ha fatto arrestare Tortul.

SECONDO PRIGIONIERO Siamo le sue vittime. Lui commette i delitti e noi scontiamo le pene.

Sordi si alza in piedi con energia

SORDI Ma non vi preoccupate, su. State allegri, vedrete che usciremo.

TERZO PRIGIONIERO Eh, usciremo... Mai!

SORDI Ma come, mai? Che sei uno stolto? Certo che usciremo. Se c'è un fatto importante per esempio, non so... se Cleopatra fa un figlio, c'è l'amnistia, no?

TERZO PRIGIONIERO No, no... per noi c'è una sola speranza.

SORDI Quale per esempio?

TERZO PRIGIONIERO La morte...

SORDI (*esasperato*) Mmh...

TERZO PRIGIONIERO ...di Tortul.

SORDI Ah, be', di Tortul pollice verso. Certo, di Tortul. (*agli altri*) Su, venite qui. State allegri, su sorridete. C'è l'amnistia, vedrete che c'è. Ci sono io qui, no? Non ci sono io? Io conosco tanti giochetti divertenti, vedrete come ci divertiremo tutti quanti.

Sordi si mette nel centro della cella, tutti i prigionieri si avvicinano, facendo cerchio intorno a lui. Solo il prigioniero più anziano resta seduto

TERZO PRIGIONIERO Ma che divertimento, bisogna pensare alla morte.

Il vecchio si alza in piedi per dare più peso alle sue parole, ma si risiede alla violenta reazione di Sordi

SORDI (*gridando*) Stai zitto tu, stai zitto una buona volta? Ti stacco tutta la barba, sai. Vecchiaccio infame! Guarda come ci deve rovinare la giornata 'sto vecchiaccio... (*agli altri*) Vedrete che bel gioco! Conoscete il gioco dei quattro cantoni?

PRIGIONIERI No.

SORDI Non lo conoscete? È un gioco che ho inventato io. (*indicando ai prigionieri gli angoli della cella*) Mettiti lì, tu. Tu mettiti qui, tu mettiti lì, tu mettiti lì.

TERZO PRIGIONIERO E io?

SORDI Tu vattene via, esci fuori!

TERZO PRIGIONIERO Magari!

SORDI (*esasperato*) Ma te vuoi star zitto una buona volta? Ma che me l'hanno portato a fà questo co' 'sto asciugamano! Portaiellone che non è altro. Guarda come ci deve rovinare il gioco, 'sto qua. (*agli altri*) Su! Il gioco dei quattro cantoni. Dico quattro e non tre. Se dico tre non pensà a me. Corri da me via!

Sordi, rimasto al centro della cella, corre verso uno degli angoli, occupato da un altro prigioniero. Tutti iniziano a correre scambiandosi di posizione

Da *Due notti con Cleopatra,* 1954.

(Il mondo marginale delle produzioni cinematografiche italiane viene abbozzato con pochi accenni implacabili. Alla faccia di «Tangentopoli», il vizio di mescolare affari e politica è molto antico da noi.)

Come produrre un film «comunista»

Sordi sale la scalinata che porta ad una splendida villa, in compagnia di un uomo. Ha il cappello in mano e ha un'aria decisa, ma molto rispettosa. L'uomo si arresta qualche gradino più in alto di lui

DUCA Ma che te mettesti una femmena in testa?

SORDI Ma è un grosso affare.

DUCA Ma un uomo che se ne va in continente per fare il cinematografo vuol dire che in testa una femmina habe, no?

L'uomo riprende a salire i gradini e Sordi lo segue

SORDI Ma io ho altro da pensare, che femmina habe? La società dei mulini è fallita, quel minchione di mio cognato ha voluto presentare i registri al fisco e si è beccato due giorni di carcere.

Sordi si para davanti all'uomo che si ferma ad ascoltarlo

SORDI Duca, qui bisogna alzare le ali, con questo film si possono guadagnare due miliardi, e a me basta che lei mi dia 100 milioni.

DUCA Ma nemmeno una lira! Ma quello un film comunista è! Sasà, l'uomo all'angolo del caffè sono io. E tu sei pazzo che io do il mio denaro per un film nei miei panni.

SORDI Ma duca...

DUCA Ma lo vedi? Lo vedi che mi stanno combinando? Mi fanno occupare le terre dai miei contadini. Canaglie!

L'uomo indica a Sordi le terre sottostanti, dove decine di contadini stanno marciando portando bandiere e cantando «Bandiera rossa»

SORDI Ma non se la prenda, duca. I contadini le occupano le terre? E lei ci fa sopra un film che dà ragione ai contadini. E guadagna un miliardo.

DUCA Io non butto il mio danaro per un film comunista.

SORDI Ma che se ne fa del suo danaro, duca?

DUCA All'estero! Il danaro bisogna mandarlo all'estero, prima che i tuoi amici compagni me lo rubino.

SORDI E come lo manda all'estero il danaro?

DUCA Troveremo, Sasà, troveremo.

Sordi è su una bellissima terrazza, dove sta prendendo il tè in compagnia di un sacerdote, di due donne e di un uomo

VOCE DI SORDI Tentai un'altra strada, anche Lilli aveva uno zio prete molto influente.

Il sacerdote ha in mano un fascicolo di fogli

SACERDOTE Senza dubbio il suo soggetto, signor Scimoni, è molto interessante.

SORDI E mi pare anche cristiano.

SACERDOTE No, cristiano no. Questo è il punto.

RAGAZZA Ma perché zio?

SACERDOTE Ma perché suscita l'odio dei poveri contro i ricchi e l'odio è un sentimento distruttivo.

SORDI Purtroppo, Padre, per creare il nuovo bisogna distruggere il vecchio.

SACERDOTE Distruggere? Ah, che bella parola. Dunque lei è per la violenza?

SORDI No, io personalmente ho sempre odiato la violenza, ma purtroppo non sono io che faccio la storia, ma sono loro: i comunisti.

SACERDOTE Ah, lei crede veramente che i comunisti facciano la storia?

SORDI TRA SÉ «Non lo credo, ma lo temo» avrei voluto rispondere, ma mi trattenni.

SACERDOTE La storia si fa con l'amore e guai a coloro che non credono a questo. La Chiesa è la madre di tutti, ma bisogna anche temerla.

SORDI Padre, io temo la Chiesa, ma temo di più i comunisti. Quelli sono armati.

Il sacerdote si alza in piedi, colpito

SACERDOTE (*con decisione*) Un cristiano non deve mai usare la violenza, ma nemmeno averne paura.

SORDI Ma lei Padre non li conosce bene i comunisti. Gli «agitprop» li ho visti io come menano e che campagna stanno facendo adesso per le elezioni. Vinceranno, Padre, vinceranno e avranno la maggioranza assoluta, purtroppo.

Da *L'arte di arrangiarsi,* 1955.

(Ben prima di altri Albertone si è ingegnato per vendere sogni alle masse, con l'identica consapevole volontà di imbrogliare a più non posso. Ma, in questa scenetta, il nostro «le bolle di sapone» le vende veramente!)

Il comiziante

Sordi, indossando una giacca elegante, un bel cappello a tesa larga e una gonna lunga a pieghe, attraversa una piazza seguito da una piccola folla incuriosita. Si ferma, posa la sua valigetta, apre uno sgabellino pieghevole e ci sale sopra. La gente gli si fa intorno e Sordi, da quel piccolo podio improvvisato, inizia a declamare, gesticolando sapientemente

SORDI Cittadini! Voi che mi avete seguito di vostra spontanea volontà, voi cittadini ben sapete in quali tempi ci troviamo, tempi in cui tutto si può dire e tutto si può fare, tempi in cui non si sa che dire e non si sa che fare. Tempi in cui l'intrepido aviatore diventa donna e la donna diventa (*in falsetto*) caporale di giornata.

La gente esplode in una fragorosa risata

SORDI Tempi in cui tutto è appeso a un filo come un palloncino. Questo palloncino si chiama incertezza. Questi sono i nostri tempi, o cittadini. Tempi incerti in cui da un momento all'altro può arrivare il fatto nuovo, sotto forma di una bomba, buum, o di un marziano, raam, sotto forma di un essere informe. Attaccati perciò o cittadino all'attimo presente. Attaccati ai tuoi piccoli momenti di libertà e di riposo, alle tue illusioni che salgono fino al soffitto della tua dolce casa come variopinte bolle di sapone. Cittadino, non trascurare le tue bolle di sapone. Ein moment!

Sordi scende dallo sgabello, apre la valigia e ne estre un flaconcino e una pipetta

SORDI Oplà, oplà. Ed è per questo che io vi dico: per la «ioia» dei grandi e dei piccini, toh, questo è il vostro prodotto cittadini. Bolle di sapone.

Soffia nella pipetta che emette un suono di armonica e tante piccole bolle di sapone

SORDI Palloncini colorati che salgono nel cielo come le nostre illusioni, siore e siori. Vi portate a casa questo oggettino, siore e siori, (*soffia nella pipetta*) sborsando la modica somma di lire 100, non ve lo aspettavate? Non ve lo aspettavate, siore e siori, 100 lire, soltanto 100 lire, che non mi rifaccio neanche delle spese. Parola mia d'onore. (*a uno spettatore*) Ma che c'ha lei? A me mi è tanto antipatico 'sto vecchio. Sta con lei? Mi scusi signore. (*soffia nella pipetta*) Guardino siori: palloncini colorati, 100 lire, siore e siori, dico 100 lire.

Soffia nella pipetta formando un'unica grande bolla

Da *Accadde al commissariato,* 1954.

(Albertone è il ritratto puntuale dell'italiano medio che «si è fatto da sé»: ma ama parlare troppo...)

Il conformista «benpensante»

Sordi cena con alcuni uomini. La tavola è sontuosamente apparecchiata. Tutti sono molto eleganti. Quasi tutti, Sordi compreso, indossano una giacca rossa con colletto nero

SORDI Be', io sono di origini molto modeste, mio padre faceva il muratore. Era anche molto bravo, ma lo cacciavano sempre da tutti i posti, ovunque andava. Faceva il socialista, il comunista. Che ne so. E naturalmente i fascisti lo picchiavano sempre.

COMMENSALE Lei ha detto naturalmente?

SORDI Sì.

COMMENSALE Dobbiamo quindi ritenere che lei trovasse naturale che i fascisti picchiassero suo padre?

SORDI No, ma comandavano loro. Era proibito pensarla diversamente.

COMMENSALE Lei è dunque un conformista?

SORDI (*deciso*) No, io sono per l'ordine, per la legalità.

SECONDO COMMENSALE Spero che il pubblico ministero non troverà da ridire anche su questo.

COMMENSALE (*divertito*) Anzi, è un punto a favore del suo benpensante cliente.

TERZO COMMENSALE Continui, continui, dottor Rossi.

SORDI (*pulendosi la bocca*) E che continuo? Mia madre, povera donna, che doveva fare? Sempre a combattere con la miseria. Aveva soltanto me e io, purtroppo, finite le elementari, mi sono dovuto mettere a lavorare.

TERZO COMMENSALE Lei dice, dottore, che ha fatto solo le elementari, ma allora come ha potuto prendere la laurea e diventare dottore?

SORDI Non sono dottore, mi chiamano dottore. È un'abitudine italiana, soprattutto romana. Da noi, vedete, signore, signor Rossi non suona bene. Invece dottor Rossi...

COMMENSALE Suonerà meglio, ma l'usurpazione di titolo è reato, signor Rossi.

SORDI Ah, sì? (*ridendo*) E allora deve andare in galera mezza Italia, eh scusate.

SECONDO COMMENSALE Dobbiamo però riconoscere che il mio cliente, benché privo di istruzione superiore, ha saputo farsi strada nella vita.

SORDI (*compiaciuto*) Ah sì. Questo sì. Io vengo dalla gavetta. Signori, fino a pochi anni fa io ero un piccolo piazzista, un rappresentante, che girava con un campionario da un paesetto all'altro. Dormivo nelle stazioni, col freddo, senza cappotto. Non si vedeva mai una lira, che è una lira? Potete immaginare che tempi, e che fame. Aho, una sera io e un mio amico, un certo Augustarello, ci siamo mangiati una scodella così di grandine.

COMMENSALE (*sorpreso*) Di grandine?

SORDI (*gesticolando*) Grandine, grandine. Chicchi di grandine. Proprio... 'a grandine.

Da *La più bella serata della mia vita,* 1972.

(Sempre in guerra con la vita, Albertone, con la fame, le cambiali, l'incomprensione...)

Il conto al ristorante

Sordi è seduto al tavolo di un locale con la ragazza e un amico. Un'orchestrina suona una musica allegra

AMICO Ma come non ti hanno pagato?

SORDI Una cambialetta.

AMICO Come una cambialetta?

Il cameriere si avvicina al tavolo e porge un biglietto a Sordi

SORDI Che è?

CAMERIERE Glielo manda er sor Giovanni.

AMICO Che è?

SORDI Giovanni.

Sordi si alza e si avvia

RAGAZZA Che cos'è?

SORDI E che è? Il conto, no?

Sordi si avvicina a Giovanni e Gina, i proprietari del ristorante

SORDI Ah Giovà, come stai, Giovà? Signora Gina, sta bene, si è dimagrita. Perché non tenta col cinema? Come sta tuo padre Giovà?

GIOVANNI Lui sta bene, so' io che sto male insieme a voialtri.

SORDI Perché? (*porgendogli il conto*) Che è questo?

GIOVANNI Questo è il conto.

SORDI Be'? Ma come? Proprio oggi che stiamo vincendo, l'Italia diventa repubblicana, te levano 'a trattoria e parli di conti? A Giovà...

GIOVANNI (*serio*) A dottó, gennaio e febbraio so' 30.000 lire, 20.000 aprile e maggio. Siamo a giugno, so' 50.000 lire.

SORDI 50.000 lire solo di mangiare? So' soldi che spendo volentieri, sa? Si mangia bene, Giovà. (*mettendogli in mano la cambiale*) Tiè, queste so' 60.000 lire, mi dai 10.000 di resto...

GIOVANNI (*posando la cambiale sul bancone*) Io nun te do niente e nun me pijo niente.

SORDI Perché? Cambiale firmata Franchetti, industriale del petrolio.

GIOVANNI Ma che petrolio, quello ha più fame di voialtri.

SORDI Ho capito, va'. (*ad alta voce*) Franco, Franco. Permetti, scusa. Viè un po' qua.

L'amico si alza e lo raggiunge. La ragazza ne approfitta per prendere qualcosa da mangiare dal suo piatto

AMICO Scusa eh. Che c'è?

SORDI È Giovanni. Boh, non riconosce la firma de Franchetti. Metti un avalluccio tuo, va'.

AMICO Certo che ti metto un avalluccio. La matita.

GIOVANNI No, no. Niente avalluccio, dottó. Tu c'hai il conto più grosso del suo. Già te l'avevo detto prima: è l'ultima volta che ce magni.

AMICO In che senso, scusa?

GIOVANNI In tutti i sensi.

AMICO (*risentito*) Ma come? Con tutti i clienti che ti abbiamo portato qui.

GIOVANNI Ho dovuto mandarli via tutti, perché nun pagava nessuno. Tutti artisti.

SORDI (*intristito*) Giovanni, eri tanto educato, non capisco. Che ti prende?

GIOVANNI Un colpo me pija. Pure lei, prima veniva solo, mo ci porta pure l'amica.

SORDI No, non è la mia amica. È diverso. È la mia donna.

GIOVANNI La donna tua, sua, di chi è. Nun me importa niente. Insomma, qui nun se magna più.

SORDI Ho capito, va. Franco, qui non ci si può più venire a mangiare.

GIOVANNI Nun ce dovete venì.

SORDI Nun ce dovete venì...

L'amico prova a cambiare tattica

AMICO Ah, va bene. Allora siamo liberi. Non ti offendere dopo. Andiamo, andiamo.

SORDI Andiamo, sta scherzando, Giovà, ma tu non ridi mai?

GIOVANNI Ma cosa rido? Io mi rovino se rido.

La ragazza di Sordi lo chiama dal tavolo

RAGAZZA Silvio.

SORDI Che è?

RAGAZZA Che facciamo? Si mangia o andiamo?

SORDI Sì, aspetta, adesso andiamo. (*sottovoce*) Giovà, magari io esco con una scusa... dai una bistecchina a lei. So' tre giorni che non mangia, non si regge in piedi.

GIOVANNI No, ho detto no. Nun se magna.
AMICO Fai una cosa, va. Lascia stare. Vai qui in fondo, all'angolo della strada, dall'Assassino. È bono, sai? Ti siedi, mangi e metti sul conto mio.
GIOVANNI Bono l'assassino!
AMICO Sì, buonissimo
SORDI (*ad alta voce*) Elena, andiamo, va'. Andiamo dall'Assassino.
La ragazza si alza, attraversando il locale saluta un altro cliente
RAGAZZA Buonasera, professore.
Sordi abbraccia la ragazza
SORDI Arrivederla signora Gina. A te non te saluto, cattivo. Ciao.
AMICO Ciao.
SORDI Ci vediamo al giornale. (*alla ragazza*) Andiamo, Elena, andiamo dall'Assassino.
AMICO Buon appetito. (*a Giovanni*) Perché fai così? Adesso esageri. Si sono offesi.
GIOVANNI Ma quando l'offendi quello?

Da *Una vita difficile*, 1961.

(Albertone è pronto a tutto pur di «aggiustare» i suoi affarucci, anche a passar sopra ai problemi di corna: smentendo così chi pensa agli italiani come paladini del senso dell'onore.)

Il cornuto compiacente

Una donna bionda guarda esterrefatta il marito-Sordi e l'amante francese Gaston sedere ad un tavolo di un elegante locale e chiacchierare amabilmente. I due uomini brindano
SORDI Cin cin.
Sordi, vedendo la moglie in piedi, si alza, le va incontro sorridendo e l'accompagna al tavolo
SORDI Cara! Eleonora, vieni. Monsieur Gaston ha accettato gentilmente di bere una coppa di champagne con noi.
GASTON Buonasera, signora.
Sordi afferra la moglie per il braccio e le sussurra nell'orecchio
SORDI Non avevo pensato che se lui racconta a qualcuno

che era in camera con te e la polizia lo viene a sapere, a me mi ricasca l'alibi.

MOGLIE Ma che cosa vuoi fare?

SORDI Ma come che faccio? Sta a sentire. (*ad alta voce*) Siediti.

I tre si accomodano al tavolo

SORDI Dunque, Monsieur Gaston, noi siamo gente evoluta e di un certo livello. Mia moglie invita un amico a mezzanotte in camera sua a bere un whisky? Be', che c'è di male?

GASTON Ma certamente, che male c'è?

SORDI Appunto dicevo, tanto più che lei non è certo il tipo che va a raccontare agli amici di questo whisky che si è fatto in camera con mia moglie.

GASTON Ma cosa dice? Io non commetterei mai una simile leggerezza.

SORDI Lei no, ma la leggerezza l'ho commessa io e anche grave; sono andato a riferire alla polizia che in camera con mia moglie c'ero io.

GASTON Ah, questo è più grave.

SORDI Non solo, ma questa mia dichiarazione la polizia l'ha registrata su nastro magnetico.

MOGLIE (*a disagio*) Alberto, non essere prolisso. Concludi.

SORDI Ma che prolisso? Concludo. È bell'e fatto. Monsieur Gaston, parliamoci chiaro: ieri notte in camera con mia moglie non c'era lei.

GASTON Ah, no? E chi c'era?

SORDI Non ha capito? (*strizzando l'occhio*) C'ero io.

Il francese fa una smorfia

SORDI Che?

GASTON (*indifferente*) Per quanto mi riguarda sono d'accordo. Tanto più che nessuno mi ha visto entrare.

SORDI Perfetto, benissimo.

GASTON Un momento, un momento. Et le garçon qu'on a appelé?

MOGLIE C'est vous qui avez appelé le garçon pour l'eau minerale.

SORDI (*preoccupato*) Ma che parlate francese? Eleonora, che dice?

MOGLIE Dice che a un certo punto ha chiamato il cameriere per l'acqua minerale.

SORDI Perché?
MOGLIE Aveva sete...
SORDI (*alzando la voce*) E mo? E che c'entra quest'acqua minerale? E dite allora che l'avete fatto apposta...
GASTON No, no.
SORDI ...e me fate morì.
GASTON Il cameriere non ha potuto riconoscermi.
SORDI È sicuro? Ci pensi bene. Anche tu Eleonora, non ti distrarre. Fate bene mente locale.
GASTON Ma sì, un momento. Dunque, quando il cameriere ha bussato io ho aperto appena la porta e (*stendendo il braccio davanti a sé*) ho messo fuori solo il braccio.
SORDI E le par poco? (*stendendo il braccio*) Ha visto il braccio?
GASTON Sì, ma non lo ha riconosciuto, perché io... (*imbarazzato*) indossavo la sua veste da camera.
SORDI Il kimono mio. La vestaglia mia s'è messo. Perché?
GASTON Faceva caldo...
SORDI (*soddisfatto*) Bene, anzi benissimo. Ho afferrato, ho capito cosa vuole dire. Che se il kimono era mio anche il braccio era mio e il cameriere ha creduto che ero io ed è pronto a testimoniare.
GASTON Proprio così. Che intelligenza!
SORDI Merci infinite, Monsieur Gaston, modestamente... Ah, ah. E a questo punto brindiamoci sopra. (*versando da bere*) Eleonora cin cin, un cin cin à vous e un cin cin à moi.

Da *Crimen,* 1960.

(Mirabilmente Albertone tratteggia il prototipo dell'italiano «voltagabbana».)

Da fascista a comunista

Sordi è in piedi nell'ufficio del cognato e socio in affari. È palesemente nervoso e preoccupato
SORDI Devi prenderla tu la direzione del mulino.
Il socio si siede dietro la scrivania
SOCIO E non possiamo tenerla insieme?
SORDI (*concitatamente*) Ma come? Stanno epurando tutti, il proprietario della fabbrica dello zolfo è stato mandato al

campo di concentramento di Badula perché era stato ispettore federale. E il commendator Spampinati, direttore della fabbrica dei medicinali? Quello è stato arrestato, capisci, arrestato. Solo perché era parente del ministro del Commercio, il quale a sua volta, eh vabbè, l'avrà favorito. Qui va tutto a gambe all'aria. Se voi vecchi antifascisti non intervenite a salvar le cose, chi vuoi che difenda la proprietà privata contro gli operai? Io? Io, no. Io non posso.

SOCIO Ma perché?

Sordi passeggia nervosamente per la stanza

SORDI Ma come perché? Io, ex sciarpa littorio, ex consigliere nazionale, marcia su Roma, anche se falsificata. No, no, no, no, no. Credi, per me l'unica via di salvezza è quella di iscrivermi al Partito comunista.

SOCIO Tu? Tu comunista? E ti accetteranno?

Sordi si siede

SORDI Ma mi devono, mi devono accettare. Oh, ne va della mia vita, del mio avvenire. Ma che, scherziamo? Lo so, rifiuteranno. Ma io li convincerò, farò di tutto per convincerli. Guarda, qualunque sacrificio mi si richieda io lo farò. E ti dico pure che lo faccio con piacere. Perché in questo momento, e mi devi credere, ti parlo con il cuore in mano, il comunismo mi sembra veramente una bella cosa, no?

Il socio si alza in piedi e gira attorno alla scrivania

SOCIO No. Io sono stato radicale e radicale rimango. E poi nei riguardi del comunismo ho molti dubbi.

SORDI Appunto perché hai molti dubbi sul comunismo devi fare il conservatore. Tu sei sempre stato antifascista e nessuno può dirti niente se fai il conservatore.

SOCIO Ah, è così che ragioni?

SORDI Sì, così ragiono e ragiono bene. Io non posso fare il conservatore, devi farlo tu. Sennò questi mulini chi li conserva, dopo averci tanto lavorato?

SOCIO Non parliamo del tuo lavoro, Sasà, l'importante è che gli operai lavorino. Va bene, va bene, me ne occuperò io.

Il socio si allontana con alcuni documenti in mano

SORDI (*tra sé, cantando*) «Avanti popolo alla riscossa...»

Da *L'arte di arrangiarsi,* 1955.

(Se i parenti sono sempre infidi, Albertone cerca sempre di «fregarli» in qualche modo: fallendo.)

Denaro e parenti

Riparandosi dalla pioggia sotto un solo ombrello, Sordi e il cognato camminano sottobraccio per la strada, discutendo fittamente...

SORDI Ti ho cercato stamattina, ma non ti ho trovato. Ti volevo proporre un affarone. Perché far guadagnare sempre gli altri, mi son detto, c'è Riccardo preferisco far guadagnare un parente mio.

RICCARDO Ma io non sono nato per gli affari.

SORDI Che?

RICCARDO Non c'ho mai creduto, lo sai.

SORDI Ma che dici? C'è il boom o non c'è?

RICCARDO E con questo?

Si fermano in mezzo alla strada

SORDI E niente, io voglio sapere: tu in linea di principio ci stai? Lo sai che cosa si sono divisi Baratti e Paravalli quest'anno? Mezzo miliardo a testa. Aho dimmi che è poco e ti ammazzo.

RICCARDO E va be', ma io che c'entro? Scusa.

SORDI Ma come che c'entri? Ti faccio fare un grande affare, se ci stai dimmi grazie, se non ci stai nun me dire niente, me lo faccio da solo. Me lo faccio da solo?

RICCARDO Non lo so.

SORDI Ma ce voi stà o nun ce voi stà?

RICCARDO Ce voi stà o nun ce voi stà, a Giovà, tu mi devi dire francamente dove vuoi arrivare.

SORDI (*gioviale*) Sei ministeriale, è come se beccassi la bustarella, senza far niente.

RICCARDO (*seccato*) Ah, non ti permetto.

SORDI Sto a scherzà. Ah be', Riccà, tu sei un vigliacchello e nun le voi capì 'ste cose. Guarda, prestami tre milioni e me lo faccio da solo l'affare. Ti do il 10 per cento a te, il 20 ti do.

RICCARDO Ma proprio a me? Un parente vuoi fregare?

SORDI Ma che dici?

RICCARDO Ma se stai chiedendo soldi a tutti. Cambiali in protesto, assegni a vuoto.

SORDI E chi te l'ha detto?

RICCARDO Ma se lo sa tutta Roma.

Sordi prende Riccardo per un braccio

SORDI (*preoccupato*) Ma Silvia non lo sa. Riccà, non dire niente a tua sorella. Succederebbe una tragedia, per carità. Va be', dimentica quello che ho detto. Risolvo da solo, tu nun te preoccupà.

Il cognato si allontana sotto la pioggia

RICCARDO (*allontanandosi*) Io mi preoccupo? Ma preoccupatene te.

SORDI Riccà nun te ne uscì, sii buono.

Da *Il boom,* 1963

(Il funzionario statale vive come in un mondo separato dal contesto civile, e se Albertone ne indossa i panni ne assume anche gli atteggiamenti, per così dire, burocratici.)

La dichiarazione

Una ragazza sta guardando interessata una bancarella. Sordi le si avvicina silenzioso e la afferra improvvisamente per il braccio. La ragazza trasale

RAGAZZA Chi è?

Sordi le mostra i documenti

SORDI Vicecommissario Lombardozzi Dante, questura centrale.

RAGAZZA (*spaventata*) Oh, Dio.

SORDI Capisco che un animo sensibile come il suo possa turbarsi, ma non il funzionario deve impressionarla, bensì l'uomo. Signorina Santarelli Marisa, fin dal primo giorno che l'ho vista rimasi favorevolmente colpito. La cosa risale a quaranta giorni fa, quando ella usciva dal pastificio di suo padre, Santarelli cavalier Donato.

RAGAZZA (*ormai tranquillizzata*) Ma lei sa tutto.

SORDI Anche l'età: anni 30.

RAGAZZA (*seccata*) 29.

SORDI Se le fa piacere. Studi fatti: seconda liceo. Sport praticati: nessuno. Forse lei doveva fare qualche acquisto?

RAGAZZA No, no, guardavo soltanto.

SORDI Posso accompagnarla?

La ragazza si avvia. Sordi la segue, prendendola sottobraccio

SORDI Grazie, ben gentile. Ora le dirò tutto di me. Quando avevo nove anni...

RAGAZZA (*quando stanno per scendere dal marciapiedi*) Attento allo scalino.

SORDI ...fu così...

Da *Il commissario,* 1962.

(Anche quando Albertone manca da tanto tempo dall'Italia non perde le sue abitudini, e i suoi ragionamenti un po' patetici.)

La donna secondo l'emigrante

Sordi è seduto al tavolino di un locale all'aperto in compagnia di una bella ragazza. È sera, sullo sfondo si vedono il mare e le palme

SORDI Se muore tua madre avrai 30.000 lire in più, così potrai sposarti. Va bene dico io. Ma non posso aspettare. Io ho quasi cinquant'anni, sai.

RAGAZZA Perché non fai come gli altri? Scrivi in Italia e poi magari... che so, una vedova che si vuole sistemare.

SORDI Sì, ma il fatto è che io ho dei gusti molto difficili.

RAGAZZA Come ti piacerebbe?

SORDI Come te...

La conversazione è interrotta dalla musica della marcia nuziale suonata da un'orchestrina. La gente agli altri tavolini applaude e tre coppie si alzano in piedi per baciarsi

SORDI Sono tutte coppie di sposi.

RAGAZZA Hai mai pensato di sposare un'australiana?

SORDI Io? Non posso.

RAGAZZA Perché?

SORDI Be', prima di tutto perché non sono il mio tipo, e poi quelle bevono, fumano, sono quasi tutte laureate. Rientrano a casa alle due di notte e se per caso tu gli domandi, dove sei stata? Si arrabbiano pure. Ti rispondono cattive: «This is my business».

RAGAZZA Che vuol dire?

SORDI Vuol dire: so' affari miei.

RAGAZZA Hai capito...

SORDI Ah, no? Vedi, Carmela, noi emigranti vogliamo sposare una donna italiana, perché è obbediente, è bella, buona, affettuosa. E poi, scusa, se mi esprimo in un modo un po' spinto, ma quando una ragazza italiana arriva dal suo paese, tu sei sicuro che è vergine.

RAGAZZA Molto, eh, che manchi dall'Italia?

SORDI Vent'anni.

RAGAZZA Si vede.

SORDI Perché? Non è più come una volta?

RAGAZZA Eh, no, Giuseppe. Oggi le ragazze lavorano tutte dentro le fabbriche. Non stanno più chiuse sotto chiave. E quando si trovano sole in città, tu ci dici una cosa, tu ce ne dici un'altra, si mettono paura. E ignoranti come sono nun sanno più che ci può capitare.

Da *Bello, onesto, emigrato Australia sposerebbe compaesana illibata,* 1971.

(Albertone sa essere anche poetico nella sua misoginia.)

Le donne

Sordi è su un treno, sdraiato nella sua cuccetta. Fuma una sigaretta e guarda la propria immagine riflessa sul vetro del finestrino. Al suo viso si sovrappongono via via i visi di alcune giovani donne

SORDI Mi piaceva il rumore del treno che mi riportava nella mia vecchia città, nel mio ufficio, dai miei amici, da mia moglie. «Se le guarderai, ti sorrideranno. Se le prenderai per mano ti seguiranno. Se le amerai, ti saranno grate. Ma non saranno mai tue, perché loro sono angioli e tu... il diavolo.»

Da *Il diavolo, 1963.*

(Per quanto spesso sembri un ignorantone Albertone, al contrario, sa riconoscere i veri artisti.)

Dottor Fellini

Sordi-tassinaro carica sul suo tassì il regista Federico Fellini, che si siede accanto a lui per essere accompagnato a Cinecittà

FELLINI Mi metto davanti. Come si fa ad andare un pochino più avanti?

SORDI Ecco, c'è l'affaretto... Sta comodo? E chi se lo aspettava oggi d'avé 'st'incontro? Mi hanno comandato via Margutta 115, di solito vengo a carica non so, una cornice antica, un tavolinetto, roba d'antiquariato, eh eh, e invece lei è la persona più moderna del mondo. E chi se lo aspettava di vederlo così, davanti, de botto... Dottor Fellini, ma è la fine del mondo! Ma lei non sa da quanto tempo io aspettavo questo momento, è un momento magico, sembra un film suo.

Fellini cerca di inserirsi nel fiume di parole di Sordi

FELLINI Mi potrei spostare un pochino più indietro?

Fellini prova a sistemare il sedile. Sordi aiuta il regista, indicandogli la leva sotto il sedile

SORDI Più indietro, prego, prego. Eh, sì, è automatico ecco, proprio... Benissimo dottor Fellini, non può immaginare l'onore che mi fa, sedere così al suo fianco, dottor Fellini. Pensi che tutta la gente, tutti gli stranieri, tutto il mondo mi domanda di lei, gente di tutte le razze, di tutti i colori, bianchi, gialli, neri. Dice: ma tu lo conosci il dottor Fellini? Lo conosco? Dico io, eh, siamo come fratelli. Dottor Fellini, non può immaginare io che cosa racconto su di lei, tutta la sua grandezza, tutta la sua genialità.

Parlando contemporaneamente

FELLINI Le dispiace... abbassare... un pochino... il volume... volume della radio?

SORDI Tutta la sua grandezza, tutta la sua genialità. Volume de che? De la radio? Eh, lo levamo subito. (*ride*) Star 87, Star 87, c'ho il dottor Fellini...

FELLINI (*a disagio*) Ma stai buono.

SORDI ... io tajo subito la comunicazione con voi. (*ride*) Dottor Fellini, tutti questi stranieri me dicono: ma che fortuna essere tassinaro! Poter avvicinare una personalità, un mito come il dottor Fellini!

FELLINI Ma che...

SORDI Capire che c'ha dentro quel capoccione, mannaggia! E dicci, dicci, ma che ti racconta il dottor Fellini? E dico, se stessi a raccontà tutto quel che me dice il dottor Fellini, ve dovrei fa fà tre volte er giro de Roma.

FELLINI Ma no...

SORDI E dai, e faccelo fà, me dicono loro. E daje, ma che ce frega, un'occasione del genere ce capita una volta nella vita. Ah, scusi dottor Fellini.

FELLINI Che c'è?

Sordi mostra a Fellini una musicassetta, poi la inserisce nell'autoradio

SORDI Guardi se riconosce questa musichetta.

FELLINI Ti ho fatto chiudere la radio, me metti pure la musica?

SORDI Perché io metto questa musichetta, dottor Fellini, quando racconto alla gente tutti i sogni suoi, che lei fa vedere nei film, quelle scene fantastiche con quelle trippone, quelle chiappone, quelle zinnone, quelle bucione... Con tutti quei preti sdentati, tutti vestiti de rosso che corrono in mezzo alla strada, e poi le monache cappellone, e le cavallerizze con le chiappe più grosse del cavallo, e poi i cardinali, i baroni, i conti, i zozzoni, i poveracci, i clown, i pagliacci, coi fischietti, le trombette... piripì piripì piripì piripì piripì. Er vecchio che se perde nella nebbia... Poi sarebbero tutti i suoi sogni che...

FELLINI (*divertito*) Solo questo lei vede nei miei film?

SORDI No, c'è pure il luna park, il circo equestre, il bambino secco secco col cilindro e la frusta che poi sarebbe lei quand'era bimbo, vero dottor Fellini?

FELLINI Le dispiace?

SORDI Che è?

Fellini estrae la cassetta e la posa sul cruscotto

FELLINI Un po' mi immalinconisce... e un po' la musica mi risucchia, mi impedisce...

SORDI E come, la leva?... So' tutti sogni che lei faceva da bimbo, è vero?... Quello lì che mette nei film?

FELLINI Mah, son tutte storie. Io credo, insomma, che così...

SORDI Ah, dottor Fellini, ma lei stava sempre a dormì quand'era ragazzino?

FELLINI (*ride*)

SORDI No, perché mio figlio, laureato in ingegneria, ha comprato un libro che racconta tutta la sua vita. Quando lei stava a Rimini, quand'era ragazzetto che se metteva con tutte le panze bianche al sole, con tutti gli amici davanti al mare, che nun facevate un cazzo, perché lei quando emigrò da Rimini non era nessuno.

FELLINI Ma lei come fa a sapere queste cose?

SORDI Eh be', era nessuno perché era pure un po' burinotto perché è venuto a Roma da Rimini, parlava tutto «bine bine», insomma eh... insomma quelle cose lì, che dite voi a Rimini.

FELLINI Come parlano a Rimini?

SORDI Eh be': Stai «bine»? Stai «bine», insomma eh, quelle cose che manco se capiscono.

FELLINI (*ride*)

SORDI Lei è venuto qui, poi s'è messo a fare le caricature, a «Marc'Aurelio». Poi, quando sono venuti i soldati americani... Poi, cioè, è entrato nella cinematografia, ha incominciato a racconta tutti i sogni che lei faceva da bimbo. Ha incantato tutti, ha fatto rimané tutti a bocca aperta, è diventato il più grande scienziato di tutte le cinematografie del mondo, ma che scherziamo?

FELLINI La ringrazio per tutto questo entusiasmo...

SORDI No, ma grazie a lei per i grandi film che ce fa vedere, per i grandi momenti di poesia e di grande magia che la sua inesauribile fantasia c'ha regalato. Ma che scherziamo? Grazie a lei!

Fellini gli tappa la bocca con la mano, perché quando è troppo è troppo

SORDI (*ride*) Dottor Fellini, lei non può immaginà la gioia che me dà. Io son quarant'anni che aspettavo, dico: ma quando viene il dottor Fellini qui?

FELLINI Eccomi.

SORDI Dottor Fellini, questa è la prima volta...

FELLINI Ma me sa che è anche l'ultima, eh?

SORDI ...lei non può immaginà l'emozione. Lo sa che tutti, gente di tutte le razze che mi domandano: ma tu lo conosci il dottor Fellini? Ma come se lo conosco, siamo come fratelli, quando monta sul tassì: Pietrocchio, Pietrocchio! Pietrocchio me chiama.

FELLINI Come si chiama?

SORDI Pietrocchio me chiamo.

FELLINI Sì?

SORDI Io me chiamo Pietro. Pietrocchio, Pietrocchio! Me bacia, m'abbraccia...

Fellini indica a Sordi la strada con ansia

FELLINI Attento!

SORDI Perché lei vede, dottor Fellini, quando...

FELLINI Ma guardi lì davanti.

SORDI Ma non se preoccupi! Io posso pure non guardà, dottor Fellini, perché questa è come un somaro, quando io je dico: c'abbiamo in groppa il dottor Fellini, questa nun se ferma più.

FELLINI Vorrei dire una cosa.

SORDI È molto...

FELLINI Posso dire una cosa?

SORDI Dica, dica, dottor Fellini.

FELLINI Ho preso il tassì per andare a Cinecittà, dobbiamo andare a Cinecittà.

SORDI A Cinecittà? Subito, eh, senz'altro e dove devo andà, il dottor Fellini a Cinecittà deve andare.

FELLINI E mi piacerebbe, mi piacerebbe...

SORDI Dica, dottor Fellini.

FELLINI Mi piacerebbe stare un pochino in silenzio, perché devo pensare.

SORDI Ma guardi che io sono molto discreto, con un cliente di rispetto come lei... Ma io sto zitto, non parlo mai! Appunto perché quando dicevo, quando la gente mi domanda e mi dice: ma che ti dice? Ma tutto me dice, me racconta tutto, perché lui vuol sapé tutto. Quando sale sul tassì me dice: ma chi hai preso? Ma com'è? Che faccia c'ha? Tutto vuol sapé. Perché lui è come un pupone, sai quei puponi grossi, fregnoni...

FELLINI Voglio pensare una cosa, siccome oggi...

SORDI Sì, dica, dica.

FELLINI Siccome ho accettato di fare una particina, una particina, di apparire, di essere me stesso in un film dell'amico Sordi...

SORDI Ma come? Lei come attore?

FELLINI Intanto non sapevo cosa mettermi, se mettermi una camicia, se mettermi una camicetta a colori, senza giacca, con la giacca...

SORDI Be', ma lei...

FELLINI Ho vissuto tutti i problemi che vive l'attore: truccarsi, non truccarsi, pettinarsi, non pettinarsi, cercare di fare se stessi, uno non si conosce e quindi è sempre così, come imbranato, impacciato...

SORDI Perché?

FELLINI Ma perché...

SORDI (*sorpreso*) Ma lei è impacciato?

FELLINI Sono un po', come dire, un pochino turbato, non dico emozionato, ma insomma...

SORDI Ma come, un genio come lei, una personalità come lei, grande scienziato de tutte le cinematografie, ma come se impaccia da solo?

FELLINI Perché una cosa è fare il regista, una cosa è fare l'attore, c'è una certa differenza, sa?

SORDI Ah, e quale, dottor Fellini?

FELLINI Ma insomma, probabilmente il fare la regia, dirigere, dire agli altri cosa devono fare mi è più congeniale.

SORDI Eh, certo, è molto più facile fare il regista che fare l'attore.

FELLINI Non è più facile, ma per certi temperamenti c'è una maggiore inclinazione, una maggiore identificazione... Dirigere, consigliare, suggerire, anche mostrare all'attore come deve fare... Per esempio posso benissimo trasformarmi in un vecchietto, in una bambina, in una bella donna, se devo insegnare a qualcuno una scena... però farla, questa invece dovrebbe essere una cosa che ogni regista... un'esperienza che ogni regista dovrebbe fare.

SORDI Certo.

FELLINI Perché proprio psicologicamente l'atteggiamento è diverso. Controllare l'estroversione, controllare la spontaneità, apparire spontaneo, ma con consapevolezza, questo è proprio l'equilibrio psicologico più sottile in cui l'attore vero esercita la sua... Tutti i registi dovrebbero fare l'esperienza d'attore.

SORDI Eh be', per lei dottor Fellini sarà un'esperienza piacevole. Capirà, con Sordi! Lei mi stava dicendo che fa 'sta cosa con Alberto Sordi, ma che deve fà esattamente?

FELLINI Eh, non lo so. Insiste perché io faccia un'apparizione, una presenza...

SORDI (*ride*) Sì, ma che esattamente? Che vo' fà? Mi dica, se io le posso dà un suggerimento...

FELLINI Ma niente, quello che avevamo già fatto, una pagliacciata così come due vitelloni, ricordando i vecchi tempi e guardandoci in faccia, ritrovandoci tali e quali.

SORDI (*ride*)

FELLINI Qualche rughetta in più...

SORDI (*ride*)

FELLINI ...qualche capello in meno...

SORDI Poi c'ha fatto il film «I vitelloni», no? Un sacco de risate ci siamo fatti... «Lavoratori! Tiè!» (*ride*) Ammazza le risate...

FELLINI Lei li ha visti i miei film, sì?

SORDI Come? Tutti li ho visti, tutti tutti tutti. L'ultimo è stato quello lì della fontana di Trevi con quella buciona che faceva er bagno, quella tutta bionda, come si chiama? La...

FELLINI ... «La dolce vita».

Il tassì è arrivato nei pressi di Cinecittà

SORDI «La dolce vita»! «Dolce vita»! «Zucchero e peperoncino», «Roma città aperta», «Sciuscià», «Paisà», tutti li ho visti, tutti tutti tutti. Ecco dottor Fellini, siamo arrivati a Cinecittà, eh? Eccola qua, e chi se l'immaginava stamattina di entrare col dottor Fellini nel tempio di tutte le cinematografie del mondo? (*ride*) Andò annamo?

Fellini indica una direzione, poi si corregge

FELLINI Lì a sinistra... no, no, di qua, di qua.

SORDI Sì, di qua... questa è tutta la grande Cinecittà?

FELLINI Questa è Cinecittà... Sembra il Policlinico.

SORDI ... dove si fanno tutti i suoi grandi film. Che cosa ci regala quest'anno di bello, dottor Fellini? Che film ci regala?

FELLINI Un film che si chiama «E la nave va».

SORDI «E la nave va»? Ammazza! La nave tipo *Okinawa*? La nave de mare?...

FELLINI Piroscafo.

SORDI Una nave...

FELLINI PIROSCAFO!

SORDI Piroscafo? Un grande piroscafo, ammazza gagliardo dev'essere. (*ride*) Perché oggi si fanno quei film spaziali, con Frankenstein, Mazingo, che si incendiano per aria, si inabissano nel profondo del mare. È un sogno suo da bimbo, questo «E la nave va»?

FELLINI (*ride*) No, no, non è...

SORDI No, no, scusi... Dottor Fellini, a lei le potrebbe servire un ingegnere, con tutti quei mari artificiali che fate, le navi, i palazzi, i ponti, le cose...

FELLINI Può darsi, può darsi...

SORDI Può darsi? Glielo posso mandà? Se chiama Luca, ingegner Luca Marchetti, figlio del tassinaro. Glielo manno?

FELLINI Lo mandi.

SORDI Senz'altro, dottor Fellini, è un ragazzo d'oro Luca, non se ne pentirà. Dove andiamo?

FELLINI Di là, di là.

SORDI Senz'altro. (*ride*) Tutti ce vedono, tutti ce stanno a guardà. Aho! Che vedono Marchetti, Star 87, col dottor Fellini, eccolo è qui il dottor Fellini.

Sordi posteggia il tassì e scende

FELLINI Sì, quant'è?

SORDI Prego, so' quattromilacinque.

Sordi prende la banconota che Fellini gli porge e se la mette in tasca

SORDI Queste so' diecimila, grazie a lei, pronti dottor Fellini, venga, venga, adesso le apro io dottor Fellini, lei non dovrebbe pagà niente dottor Fellini, siamo noi tassinari che dovremo dare i soldi a lei. Io se je dovessi dà tutto quello che lei c'ha fatto guadagnà con i turisti qui in Italia je dovrei dà un miliardo e mezzo.

Fellini scende dal tassì

FELLINI Se magari mi dà il resto intanto...

SORDI Il resto de che?

FELLINI Il resto della...

Sordi restituisce al regista la banconota

SORDI Ammazza quegli occhiacci da regista! Ecco la sua banconota!

FELLINI Ma no, no...

SORDI Lei non deve pagare niente dottor Fellini.

Sordi bacia la mano a Fellini

SORDI Grazie dottor Fellini...

FELLINI Ma perché non...

Fellini si allontana e saluta con un gesto il tassinaro. Sordi continua a parlargli

SORDI ... per i bei momenti di grande poesia, di grande magia, che lei c'ha fatto regalo. Grazie per quello che può fare per mio figlio, si ricordi, si chiama Luca, ingegner Luca Marchetti, figlio del tassinaro.

FELLINI Se posso, arrivederci.

SORDI Già che c'è me dia un bacione a quel gran chiappone de Sophia Loren, je dica che me fa diventà matto a me.

Da dentro un edificio di Cinecittà esce l'attore Alberto Sordi

ALBERTO SORDI Federico! Andiamo, hai detto alle dieci.

FELLINI Ma c'è là un chiacchierone...

ALBERTO SORDI Sì, e lascialo perdere quello lì.

Fellini e l'attore Alberto Sordi si allontanano abbracciati

SORDI Ma chi è? Alberto Sordi? Ammazza aho! Beato lei dottor Fellini! Ammazza le risate che se fanno. Il dottor Fellini e Alberto Sordi! Porca mignotta, quando lo racconto... Che è, c'è pure Sophia Loren? Mannaggia aho!

Da *Il tassinaro,* 1983.

(Quando vuole Albertone è capace di tirar fuori il peggio di sé: egoismo, cinismo, opportunismo...)

L'emigrante e l'imbroglione

Sordi è in auto. Accanto a lui è seduto un ragazzo

RAGAZZO Allora è come penso io. Quello che fai tu è truffa.

SORDI Uhm, be'?

Sordi si accende una sigaretta

RAGAZZO Be', a me le guardie non mi hanno mai corso dietro.

SORDI E a me sì.

RAGAZZO (*intristito*) Io cercavo un lavoro. Se volevo fare l'imbroglione restavo a casa mia.

SORDI (*seccato*) Ma chi sei? Ma che stai a dì? Ma che ne sai tu di chi ero io e perché sto qui? Vivete come bestie e vi permettete di giudicare gli altri. (*ride*) Eh già, voi dovete fare la morale perché lavorate in fabbrica e finché c'è la fabbrica tutto va bene. Ma se un giorno manca 'sta fabbrica, da soli ve sapete move? E invece un imbroglione come me riesce a vivere. Lo sai? Aho, io c'ho 35 anni e voglio campà e voglio campà bene. L'ho capita tardi, ma l'ho capita. E lo vorrei vedere uno come te se parla più quando se mette addosso una bella camicia di seta, quando mangia bene tutti i giorni. Quando accosta una donna, ma una bella donna. Ma l'hai vista mai, tu, una bella donna, proprio da vicino?

Da *I magliari,* 1959.

(Per come ha sempre affrontato la vita Albertone forse non merita grande comprensione, né di essere aiutato. Ma non bisogna dimenticare che a tutti dovrebbe essere concesso un piccolo spiraglio di salvezza.)

L'esame

Sordi entra in un'aula universitaria per sostenere un esame. La commissione è composta da tre uomini. Sordi consegna loro il libretto universitario e rimane in piedi in attesa di essere interrogato

SORDI Buongiorno, professore.

PROFESSORE Come mai quel barbone?

SORDI Ho studiato tutta la notte professore.

PROFESSORE Presentarsi con la barba lunga per dimostrare che si è studiato molto, si usava una volta. Non oggi. Oggi non si usa più.

SORDI Mi scusino lor signori, ma sono dodici anni che io non frequento più l'università.

PROFESSORE Va bene, cominceremo con una domandina facile.

PRIMO ASSISTENTE Mi dica qual è il coefficiente di sicurezza per i cementi precompressi.

Sordi chiude gli occhi. I professori lo osservano

SORDI Zero duecentoquarantacinque. Centoquarantacinque... Coefficiente di sicurezza per i cementi precompressi... C'è un cinque. Io sono sicuro che c'è. C'è?

PROFESSORE Giovanotto non tiri a indovinare. Sieda.

Sordi si siede

SORDI Sì, forse mi viene meglio. Grazie.

I professori aspettano

PRIMO ASSISTENTE Allora?

SORDI Questa proprio non la so.

PROFESSORE Ma se non risponde nemmeno a queste domande...

SORDI Per piacere, mi faccia una domanda più semplice.

SECONDO ASSISTENTE Questa è una domanda semplice.

Sordi si passa una mano sulla fronte

SORDI M'hanno fatto bere anche una marsala. Mi ha fatto male, mi ha fatto. Sono come intontito. Non mi ricordo più niente, io.

PROFESSORE Quanti anni ha lei?

SORDI Trentatré!

PROFESSORE Come mai così in ritardo?

SORDI (*fiero*) Ho fatto la guerra, ho fatto la Resistenza. Ebbi anche un dito congelato. Poi mi sono dato al giornalismo, mi sono appassionato ai problemi sociali, ai problemi dell'Italia meridionale. Ho anche seguito da vicino le lotte contadine.

PROFESSORE (*duro*) Le lotte contadine e la resistenza in questa sede non hanno valore.

SORDI La resistenza non ha valore? E allora che dovevo fare?

Sordi si alza in piedi

SORDI (*alzando progressivamente la voce*) Come hanno fatto tanti altri nel 1944, vestire la divisa delle brigate nere, presentarmi agli esami armato e farmi dare la laurea (*mimando una pistola*) puntando la pistola sui professori?

Il professore gli dà uno schiaffo sulla mano

PROFESSORE Non faccia questi gesti e non alzi la voce, altrimenti la faccio sbattere fuori.

SORDI Ho mia moglie e mia suocera fuori che mi aspettano.

SECONDO ASSISTENTE Be'?

SORDI Vi prego. Non mi fate fare questa brutta figura.

PROFESSORE Sieda.

SORDI Grazie.

Il professore indica un grafico sulla lavagna

PROFESSORE Vede quel disegno? Mi calcoli sul punto A i momenti delle forze di una trave appoggiata con sovraccarico in movimento nei punti 1, 2, 3, nel tratto x-y.

Sordi si alza e si allontana

SORDI Va be', ho capito. Grazie infinite della vostra gentilezza e scusate tanto se vi ho fatto perdere tutto questo tempo.

Da *Una vita difficile,* 1961.

(Quanti sogni Albertone, che molto probabilmente non si realizzeranno mai...)

Il gabinetto

Sordi, maestro elementare, e un amico collega passeggiano in un grande parco, parlando. Sordi ha in mano un libro

AMICO Sai, abbiamo due stanze. Una mia moglie l'ha affittata a un ragioniere e l'altra è di passaggio, sicché l'unico posto tranquillo in casa mia è, con rispetto parlando, il gabinetto. Ci passo delle ore.

Si fermano

SORDI Oh, anch'io.

AMICO Leggi molto, tu?

SORDI No, è raccoglimento il mio.

AMICO No, io invece leggo molto, mi piacerebbe metterci una scansietta per i libri. Ne ho letti tanti di libri là dentro.

Sordi apre il suo libro. Poi i due amici siedono sotto un albero

SORDI Io invece penso, rifletto, mi faccio delle opinioni. Guardo le pareti, il soffitto, il pavimento, le piastrelle. Pensa, sulle pareti screpolate si formano delle figure. Nel soffitto c'è un guerriero e per terra c'è un cane col cappello.

AMICO (*sognante*) Il mio è intimo, molto silenzioso.

SORDI Che momenti, aho.

AMICO Finché non bussano alla porta io non mi levo.

SORDI Io invece mi regolo col direttissimo delle otto e cinque. Quando fischia io mi alzo.

Da *Il maestro di Vigevano,* 1963.

(Eterno insoddisfatto, Albertone. Convinto che ciò di cui non può disporre sia molto più interessante di ciò che possiede. In questo caso, naturalmente, l'argomento sono ancora una volta le donne.)

Il «gallo» italiano

Sordi è su di un treno, sdraiato nella sua cuccetta. Fuma una sigaretta, guarda la sua immagine riflessa nel finestrino e pensa. Ha un'espressione rilassata e soddisfatta.

VOCE DI SORDI ... mi portava lontano dalla mia vecchia città di provincia, dal mio ufficio, dai miei amici, verso i paesi del nord, verso la Svezia. Era la prima volta che andavo all'estero ed era anche la prima volta che lasciavo mia moglie per un lungo viaggio. Fu una brutta partenza la mia, guastata da una stupida frase che mia moglie aveva letto la sera prima sulla guida turistica che mi ero comprato. «Le ragazze non ti chiederanno chi sei, quanti anni hai, se hai moglie o figli, non ti faranno sciocche domande. Una di loro ti prenderà per mano...»

Spegne la luce

SORDI «...ti porterà nella sua stanza, accenderà due candeline, ti guarderà negli occhi in silenzio e in quello sguardo profondo e misterioso comprenderai che prima di allora non eri mai stato un uomo felice.»

Da *Il diavolo,* 1963.

(Albertone ha spesso fatto sfoggio di essere il classico «uomo di mondo». E nessuno può negarglielo.)

Il giocatore

Un uomo e una donna sono seduti al tavolino di un vagone ristorante. Lui ha in mano un piccolo taccuino su cui annota qualcosa

UOMO È così chiaro, scusa. Lo sai quanto abbiamo vinto fino adesso? Nove milioni.

DONNA (*con sufficienza*) Di fiammiferi.

UOMO E che c'entra?

Sordi è seduto al tavolino accanto. Ha i capelli e i baffi impomatati, un abito gessato e tiene in braccio un bassotto dal pelo scuro. Scoppia in una fragorosa risata e si inserisce nel discorso

SORDI (*ridendo*) E il passo del capitano?

UOMO (*sorpreso*) Prego?

SORDI Il passo del capitano lei non lo considera?

UOMO E chi è mai codesto capitano?

SORDI È un po' che la seguo, sa? Il suo sistema è molto interessante...

Sordi si alza e si siede di fronte alla coppia

SORDI ...ma non prevede il passo del capitano, che prende il nome dal capitano Blanchard che nel 1924 inventò il miglior sistema che sia mai esistito. (*posando il cane nel posto accanto al suo*) Permettono?

UOMO Prego, prego.

SORDI Un sistema veramente perfetto, finché non si imbatté appunto nel passo del capitano.

UOMO (*incuriosito e perplesso*) Be', ma in pratica di che si tratta?

SORDI Doppia uscita alternata di rossi e di neri. Scusino il gesto infantile. (*mimando con l'indice e il medio di entrambe le mani due coppie di gambe*) Là, così... di qui il nome: passo del capitano. (*muovendo le dita come piccoli passi*) Pam pam, pam pam. Rosso rosso, nero nero. Rosso rosso, nero nero. Quando nelle sale del casinò arriva il passo del capitano, è la morte per tutti i sistemi. Il capitano Blanchard fu il primo a suicidarsi, aveva cinquantanove anni.

UOMO No... Io sto in un ventre di vacca. Sì, intendo dire che il mio è un sistema sicuro. Vede, è basato su un principio diverso. Non sono io che gioco contro il casinò, no. È il casinò che gioca per me. Cioè io lo seguo nelle vincite e lo abbandono nelle perdite.

SORDI E non era anche il principio del capitano Blanchard? (*ride*) C'è un solo sistema per vincere al casinò: quello di non giocare. Mi credano, io ho giocato tutta la vita, a tutti i giochi: poker, roulette, chemin de fer, corse dei cavalli, dei cani, perfino delle pulci. Era una malattia inguaribile per me, mi sono giocato tre negozi di pellami.

DONNA E quanti ne aveva?

SORDI Quattro. Uno me lo sigillarono all'inaugurazione.

DONNA E adesso non gioca più?

SORDI No, sono guarito. Mia moglie mi ha portato da Padre Pio, sono stato tre giorni in ritiro con lui e sono guarito.
DONNA Completamente?
SORDI Completamente. (*ride*)
Il controllore del treno si rivolge ai passeggeri in francese
CONTROLLORE Douane française, messieurs.
SORDI Oui, à toute l'heure.
UOMO Ma allora che ci va a fare a Montecarlo?
SORDI Vado a trovare mia moglie che è in villeggiatura là. È una soddisfazione, per me, sa, passare davanti al casinò, sotto braccio alla mia signora e non sentire il più lontano desiderio di giocare.
Si alza in piedi e riprende in braccio il bassotto
SORDI Vieni, bassotto! Mi ascoltino, c'è solo un sistema per vincere al casinò: non giocare. Buonasera, neh!
Sordi si allontana
DONNA (*all'uomo*) Hai sentito?
UOMO Cara, ma che c'entra?

Da *Crimen,* 1960.

(In tempi non sospetti Albertone aveva puntato l'indice contro i pericoli della «giustizia non giusta».)

Il giudice

Sordi, detenuto ingiustamente in un carcere italiano, in attesa di giudizio, bussa alla porta dell'ufficio del giudice, presso il quale ha ottenuto udienza
SEGRETARIO Avanti.
Sordi entra nella stanza, chiudendosi la porta alle spalle
SORDI (*composto e gentile*) Permesso? Buongiorno signor giudice.
GIUDICE (*senza espressività*) Buongiorno.
Sordi è di fronte alla scrivania del giudice, in piedi quasi sull'attenti
SORDI Eccomi qua, finalmente.
GIUDICE Lei sarebbe?
SORDI Io purtroppo sarei quello che dalla Svezia è venuto in Italia con la sua famigliola per passare una lieta e felice vacanza. Proprio una bella vacanza: (*perdendo la calma e gesticolando*) la mia famiglia non so dove sia finita e

io trascinato in catene coi ladri e assassini, senza sapere il perché, senza capire.

GIUDICE Senta, non faccia tanti gesti, per favore.

SORDI Non sono io che gestisco, signor giudice, mi prende come un moto nervoso che non posso frenare. Non mi era mai accaduto nella mia vita, ma qui mi trattano come un criminale.

GIUDICE (*sempre senza alcuna espressività*) Deciderò io se lei è un criminale.

SORDI Come vuole, signor giudice.

GIUDICE Si accomodi.

SORDI Grazie. (*si siede*) Mi ero dimenticato com'era fatta una sedia.

Sordi si sistema sulla sedia. Dopo una pausa, durante la quale sistema dei documenti in una cartellina, il giudice riprende il colloquio

GIUDICE Io è da un pezzo che la sto aspettando. Dov'è stato?

SORDI (*sorridendo*) Dove sono stato? Meno male che mi prende a ridere.

GIUDICE Non mi pare proprio il momento.

SORDI Me la prendo allegramente perché ho la coscienza a posto. (*con voce tremante*) Ma sapesse quanto ho pianto.

GIUDICE Cognome e nome.

SORDI Di Noi Giuseppe.

SEGRETARIO Di Noi, staccato?

SORDI (*confuso*) Come staccato?

GIUDICE Sì, staccato. Nato a?

SORDI A Tivoli.

GIUDICE Provincia di?

SORDI Roma.

GIUDICE Il?

SORDI 15-6-1924.

GIUDICE Residente a?

SORDI A Norköping.

SEGRETARIO Dove?

SORDI Norköping, è una città della Svezia.

SEGRETARIO E come si scrive?

SORDI Enne, o, erre, kappa, o, con due puntini.

GIUDICE Via?

SORDI Jurgun, Swegan, Brunken, Bai, Sko tan.

Il segretario si guarda attorno perplesso

GIUDICE Lasci perdere l'indirizzo. Professione nella libertà?

SORDI Geometra.

GIUDICE Ha militato?

SORDI (*preoccupato*) Che ho fatto scusi?

GIUDICE Ha fatto il soldato?

SORDI (*fiero*) Sì. Albania e Grecia.

GIUDICE Lei non ha ancora designato il suo avvocato.

SORDI Io non ho bisogno di nessun avvocato. Io vorrei solo sapere da lei...

GIUDICE (*interrompendolo*) Lei non deve sapere niente. Secondo le nuove disposizioni io non posso procedere al suo interrogatorio se non alla presenza del suo avvocato.

SORDI Mi scusi, signor giudice, ma io sono sicuro che anche lei sarà d'accordo quando mi avrà ascoltato.

GIUDICE Io non la devo ascoltare, io la devo solo interrogare. Si sbrighi e si cerchi un avvocato.

SORDI E dove lo trovo l'avvocato? Io non conosco nessuno.

GIUDICE (*spazientito*) E vuole che glielo cerchi io?

SORDI Magari. Lei li conosce meglio di me, signor giu...

GIUDICE (*secco*) Si alzi e se ne vada e si sbrighi...

SORDI (*alzandosi*) Sì, signore.

GIUDICE ...a cercarsi un avvocato, se no qui ci rivediamo dopo le mie ferie.

SORDI No, no, dopo le ferie no. Faccio come dice lei, signor giudice.

GIUDICE Va bene. Vada, vada.

SORDI Grazie.

Si avvicina al segretario e si piega verso di lui

SORDI Scusi, che devo fare? A chi lo devo dire per l'avvocato?

SEGRETARIO Lo comunichi per iscritto all'Ufficio Matricole del carcere.

SORDI Grazie.

SEGRETARIO Prego.

Sordi si avvia verso la porta

SORDI Mi scusi ancora signor giudice e la ringrazio infinitamente.

Da *Detenuto in attesa di giudizio,* 1971.

(Per quanto in qualche modo compromesso con il sistema, a volte Albertone non rinuncia ad andare fino in fondo, per rispetto alle sue convinzioni e al suo ruolo.)

Il grande investigatore

Seduto ad una scrivania, il commissario Sordi consulta alcuni documenti. Nell'ufficio, ad un'altra scrivania, c'è anche un anziano brigadiere. Sordi alza la testa dai fogli che sta leggendo

SORDI Non è chiuso.

BRIGADIERE Come, dottó?

SORDI Dico che il caso Di Pietro non è chiuso. Brigadiere Polidori, vieni qua. Smetti di mangiare, avanti.

BRIGADIERE Vengo.

SORDI Qui c'è una discrepanza.

Il brigadiere si alza e si avvicina

BRIGADIERE Ma che dice, dottó?

SORDI No, non sono io che lo dico. Sono loro che lo dicono. Siedi qui, leggi un po'. E basta di mangiare la colomba pasquale. Leggi, avanti.

Sordi si alza e fa accomodare il brigadiere al suo posto. Il brigadiere si toglie gli occhiali e comincia a leggere

BRIGADIERE Dichiarazione del guardiano del casello ferroviario. A domanda risponde: «Io dormivo, potevano essere le tre e tre quarti di mattina quando, dopo aver sentito una violenta frenata, uscii fuori e capii che quella giardinetta tipo 500 di colore chiaro era arrivata ad elevata velocità, frenando ad un palmo dalla sbarra. Alzai la suddetta. La macchina superò i binari e si allontanò». A domanda risponde: «Non ho notato ammaccature di sorta alla carrozzeria perché...».

SORDI Perché?

BRIGADIERE Perché?

SORDI Leggi, ignorante. Perché?

BRIGADIERE Perché la visuale era impedita dai due fari accesi.

SORDI Alt! Leggi un po' quest'altra dichiarazione.

Sordi porge al brigadiere un altro foglio

BRIGADIERE Deposizione del carrozziere Perella Settilio. A domanda risponde: «Riparai la giardinetta 500 di colore chiaro di proprietà del Provetti Armando, dei seguenti danni: rottura del vetro e del bulbo luminescente, del faro anteriore destro...».

SORDI Ahi! Hai capito la discrepanza?

BRIGADIERE No.

SORDI No? Brigadiere Polidori, perché a sessant'anni sei ancora brigadiere?

BRIGADIERE (*allargando le braccia*) Perché sono buono.

SORDI No, perché sei indolente, non hai volontà. Leggi e non sai quel che leggi. Leggi invece questa mia nota qui: il carrozziere dice: un faro era rotto. Il casellante dice: i due fari erano tutt'e due accesi. Che facciamo?

BRIGADIERE E che facciamo? È una frescaccetta, cancelliamo con la scolorina e correggiamo. È Pasqua, dottó.

SORDI Ah, bene brigadiere Polidori. Vai un po' alla macchina per scrivere.

Il brigadiere si alza

BRIGADIERE Agli ordini.

Il brigadiere si siede dietro ad un tavolino sul quale poggia una macchina per scrivere

SORDI Scrivi un po' quello che ti detto. (*dettando*) Illustrissimo signor Giudice Istruttore, nelle dichiarazioni dei testi io trovo una discrepanza, ma ritengo sia una frescaccetta, perciò cancello con la scolorina, perché è Pasqua. Firmato: Brigadiere Polidori.

Il brigadiere si alza e si avvicina a Sordi

BRIGADIERE Ma che c'entro io dottó?

SORDI (*alzando la voce*) E che c'entra? Ma un errore non si cancella con la scolorina, ma chi l'ha commesso lo deve riparare.

BRIGADIERE Non c'è più nessuno. Chi l'ha commesso è fuori: è Pasqua.

SORDI (*con fervore*) Ah, è Pasqua, eh? E perché è Pasqua, tu credi che la macchina della polizia si fermi? Ma non ci siamo noi?

BRIGADIERE Noi? Ma noi siamo i responsabili di questo ufficio e basta.

SORDI Basta per te, che hai superato i limiti di età, non hai ambizioni e sei solo al mondo. Ma per me invece è diverso. Sono ambizioso e voglio fare carriera. Io voglio approfittare di qualunque occasione per mettermi in luce, perché sono giovane, volenteroso e mi sono fidanzato.

Sordi mette i documenti in una cartelletta

BRIGADIERE Che fa, dottó?
SORDI Che faccio? Me movo!

Da *Il commissario,* 1962.

(Albertone non può nemmeno sognare in libertà, perché il senso di colpa lo perseguita anche quando non può rimproverarsi di nulla, se non di fantasticare...)

Ho fatto un sogno...

Sordi passeggia di notte per le strade cittadine deserte insieme ad un signore. Fumano una sigaretta e chiacchierano con tono rilassato

SORDI Marchese, lo sa che scherzo mi hanno fatto quei gamberetti che abbiamo mangiato ieri sera al Ronchetto delle Rane?
MARCHESE Le hanno fatto male?
SORDI No, mi hanno fatto fare un sogno.
MARCHESE In bianco e nero o a colori?
SORDI A colori, io sogno sempre a colori.
MARCHESE E che sogno ha fatto, commendatore?
SORDI Ho sognato che ero rimasto vedovo.
MARCHESE Ah, ha sognato che era morta la sua...
SORDI Sì, mia moglie. Un sogno completo: morte, camera ardente, funerale. Io camminavo dietro al feretro, alla mia destra camminava lei, marchese, e alla mia sinistra padre Agostino.
MARCHESE Perbacco! Ricorda tutti i dettagli.
SORDI Sì, come fosse adesso.

I due si fermano

MARCHESE E nel sogno ha provato dolore?
SORDI No, anzi, mentre tutti piangevano, io solo ridevo. (*ride*)
MARCHESE (*ridendo*) Rideva?
SORDI Poi mentre calavano la bara giù, nella fossa, ho sentito come un colpetto qui dietro alla nuca. Tac! Anche abbastanza forte... Credevo fosse padre Agostino e invece mi sono svegliato nel mio letto; era mia moglie che mi diceva: (*con accento milanese*) «Cos'hai cretinetti, ridi nel sonno?».

Da *Il vedovo,* 1959.

(Diffidare di Albertone, quando deve occuparsi dei vostri affari...)

L'imbattibile difensore

Sordi-avvocato sta per entrare in un'aula di tribunale, quando viene fermato da un uomo, che gli mette in mano una mazzetta di banconote

UOMO Avvocato.

SORDI Sì che c'è?

UOMO 250.000.

SORDI 250.000? Uè, Bianchini, il padre del ladro, eh?

UOMO Mio figlio è innocente.

SORDI È innocente, Bianchini, ma c'ha 'na faccia da ladro.

Sordi comincia a contare le banconote

UOMO Anche a me dicevano che c'avevo la faccia da ladro, invece sono un perfetto galantuomo.

SORDI Si vede, si vede, Bianchini.

UOMO Che dice, si risolve 'sta faccenda?

SORDI Oggi te lo porti via. Va bene?

Dall'aula del tribunale l'usciere richiama l'attenzione di Sordi

USCIERE Avvocà.

SORDI Sì?

USCIERE Avvocà comincia la causa.

SORDI Vengo, (*gridando*) vengo.

UOMO Avvocato.

SORDI Sì Bianchini?

UOMO Io non ci dico niente.

SORDI E che devi dire? Che devi dire? Bianchini, statte zitto, statte zitto. C'ho la causa in pugno. Bianchini, vieni a sentire, vieni a sentire.

Entrano nell'aula di tribunale dove si termina di discutere la causa precedente. Sordi va a salutare l'imputato con un paio di buffetti sulla guancia

PRESIDENTE La parola al Pubblico Ministero.

PUBBLICO MINISTERO Pur essendo noi pienamente convinti e persuasi della piena colpevolezza dell'imputato, tuttavia non avendo a nostra disposizione le prove del reato, chiediamo a questo tribunale l'assoluzione per insufficienza di prove.

L'imputato e il padre si sorridono

PRESIDENTE La difesa naturalmente non ha nulla da aggiungere...

Sordi risponde senza quasi alzare gli occhi dalle sue carte

SORDI Sì, sì, sì, sì.

PRESIDENTE Eh avvocato, è stata chiesta l'assoluzione.

Sordi si sfila gli occhiali e si alza in piedi

SORDI Be', signor Presidente, il Pubblico Ministero ha chiesto l'assoluzione dell'imputato. Su questo siamo perfettamente d'accordo (*strilla*), ma l'ha chiesta per insufficienza di prove. E su questo non siamo e non possiamo essere d'accordo. Noi rifiutiamo ogni compromesso: o assoluzione con formula piena o condanna. O innocente o colpevole. Questo è il punto. E se nella sua ingiusta richiesta la pubblica accusa si è lasciata influenzare dalla fisionomia dell'imputato, io posso assicurarvi che la faccia da ladro non fa il ladro. (*strilla*) Che un individuo con questa faccia è nella completa impossibilità di rubare. Signor Presidente, la gente quando lo vede, si mette subito la mano sul portafoglio. E questo quando ruba? Per rubare, signori miei, ci vuole una faccia onesta (*indicando il presidente*) come la sua, pardon. Come la mia. Come quella di tanti altri. Pertanto, visti gli articoli 6-7-8-9-10-11-12 e 36 del Codice Penale, io chiedo l'assoluzione con formula piena, perché la faccia non costituisce reato.

Sordi guarda con soddisfazione l'imputato e suo padre

La corte si aggiorna

PRESIDENTE In nome del popolo italiano, il tribunale, visto l'articolo 624 del Codice Penale, dichiara Federico Bianchini colpevole e lo condanna ad anni uno di reclusione.

L'imputato e il padre guardano perplessi e irosi Sordi. Sordi abbozza un sorriso

SORDI Va bene?

Da *Buonanotte... avvocato!*, 1955.

(A volte sentir parlare Albertone di donne sembra un po' come ascoltare il macellaio quando descrive le sue porzioni di carne...)

L'intenditore

Di notte Sordi e un amico passeggiano per la strada chiacchierando

SORDI Io sono bello? Non sono bello... ma nell'uomo non conta mica la bellezza. È una questione di sangue. Anche con il fisico suo, se lei gira il mondo, come si presenta e dice sono italiano è come se dicesse sono spagnolo. Certi paesi sono benedetti.

UOMO Anche la Spagna lei dice?

I due amici si fermano

SORDI Be', io non ci sono mai stato. Ma lei la donna spagnola la conosce?

UOMO No.

SORDI E boh, allora mi permetto di dirle: lei la vera donna non la conosce.

UOMO Non lo metto in dubbio.

SORDI Quella che ho visto io, andalusa, quelle con quei pettini... (*mimando con la mano l'acconciatura della ragazza*) Guardi: la faccia niente, la faccia via, via la buttiamo.

UOMO Niente.

SORDI (*indicando petto e fianchi dell'amico*) Però da qui a qui... eh, be', non le dico di più.

UOMO Uhm.

SORDI Oddio, un po' bassina di fianchi, eh.

UOMO Bassa di fianchi.

SORDI Eh be', è la razza.

UOMO Già, la razza.

SORDI Però, guardi che cosa arrivo a dirle stasera: a me la donna bassa di fianchi non mi dispiace.

UOMO Neanche a me.

SORDI Capirai, bassa di fianchi...

UOMO Hanno qualcosa...

Da *Il seduttore*, 1954.

(L'Albertone giovane aveva un po' il vizio di «rompere le scatole», ma erano scherzi innocenti. Dopo si è perfezionato.)

L'invadente

Davanti a una macelleria un robusto macellaio sta lavorando un quarto di bue appeso fuori. Sordi attira la sua attenzione

SORDI Eh, eh!

Il macellaio si volta verso Sordi il quale gli fa un gesto di rimprovero con la mano

MACELLAIO Ma che c'è?

SORDI Ci sono le guardie...

Il macellaio impressionato dal tono dell'avvertimento, si spaventa. Istintivamente sta per fuggire, ma subito ritorna in sé e grida dietro a Sordi degli improperi. Sordi continua la sua passeggiata. Affianca un passante che porta con sé un astuccio di violino

SORDI Buongiorno, professore...

PROFESSORE Buongiorno...

SORDI (*canticchiando*) Doremifasol... (*eccetera*) La so tutta...

Il professore devia di scatto per una strada laterale. Sordi passa davanti ad un negozio il cui padrone si affanna a tirare su la pesante saracinesca. Sordi spinge vigorosamente in su la saracinesca e riprende la sua camminata. Con la saracinesca sale anche l'uomo attaccato alla maniglia. Sordi si volta indietro alle grida dell'uomo. Il suo garzone lo aiuta a scendere

SORDI (*canticchiando*) Do-re-mi-fa...

Sordi entra, con aria circospetta, in un portone. Sale qualche rampa in punta di piedi, poi comincia a distribuire petali di fiori sui gradini. Un rumore di persone lo fa sussultare, Sordi si nasconde e rimane in attesa. A scendere è un uomo anziano

SORDI Alto là! Fermo là!

UOMO (*spaventato*) Chi è? Che c'è?

SORDI Sono io signore!!... Scusi tanto questa mia intromissione, ma mi potrebbe fare un piacerino piccolo piccolo che tanto a lei non gli costa niente?...

UOMO Dica, dica...

SORDI Ecco, signore: le dispiacerebbe scendere le scale senza appoggiarsi alla ringhiera?

SIGNORE (*preoccupato*) Come?... E come faccio?

SORDI Non si preoccupi, signore. Mi dia la mano, l'aiuto io.

Sordi porge una mano all'anziano signore. A un certo punto si accorge che i piedi dell'uomo sono enormi e completamente girati in fuori

SORDI (*impressionato*) Oh!... Mamma mia che piedi, aho!... Alto là! Fermo là!

SIGNORE (*spaventato*) Oh, Dio! Cos'è?

SORDI Niente signore, non si preoccupi... Eh, ma co' 'sti piedi è un problema!... Accidenti pure!...

Sordi poggia le mani sui piedi dell'uomo e lo aiuta a scendere tentando di raddrizzarglieli

SORDI Aspetti un po'... provi un po'... su, piano piano.

L'uomo perde l'equilibrio e si appoggia alla ringhiera

SORDI E non si appoggi alla ringhiera! Guido io, signó, non si preoccupi!

SIGNORE (*gridando*) Elena!... Elena!...

SORDI E che fa adesso, signó? Non chiami nessuno, non si preoccupi, guido io!

L'uomo, stremato e impaurito, boccheggia fra le braccia di Sordi. Giunto in fondo alla scala pare sollevato

SIGNORE Oh, Dio santo... grazie!

L'uomo si allontana in una buffa corsa. Sordi aggiusta i petali messi fuori posto. Guarda l'ora e sentendo un rumore si mette le mani sul cuore ed esce dal portone in punta di piedi. La mano di una giovane donna scivola sul corrimano, le gambe di lei scendono gli scalini. La donna raccoglie i petali poi li lascia ricadere

Da *Mamma mia, che impressione!*, 1951.

(Per quanto cinico, egoista e menefreghista Albertone custodisce gelosamente dei miti che ne evidenziano la sensibilità.)

Joe Di Maggio e Kansas City

Sordi, giovane romano, indossa jeans e maglietta, oltre a cappellino e guanto da baseball. In camera da letto, tappezzata di gagliardetti e trofei, parla con la madre, agitando la mazza da baseball

SORDI Mami e papi, mami e papi, io vi adoro, mami.

MAMMA Sta fermo con quel tortore.

SORDI Tortore mami? Questa mazza, mami, un giorno sarà firmata da Joe Di Maggio. Tu sai chi è Joe Di Maggio, mami?

MAMMA Nando!

SORDI Non sai chi è Joe Di Maggio, mami?

MAMMA (*esasperata*) Nando!

SORDI È una cosa complicata, vero? Joe Di Maggio è un giovane italiano, mami, che da bimbo fu trasferito nel Kansas City.

La mamma si allontana dalla stanza con aria esausta

MAMMA Oh, ce risemo con 'sto Kansas City!

SORDI Questo intrepido bimbo prese la mazza e ha sposato Marilina. (*commosso*) Se anch'io da bimbo, mami, fossi stato trasferito nel Kansas City... invece so' stato bloccato dalla scarlattina.

Sordi raggiunge i genitori in camera da letto. I due sono già sotto le coperte

SORDI (*salendo sul letto*) Do you remember, mami, quando ho ricevuto la scarlattina? You don't remember?

Da *Un americano a Roma,* 1954.

(A volte Albertone ha saputo tirar fuori proprio il peggio di sé.)

Il ladro di bambini

Sordi entra in una modestissima casa, dove vivono una donna e i suoi sette bambini

SORDI Permesso? Ma cara signora Carloni, che cosa è successo?

DONNA È il bambino ca nun se sente. Me sta male.

Il bambino è a letto. La mamma siede accanto a lui, mentre i fratellini sono in piedi vicino alla donna. Sordi si avvicina al letto e abbassa le coperte. Il piccolo è completamente vestito

SORDI Signora Carloni, l'organizzazione che io in qualità di funzionario rappresento, non mi consente di dire: mi sono sbagliato. Signora, io per colpa sua perdo il posto. La prego, signora Carloni, non mi faccia del male. Io il bambino l'ho piazzato e i signori O'William lo aspettano, lo aspettano a Cincinnati. Signora non si fanno queste cose. Lei lo sa dove va questa sua creatura, vero? Va in una casa dove mangia tutti i giorni quello che vuole. C'hanno una cuoca negra, tre camerieri, un giardino con piscina e delle scimmie che saltano libere da un ramo all'altro del loro parco. (*al bambino*) Ti piacciono le scimmie?

BIMBO No!

DONNA Nun fossero tanti 'sti figli miei... e tenessero il padre... questo non succederebbe.

SORDI (*spazientito*) Signora lei ha firmato. Non può più tirarsi indietro. Mia cara signora, abbiamo questa fortuna che agli americani piacciono i nostri bambini. E sappiamo essere degni, e andiamo! di questo privilegio. Sennò, va a finire che quelli se ne fregano e magari si beccano un negretto o un cinesino, che gli costa anche meno.

Sordi prende dalla borsa alcune fotografie e le mostra una per una alla donna

SORDI I coniugi O'William bisognosi d'affetto. La loro casa. Il giardino con piscina. Le scimmie. La bianca a coda lunga. La nera ammaestrata.

La donna si alza di scatto e fa indossare la giacchina al bambino

DONNA Pascalì, te poi fidà e chisto signore. È buono e te vo' tanto bene. Mi hai sentito Pascalì? Lui è come a papà.

La donna dà una piccola valigia al bambino

SORDI Brava signora Carloni.

Sordi prende dalla borsa una targhetta appesa ad una catenella, si avvicina al bimbo e gliela mette al collo

SORDI (*al bimbo*) Mi puoi chiamare papà.

DONNA Pascalì, te poi fidà di 'sto signore, sa.

SORDI Vi potete anche scrivere tutti i giorni.

DONNA Non saccio scrivere. Pascalì.

I fratellini baciano il bambino. Sordi lo prende per mano e si avvia verso le scale

SORDI Arrivederla signora Carloni e grazie per la sua comprensione.

Il bambino si volta a guardare indietro

DONNA Va', va'.

Sordi si fa largo fra una folla di curiosi che si è accalcata lungo le scale e lo guarda seria e ostile

SORDI Andiamo. Pardon. Permesso. Permesso. Pardon.

Sordi fa salire il bimbo in auto. La donna si affaccia dal balcone, si sporge disperata

DONNA (*gridando*) Pascalì. Pascalì!
Sordi si toglie il cappello in un nervoso gesto di saluto

Da *Il giudizio universale*, 1961.

(Albertone è il prototipo dell'italiano che si è fatto da sé, con tutti gli inconvenienti che ne derivano.)

Il lavoratore autonomo

Sordi è nell'ufficio di un creditore, in piedi di fronte alla scrivania
SORDI Solo trenta giorni.
L'uomo si alza, va alla finestra e si accende una sigaretta con fare spazientito
CREDITORE Un istituto serio per principio non può accettare il criterio delle proroghe. Lei è stato già un privilegiato: non le abbiamo chiesto manco la firma d'avallo. Buongiorno.
Sordi gesticola, visibilmente imbarazzato
SORDI E be', ma voi siete al sicuro. Avete l'ipoteca sulla casa, sui mobili. Tutti, anche quelli del cesso.
L'uomo torna a sedersi
CREDITORE Stia calmo! Le abbiamo fatto un fido che non concederemmo nemmanco a un ministro.
SORDI Eh! Al ministro gli concedereste il doppio, il triplo. Andiamo, su.
CREDITORE Caso mai sono affari che riguardano noi. (*poi, rivolgendosi a qualcuno oltre la porta chiusa*) Gabi!
SORDI (*cercando di minimizzare*) Signor Turano, un mese vola presto. Avrà notato che oggi è lunedì, lei si volta, è già domenica. E che cos'è un mese...
Entra la segretaria, tenendo una radiolina portatile contro l'orecchio
CREDITORE (*alla segretaria*) Fai entrare l'altro.
SEGRETARIA Sì, Mario.
SORDI Deve rendersi conto che non posso stare sul bollettino dei protesti: mio suocero è un generale, mio cognato è un capo di divisione.
CREDITORE E paghi allora.
SORDI E come, non pago? Certo che pago. Gliel'ho detto anche per telefono. Sto risolvendo, mi metto a lavorare in proprio, la mia situazione cambia da così a così. Ma

lo sa che cosa si guadagna oggi nell'edilizia? Almeno il 50 per cento. Io conosco tutti i trucchi dell'ambiente. Mi manca solo un po' di denaro, ma io lo trovo. Signor Turano, mi guardi in faccia, ma che crede che so' fesso?

CREDITORE Ma crede che so' tutti fessi questi?

L'uomo si alza, apre la cassaforte e tira fuori due cassetti con le cartelle dei creditori

CREDITORE Qua ci sono commendatori, professori, mignotte, industriali, ladri, un poeta, persino due preti e lei. Noi dobbiamo trattare tutti alla pari, democraticamente. Gabi, accompagna il signore.

SORDI (*alzando la voce*) No, egregio commendatore, non siamo uguali, perché io lavoro e non ho mai pensato di arricchirmi facendo lo strozzino.

L'uomo apre la finestra

CREDITORE Oh, le proibisco di fare delle insinuazioni offensive e assurde come questa. La verità è che lei spende il doppio di quello che guadagna. Vada in bicicletta invece che andare in automobile, fumi nazionali, faccia lavare i piatti a sua moglie e vedrà che non farà più debiti.

Sordi, già sulla porta, si sfoga completamente

SORDI Lavali tu, falli lavà a tu' moglie che è lavandara. La mia è una signora, una vera signora.

Da *Il boom,* 1963.

(La rivalsa è il punto forte di Albertone. Quando qualcuno gli fa un torto non dimentica, cova rancore e, se può, prende la sua rivincita.)

La lettera

La segretaria di Sordi entra nello studio e gli porge un pacco di lettere

SEGRETARIA C'è posta per lei.

SORDI Oddio e che è? (*tornando calmo*) Posta? Posta per me? La posta.

Sordi si siede alla scrivania e comincia a spulciare le lettere

SORDI Accessori auto, questa è prematura. Le journal... Questo? Gli orfanelli! Adesso si ricordano, quando ho portato Gigetto, niente, eh? Questo chiede soldi, lettere che ho scritto pure io. Questa è una raccomandata. Vediamo un po'. Deve essere importante... (*alla segretaria*) Oh, indovini chi è. Lei indovini chi è?

SEGRETARIA Mah...

SORDI Mi hanno dato la cattedra. Sono maestro. Ora si ricordano. E adesso? (*parlando alla lettera*) Che ti dovrei dire, no dico, che ti dovrei dire io? Scriva, signorina, scriva. Gli rispondiamo subito.

La segretaria inforca gli occhiali e prende un blocco di carta e una matita. Sordi comincia a dettare

SORDI Oh, dunque. Illustre commissione, virgola, il sottoscritto fin dal lontano 1947 presentò pregiata domanda a codesta commissione per ottenere un posto di insegnante in pianta stabile, punto. Ma fino ad ora non ebbe alcuna risposta, punto.

SEGRETARIA Punto.

SORDI E solo ora vi pregiate di nominarlo, punto. Ma forse codesta commissione ignora che nel frattempo il sottoscritto si è piazzato e ha fatto i soldi, punto. Che ti fa il sottoscritto? Punto interrogativo.

SEGRETARIA-SORDI (*in coro*) Che ti fa il sottoscritto?

SORDI Prende la vostra pregiata e la butta in un posto la cui nomenclatura viene taciuta per decenza ma che voi ben sapete, punto. (*alla segretaria*) Scriva, scriva. Ma salvo ognuno, voi per rispondere ad una lettera otto anni ci mettete, punto interrogativo, no, esclamativo. No, tutt'e due. O forse ve ne eravate scordati, punto interrogativo, in tal caso il sottoscritto vi fa notare che lui ormai se ne frega. Devotissimo. Distinti saluti, eccetera eccetera eccetera.

Sordi porge alla segretaria la lettera della commissione

SORDI Copi l'indirizzo, me la batta a macchina e me la porti qui per la firma. (*compiaciuto*) Margherita, non si vive di solo pane. Bella soddisfazione, eh? Vai.

Da *Bravissimo*, 1955.

(Albertone è gentile e rispettoso, soprattutto con coloro che ritiene più preparati di lui, ma non sempre è disposto a piegarsi all'arroganza. E, all'occorrenza, spiattella il suo «english» maccheronico...)

Il litigio «dialettico» su «Dallas»

Sordi-tassinaro ha caricato sul suo tassì una coppia di americani. Lui è un uomo corpulento e indossa un notevole cappello a tesa larga, stile J.R. del telefilm «Dallas». Lei è una donna di mezza età, vestita in modo sgargiante e con una vocetta stridula. I tre discutono animatamente

SORDI In television «Dallas»... clicche, clicche, clicche, sempre «Dallas», «Dallas»...

AMERICANO Clicche «Dallas»? You don't like «Dallas»? Non piacere? Don't touch me so, honey.

SORDI No, non è che I don't like, è che me rompe. Ecco, tutto qua.

AMERICANO I don't understand. What do you mean «me rompe»?

SORDI Me rompe... me rompe perché... perché scusa noi in Italia se dovemo sorbì 'sto polpettone de «Dallas»? Ma che noi italiani ve imponemo a voi forse una trasmissione in television de nome Valmontone, Portogruaro, Gallarate, che forse qualche birbaccione e qualche mignotta ce sta pure là? Perché voi ce dovete rompe li cojoni con 'sto «Dallas»?

AMERICANO Ehi, coijone, I know what that means, don't you bad word me, I'm no coijone.

SORDI Ah, cojone lo capisci. Le parolacce le capisci, eh?

MOGLIE Tu detto «mi cojoni».

SORDI Cojone sì, ma your husband, signora, suo marito è attaccabrighe. È very attaccabrighe.

AMERICANO And you're a dirty bastard! That's what you are! A dirty bastard.

SORDI Un little precisation, America. Voi americani dite sempre la parola bastardo, lo sai perché? V'o dico io. Perché c'avete una lingua molto, ma molto povera. Perché se io mi volessi abbassare a rispondere al tuo bastard, che a noi ce fa proprio ride, io ti potrei dare (*incalzante*) del figlio di madre ignota, del rotto nel posteriore, ti potrei mandare a fare nel medesimo, potrei fare appello anche ai tuoi morti, con eventuale partecipazione de tu nonno in carriola opzionale e coinvolgere anche tua sorella, notoriamente incline allo smandrappo e all'uso improprio della bocca, e allargà il discorso a quel grandissimo Toro Seduto de tu' padre, a sua volta figlio di una città di cinque lettere cantata da Omero, che tu 'n sai manco chi era perché sei ignorante. Are you ignorant!

AMERICANO I understand that, ignorant, and you stop talking like that! You are a bastard, you are a dirty bastard.

La moglie cerca di calmare il marito

SORDI Non alza voice with me, perché tu fai tremare me pizzo de camicia, you understand pizzo de camicia? No, no, no, tu non meni a nessuno, perché I bring my chiav english and I give in your fronte. Mica notte.

Da *Il tassinaro,* 1983.

(Per quanto animato da motivazioni non nobilissime Albertone spesso riesce ad inquadrare alla perfezione i malesseri della nostra società; in questo caso riferendosi alla Sanità pubblica.)

Il medico della mutua

Sordi dorme in una cuccetta di treno con gli occhiali inforcati. Nell'inquadratura successiva lo vediamo scendere dall'autobus ed entrare in un enorme palazzo

VOCE DI SORDI Avevo previsto tutto, avevo programmato tutto fin dal giorno che avevo chiesto la convenzione con la mutua e tutto si era svolto secondo i piani prestabiliti. Ma questo no, questo non lo avevo proprio previsto. Avevo tentato tutte le strade prima di adattarmi a diventare un medico della mutua, ma mi dovetti rassegnare. Una volta non c'era la mutua e i medici se la passavano bene. Quasi tutti diventavano ricchi, alcuni ricchissimi. Una laurea in medicina era una gran laurea. Oggi purtroppo c'è la mutua. Succhia il sangue di noi medici, dei mutuati, dei padroni e lo trasforma in grattacieli con corridoi, uffici, ascensori, uscieri, dattilografi, impiegati, capi e dirigenti amministrativi, direttori sanitari, medici, funzionari e controllori. Tutta roba fatta apposta per tarpare le ali alla nostra libera professione.

Da *Il medico della mutua,* 1968.

(Per quanto ci si trovi in piena guerra, e l'americano sia ancora nemico, alla fine sono altri i valori che legano gli uomini.)

Il mio tipo: dialogo tra un italiano e un americano

Sordi e un americano siedono in un cortile. L'americano è su una sedia nel centro del cortile, mentre Sordi è seduto su uno sgabello, appoggiato contro il muro della casa

AMERICANO Mrs Giuseppina is a very fine lady.

SORDI Che?

AMERICANO Mrs Giuseppina, madre de Mrs Teresa, made this for me, per me.

SORDI Pure?

AMERICANO Oh, Mrs Teresa is a very fine lady, too. Donne italiane are buone, are good.

Sordi si è alzato in piedi, si volta verso l'americano

SORDI Cos'ha da dire di donne italiane?

AMERICANO (*giustificandosi*) Niente, buono. Molto.

SORDI Perché le americane come so'?

AMERICANO Americane different.

SORDI Più alte?

AMERICANO Yes, but non sempre. Tu piace donne alte?

SORDI (*sorridendo*) Eh, tu piace. Piace alte. Ma anche se non alte, purché beautiful.

AMERICANO (*ride*) Okay.

Sordi prende lo sgabello, lo avvicina all'americano e si siede. Parla accompagnando ogni parola con dei gesti, per farsi meglio comprendere

SORDI Mio tipo, my tip, è alta giusta, pienotta, look, eh! (*mostrando la coscia*) Ma di coscia lunga, understand?

AMERICANO (*ride*)

SORDI Donne italiane, ...woman, italian women... north Italy. Big, strong, blond. Ma freddine, cold, very cold. Sud Italy little, brune, hot, very calde. (*ride*) Donne nord Italia come americane, libere, molto libere.

Sordi avvicina di più lo sgabello

SORDI (*con tono confidenziale*) Ehm, vuoi sapere una cosa? A me donne americane non dispiacciono.

AMERICANO You... conosci donne americane?

SORDI Picture, cine, movie...

AMERICANO Movie pictures.

SORDI Movie picture... Joan Crawford, Ginger Rogers.

AMERICANO Who?

SORDI Joan Crawford, Ginger Rogers.

AMERICANO (*pronunciando correttamente*) Ah, Joan Crawford, Ginger Rogers!

SORDI E io che ho detto? Ah, listen... Ginger Rogers and Fred Astaire... relation, relation?

AMERICANO Ah, I don't know, non so... I like Ginger Rogers.

SORDI E a me no? Aha!

Sordi comincia a cantare una canzone in inglese, l'americano si unisce al coro

Da *Tutti a casa,* 1960.

(Albertone ha certamente anticipato, e comunque descritto con tratti essenziali e puntuali, il «mal d'America» di molti italiani.)

Il mito americano

Un giovane Sordi in jeans, t-shirt e ciuffo impomatato, è in un'aula di tribunale. In piedi di fronte a tutti sembra perfettamente a suo agio. Volta le spalle alla corte, poggiandosi con noncuranza al bancone

SORDI Nudo vostro onore, tutto nudo. Nudo, nudo, nudo. Tutto nudo. (*mormorio di incredulità del pubblico*). E che, non ci credete? (*avvicinandosi al pubblico*) Un attimo, che questi nun ce credono. In America, paese civile, anche un amico mio c'è stato però, dice che nel Kansas City, ma dico nel Kansas City, tutti nudi se lo fanno er bagno. Er povero, er ricco, l'emigrante, er ciambellano de corte, tutti nudi. Ma perché nun ce crede? Vostro onore, questa non ce crede.

PRESIDENTE Venite qua.

SORDI (*indicando una ragazza fra il pubblico*) E questa, ce crede o no, questa nuda nun se lo pò mica fà er bagno.
PRESIDENTE (*esasperato*) Venite qua ho detto. Carabiniere portatelo qua.

Da *Un giorno in pretura*, 1954.

(Per quanto si consideri «uomo di mondo», Albertone riesce sempre a vivere esperienze davanti alle quali si trova del tutto impreparato.)

La moglie svedese

Sordi è seduto al tavolino di un locale accanto ad una bellissima donna bionda. Lei è vestita molto elegantemente e fuma una sigaretta con un lungo bocchino

SORDI Lei mi ha messo in una situazione imbarazzante, signora.
DONNA (*con marcato accento straniero*) È imbarazzante anche per me, ma volevo rivederla.
SORDI Be', ma suo marito, scusi, si domanderà perché sono qui.
DONNA Certamente in questo momento si domanderà molte cose.
SORDI Che dice? Si sarà già accorto che ci siamo baciati?
DONNA Può darsi, ma non lo chiederà né a lei, né a me.
SORDI (*ride*) È uno strano modo di comportarvi il vostro.
DONNA Lo chiederebbe a sua moglie?

Sordi rimane imbarazzato dalla domanda e si rigira nervosamente il bicchiere fra le mani

SORDI (*a disagio*) Non credo proprio che mia moglie abbia baciato altri uomini.
DONNA Ne è sicuro?
SORDI Che c'entra mia moglie? Scusi... adesso.

La donna si alza e lo prende per mano

DONNA Venga, balliamo.

Lui la segue, posano i bicchieri su di un ripiano e cominciano a ballare un lento

DONNA Vuole bene a sua moglie?
SORDI Sì, molto.

DONNA Spesso l'italiano dice che è infelice con la moglie, a volte si toglie la fede.

SORDI Be', io no.

DONNA Lei mi piace.

Lei ballando incrocia lo sguardo del marito che è seduto e gioca a carte ad un tavolino. Si sorridono. Anche Sordi si accorge del marito. L'uomo sorride pure a lui

SORDI (*a disagio*) Scusi, ma che fa? Ride?

DONNA Sì, c'è solo un problema.

SORDI Quale?

DONNA Non dormiamo insieme da qualche tempo.

SORDI Ma lui lo sa che lei lo tradisce?

DONNA Lui sa che gli sono fedele in tutte le circostanze, meno che in una.

SORDI Ma per me è la più importante.

DONNA Voi date troppa importanza a queste cose. (*scostandosi un poco*) Non mi stringa.

SORDI (*soddisfatto*) Aha, allora è geloso!

DONNA No, è un uomo adorabile, intelligente, superiore a ogni egoismo, siamo legati da sentimenti che forse lei non può capire. Resti con noi stasera. Non se ne vada, resti qui.

SORDI Anche a dormire?

DONNA Sì, si fermi a dormire. Domani passeremo una bella giornata insieme.

SORDI Sì.

Lei si ferma improvvisamente

DONNA Ora beva.

La donna si scioglie dalla stretta di Sordi, si avvicina ad un tavolo e versa un drink

SORDI Che è? (*prendendo il bicchiere*) Perché?

DONNA Noi beviamo molto e non ci piace essere osservati da occhi troppo severi. Skoll.

I due bevono

SORDI Marito... guarda...

DONNA (*al marito*) Skoll!

SORDI (*al marito della donna*) Skoll! (*poi più piano*) Ride sempre?

DONNA Sì.

Da *Il diavolo,* 1963.

(Con grande tempismo Albertone ha affrontato anche gli aspetti più disgustosi della futura «Tangentopoli», generalmente non molto considerati perché inseriti in un contesto da commedia.)

La mutua e le tangenti

Sordi è nell'ufficio di un funzionario della mutua. L'uomo è freddo e molto serio. L'arredamento dell'ufficio è di tipo moderno ed essenziale, con pareti e mobili bianchi

FUNZIONARIO Ho sentito parlare molto della tua clinica, anzi mi ripromettevo, uno di questi giorni di venirla a visitare.

SORDI Ah, vieni, vieni, mi fa molto piacere.

FUNZIONARIO So che hai preso con te il vecchio Germani.

SORDI Sì, vecchio ma sempre efficiente, eh.

FUNZIONARIO E anche Drupo, Sandolini, Misticò, Zucconi.

SORDI Ho voluto riunire intorno a me tutti i vecchi amici. Ci sono anche i giovani. Giovani di grande valore. Guarda, Villa Celeste, io te lo dico senza falsa modestia, è una delle più moderne e meglio attrezzate.

FUNZIONARIO E una delle più care. Soprattutto per la nostra mutua.

SORDI Sì?

Il funzionario apre una cartella e sfoglia dei documenti, dai quali legge alcuni dati. Sordi fuma una sigaretta e si limita a ripetere le parole che completano le frasi del funzionario

FUNZIONARIO Caro Tersilli, sarò franco. Ho qui una relazione sulle notule mensili presentatemi dall'amministrazione della tua clinica. Ci sono cose che ci sorprendono e che ci preoccupano. Per esempio a Villa Celeste il 72 per cento dei bambini nascono con parto cesareo.

SORDI Cesareo.

FUNZIONARIO Non c'è appendicite che non sia complicata da peritonite.

SORDI Peritonite.

FUNZIONARIO Tutte le ernie sono strozzate.

SORDI Strozzate.

FUNZIONARIO Persino le riniti sono curate chirurgicamente. Per non parlare poi delle radiografie, stratigrafie, trasfusioni e applicazione di rene artificiale. Nella tua clinica i più moderni antibiotici e i più costosi vengono utilizzati come l'aspirina.

SORDI Ma che dici? Tutti i medicinali hanno il talloncino giustificativo.

FUNZIONARIO In una clinica dove ci sono anche dei paganti è facile procurarsi i talloncini dei vari medicinali. (*ironico*) L'ossigeno... con l'ossigeno consumato nella tua clinica si potrebbe gonfiare un dirigibile, caro mio.

SORDI I dirigibili non si usano più e poi si gonfiavano con l'idrogeno e non con l'ossigeno.

FUNZIONARIO Tersilli, io ti sto parlando da amico.

SORDI E anch'io ti parlo da amico. (*secco*) Lampredi, con quello che mi dà la tua mutua io non ci pago neanche il cambio delle lenzuola.

FUNZIONARIO Perché le altre mutue?

SORDI E sono più micragnose della tua. Aho, voi pagate 5000 lire per un patereccio e 5000 lire per una appendicite e mi date un massimale di 12.000 lire per qualunque intervento di alta chirurgia. Se io pensassi ai miei interessi accetterei solo i paterecci, no?

FUNZIONARIO Ma i paterecci non sono mica tanti.

SORDI E allora che devo fare? Mi arrangio. Come? Prima di tutto cercando di convincere il mutuato a prendere una camera singola, facendogli pagare intanto la differenza fra quello che passa la mutua e la retta.

FUNZIONARIO Che è di quanto?

SORDI Di quanto? In prima classe 28.000 lire.

FUNZIONARIO (*stupito*) Caspita.

SORDI Che vuoi dire, scusa? È molto? Io a Villa Celeste c'ho 11 medici, 26 infermieri, 18 fra portantini e portantine, 12 monache, 6 persone in cucina, 4 in lavanderia, 3 uomini di fatica, 2 autisti e 2 giardinieri. Villa Celeste è costata 1 miliardo. Lascia stare quello che dicono certi giornali, che io il terreno l'ho avuto dalle Piccole Ancelle dell'Amore Misericordioso. 8000 lire al mese me l'han fatto pagare quelle figlie di Maria. Io a Villa Celeste c'ho fatto i capelli bianchi.

FUNZIONARIO Be', ma allora ti tingi.

SORDI Scherza tu. Non lo capite che siete voi mutue che ci obbligate a fregarvi. Stabilite dei massimali differenziali, dei massimali onesti e vedrete ci saranno meno cesarei, le appendiciti saranno appendiciti, le riniti riniti. Senza complicazioni.

FUNZIONARIO Tersilli, non dipende da me. Io sono un semplice funzionario con mansioni di controllo. Ma che cosa credi, che sia divertente per me dover fare i conti in tasca ad un amico come sei tu, ad un collega, per quello che mi pagano poi...

Il funzionario si alza in piedi e volta la schiena a Sordi

FUNZIONARIO Tu mi dirai: chi te l'ha fatto fare? Potevi continuare a fare il medico. Io non c'ero tagliato, ho sbagliato professione. E ho famiglia, Tersilli, eh... ho famiglia. Vedi, io ti parlo a cuore aperto...

Sordi sorride, si alza e si avvicina al funzionario

SORDI Ho capito, Lanfré. Anch'io ti parlo a cuore aperto. Vedi, a Vianello che occupava la tua poltrona prima di te, io gli davo il 3 per cento. A te che sei un amico ti do...

FUNZIONARIO Il 10.

SORDI 5.

FUNZIONARIO L'8.

Da *Il Prof. Dott. Guido Tersilli, primario della clinica Villa Celeste convenzionata con le mutue,* 1969.

(Non ha certo la mano leggera Albertone nei confronti del mondo ecclesiastico che, secondo lui, ricalca nel proprio ambito le stesse deviazioni del mondo civile.)

Non c'è peccato

Sordi, sacerdote in abito talare, è su di un ascensore bloccato da ore con una giovane e prorompente ragazza bionda. La ragazza indossa solo la biancheria e, seduta a terra, tenta di rivestirsi

RAGAZZA Ah, che roba! (*rabbrividendo*) brr, tremo tutta. Ma che è successo?

Sordi si rade con un rasoio elettrico portatile e guarda la ragazza dall'alto in basso

SORDI (*con sicurezza*) Niente, non è successo niente.

RAGAZZA (*interdetta*) Niente?

SORDI No.

La ragazza si mette in piedi, continuando a vestirsi

RAGAZZA Ma come, mi dici: solleva le gambe, fai questo, fai quello e io scema... ahi... ma non si fa così a tradimento. Eh, capito? Potevi chiedere almeno, no?

Sordi continua la sua toeletta passando un po' di dopobarba sulle guance

SORDI Beva un po' d'acqua, le farà bene.

RAGAZZA E dopo quello che è accaduto mi dai del lei? Ma è assurdo.

SORDI Non mi sembra affatto assurdo, anzi, se lei riflette bene non è accaduto nulla che ci induca a darci del tu.

RAGAZZA Ma come? Non ho capito.

Sordi si pettina con cura

SORDI Vede signorina, se un uomo ed una donna, come noi due ad esempio, rimangono bloccati in un ascensore, nel medesimo momento vengono anche privati del loro libero arbitrio.

RAGAZZA (*con gli occhi sgranati*) Che sarebbe?

SORDI Non possono più decidere liberamente delle loro azioni.

RAGAZZA Cioè?

SORDI Poniamo il caso che lui, l'uomo, si senta minacciato dal richiamo dei sensi. Può usare, come nel nostro caso, del suo libero arbitrio uscendo dall'ascensore?

RAGAZZA No.

SORDI E lei, la donna?

RAGAZZA Neanche.

SORDI E allora, che significato può dare, signorina, ad un fatto che è accaduto contro la volontà delle due persone.

RAGAZZA Ah, ho capito... vuol dire che è come se non fosse accaduto?

SORDI (*con tono da maestro*) Non «come se»... Lei deve convincersi che il fatto non è accaduto.

RAGAZZA Non è accaduto?

SORDI No: e allora, mia cara ragazza, continuiamo a darci del lei, e siccome non sussiste peccato, io l'assolvo senza alcuna penitenza.

Sordi prende dal portafogli un biglietto da visita e lo porge alla ragazza

SORDI Ecco, questo è il mio indirizzo: via Buonarroti 15, scala B, interno 8; c'è anche il telefono, vede?

RAGAZZA Allora posso venire a trovarla, eh?

SORDI No, al contrario. Vede signorina, io le ho dato il mio biglietto da visita solo per metterla alla prova. Quando lei uscirà da questo ascensore allora riacquisterà il suo libero arbitrio e sarà padrona delle sue azioni. Se verrà a trovarmi a casa, di sua spontanea volontà ed io ricadrò in tentazione, allora e soltanto allora potremo dire che il fatto è realmente accaduto e che abbiamo peccato.

RAGAZZA Ah... ho capito.

SORDI Se invece lei resisterà, allora sarà una vittoria del suo spirito sulla carne e per me un immenso piacere per averle dato questo insegnamento... Via Buonarroti 15, scala B, interno 8. Se al telefono risponde mia sorella lei le dice: «Lascio il mio nome che poi Monsignore mi richiama». Va bene?

Si ode una voce dall'esterno

VOCE Ascensore!

SORDI (*ad alta voce*) Sì, chi è?

VOCE So' il portiere della casa.

Da *Quelle strane occasioni,* 1976.

(Albertone è spesso in conflitto con la propria coscienza, che gli impone di fare solo ciò che ritiene giusto. Ma ha un modo di fare che quasi sempre rovina l'iniziale, ammirevole comportamento.)

L'offerta che non si può rifiutare

Sordi si reca ad un appuntamento con un ricco industriale. Si incontrano nel giardino della sua villa

INDUSTRIALE Molto piacere di conoscerla e molte grazie per avere accettato il mio invito.

SORDI Buongiorno.

Si siedono ad un tavolino sul bordo della piscina. Ad attenderli c'è l'avvocato dell'industriale

INDUSTRIALE Prego si accomodi. Il mio avvocato. Potremo parlare liberamente.

AVVOCATO Felice di conoscerla.

INDUSTRIALE Me la immaginavo più anziano. Ho qui un articolo firmato da lei che termina con queste parole...

In sottofondo si sente la voce di una segretaria che cerca di mettersi in contatto telefonico con Zurigo

AVVOCATO (*per distrarre il giornalista*) Un Cinzano, Magnozzi?

INDUSTRIALE «Nel prossimo articolo faremo i nomi di alcuni industriali che in vista delle elezioni politiche hanno spedito clandestinamente all'estero decine e decine di miliardi». Io vorrei sapere se in questa lista c'è anche il mio nome.

SORDI (*sorridendo*) Commendatore, se lei mi ha chiamato qui, sa perfettamente che ci sarà anche il suo nome.

INDUSTRIALE Lei crede di avere prove sufficienti per fare questa pubblica e assurda denuncia?

SORDI Be', io non sono un bambino e se ho deciso di coinvolgere nello scandalo lei e persone molto, ma molto più in alto di lei, vuol dire che sono sicuro di quello che faccio, commendatore.

INDUSTRIALE Magnozzi, lei non mi fa paura, lo sa?

SORDI Lo so che lei è di quelli che non hanno paura.

INDUSTRIALE Ecco bravo, io l'ho fatta venire qui solo per evitarmi delle noie. Io non amo gli scandali, non mi piace vedere il mio nome sui giornali, quindi desidero che questo articolo non venga pubblicato. Possiamo quindi metterci d'accordo.

SORDI Che cosa intende per metterci d'accordo?

INDUSTRIALE Io ho la presunzione di capire subito con chi ho a che fare. Lei non è una persona gretta. Lei è un intellettuale, un borghese, come me. Dunque troveremo un accordo, no? Quanto le danno per questi articoli?

SORDI 5000 lire, commendatore. No, no, no. Noi non ci potremo mai mettere d'accordo anche se lei me ne offre 50.000.

INDUSTRIALE Io non le offro 50.000 lire. Io le offro 5 milioni.

Sordi rimane a bocca aperta

INDUSTRIALE Quanto le danno al mese?

SORDI (*confuso*) De che?

INDUSTRIALE Di stipendio al giornale, intendo.

SORDI 30.000.

INDUSTRIALE E come può vivere con 30.000 lire?

SORDI Male, commendatore.

INDUSTRIALE Io le offro 300.000 lire. Lei come giornalista non può rifiutare, perché io oltre alle mie industrie, sono proprietario di giornali, riviste, produco dei film; e lei che è uno scrittore non ancora affermato, solo con me può avere un avvenire brillante. È sposato?

SORDI Non legalmente, convivo.

INDUSTRIALE Ha figli?

SORDI No, per fortuna... Ah. Sì, uno in viaggio.

INDUSTRIALE (*soddisfatto*) Complimenti! Sa che cosa faccio allora? Io le offro due ettari di terreno fabbricabile intestati a suo figlio. Oggi il terreno non vale niente, ma fra 10 anni sarà una fortuna e suo figlio sarà ricco, eh? Magnozzi!

Alla sera Sordi è a letto con Elena. Entrambi non riescono a dormire

SORDI Vogliamo rompere questo silenzio? Questo mutismo con gli occhi de fori? Elena, vuoi le automobili, vuoi gli appartamenti, le pellicce?

ELENA (*seccata*) Ma che appartamenti e pellicce? Sono tre anni che vado in giro con le stesse scarpe di sughero.

SORDI E allora non ti tenere il magone dentro. Sii sincera con me. Perché io lo so quello che devo fare, io lo so che non devo accettare, ma lo voglio sapere da te quello che pensi.

ELENA Be', se lo vuoi sapere non riesco a capire perché non puoi accettare.

SORDI E allora guarda, se non l'hai capito adesso, Elena, non lo capirai più. Sono tre anni che viviamo insieme.

ELENA Sta' attento, Silvio, ricordati che quelli so' potenti. Ora scappano in Svizzera, ma se vincono le elezioni ritornano inveleniti e si vendicano, sai?

SORDI (*sorridendo*) Facciano pure, sono loro che hanno qualcosa da perdere. Io che c'ho da perdere? Non c'ho niente.

ELENA Ma senti che incosciente. Ma te ne sei dimenticato che non sei più solo? Che hai una famiglia? Che aspettiamo un bambino fra poco?

Sordi si alza e va in cucina

SORDI Ah, co' 'sto bambino, Elena. Me l'avete fatto diventare antipatico prima di nascere.

ELENA Be', siccome deve nascere, quando prendi una decisione pensa prima di tutto a lui.

Sordi rientra in camera da letto con la caffettiera in mano

SORDI Senti, Elena, io i bambini li amo, ma se questi bambini mi devono costringere a commettere un'azione immorale e contraria alle mie idee, sai che ti dico? Io non li voglio. È meglio non farli.

Sordi torna in cucina. Elena si alza e lo segue

ELENA Che vuoi dire?

SORDI E che voglio dire, Elena? Se tu fossi una donna un po' più istruita, un po' più moderna, sapresti che ci sono paesi civili come la Svezia e la Finlandia dove la donna che non può mantenere un figlio, sai che fa? Fa in modo di non averlo. E la legge è dalla sua.

Elena afferra una bottiglia

ELENA La vedi questa bottiglia? Se non la smetti con questi discorsi te la rompo sulla testa.

SORDI Elena, non hai capito.

ELENA Ho capito benissimo, invece. E se con le tue idee vuoi rovinare la vita mia e quella del figlio che deve nascere... Fa' pure di testa tua. Buonanotte.

SORDI Elena.

Elena esce

ELENA Io me ne vado a dormire.

Da *Una vita difficile,* 1961.

(A volte Albertone scopre sulla propria pelle che non tutti i politici sono corruttibili...)

L'onorevole

Sordi raggiunge di corsa l'onorevole che lo sta aspettando in strada

SORDI (*gioviale*) Onorevole, mi manda il dottor Battistoni di Empoli. Erano buone le prugne, eh?

ONOREVOLE (*seccato*) Schifose. Lasci stare le prugne e pensi ad essere più puntuale.

SORDI Scusi, sa ma oggi con queste macchine straniere...

ONOREVOLE Senta, non sia mai sciocco con me. Da vent'anni mi servo della mia Fiat e non ho mai fatto tardi ad un appuntamento. (*alzando la voce*) Ma le pare giusto che io stia a perder tempo qui con lei, mentre mi aspettano in parlamento per risolvere problemi di importanza mondiale?

SORDI (*serio*) Già, adesso avete anche questa complicazione del Medio Oriente.

ONOREVOLE Ma lasci stare il Medio Oriente, entri piuttosto in argomento. Dica e faccia presto.

Sordi riprende coraggio e inizia a spiegarsi con tono ammiccante

SORDI Io sono ben lungi da farle un rimprovero, onorevole.

ONOREVOLE (*sarcastico*) Ah, meno male.

SORDI Soltanto mi sento in diritto di difendere i miei interessi come lei, onorevole, in parlamento difende i suoi.

ONOREVOLE Ma che sciocchezze sta dicendo? Prima di tutto io in parlamento difendo gli interessi del paese e non i miei e poi io mi batto per evitare una nuova guerra. Lei, lei, per che cosa si batte invece?

SORDI Io mi batto per la costruzione della casa cantoniera, onorevole, e se ho fatto delle insinuazioni mi scuso.

ONOREVOLE Cosa vuole insinuare lei? Verme.

La moglie di Sordi, che è rimasta ad attendere in auto, osserva i due uomini discutere e sorride, non immaginando la piega che stanno prendendo le cose

SORDI Comunque spero che con il suo appoggio potrò ottenere l'appalto...

ONOREVOLE No, no, no. Lei non deve sperare sul mio appoggio.

SORDI E invece ci conto. Io ci conto...

ONOREVOLE È meglio che non ci conti. Il progetto è già stato respinto dalla commissione.

SORDI Allora non ci resta che ringraziare quel cretino che m'ha bocciato il progetto.

ONOREVOLE Ah, sì? Allora sappia che quel cretino che ha dovuto bocciare il suo progetto sono io. E ora che la conosco dico che ho fatto bene.

Sordi ha evidentemente perso ogni ottimismo

SORDI Mi permetta...

ONOREVOLE No, lei non si deve sorprendere. Conosco bene la sua situazione: lei è sull'orlo del fallimento.

SORDI Onorevole, lei mi insegna, che quando uno parte senza capitale iniziale e con la penuria di liquido che c'è oggi, onorevole...

ONOREVOLE Ah, perché lei vorrebbe fare l'industriale senza un capitale per iniziare?

SORDI (*energico*) E lei mi vuole impedire di avere delle ambizioni soltanto perché nella vita io non ho avuto i colpi di fortuna che ha avuto lei?

ONOREVOLE Ma ringrazi quella povera donna della su' moglie che la sta guardando se no le avrei già dato una borsata in faccia.

L'onorevole fa il gesto di colpire Sordi con la borsa

SORDI (*stupito*) Onorevole...

La moglie, vedendo il gesto dell'onorevole, si rende conto di come sta volgendo la conversazione

SORDI (*ad alta voce, per farsi sentire dalla moglie*) Io continuo a sperare, se lei mi permette. I miei rispetti, onorevole. Complimenti alla sua signora e tanti auguri per il suo lavoro parlamentare.

Da *Il marito,* 1958.

(Albertone è spesso inadeguato rispetto al contesto. Non è colpa sua, è veramente un ingenuo...)

L'8 settembre

Sordi siede dietro una scrivania. Indossa una divisa dell'esercito italiano. In fondo alla stanza, vestito in abiti borghesi, siede il capitano. Ha un'espressione molto triste

SORDI Brutta fine, eh? Chi l'avrebbe detto? Ma sarà ben fatto mettersi in abiti borghesi, signor capitano?

CAPITANO E che cosa è ben fatto o mal fatto? Ben fatto... (*irato*) E tutto quello che è successo le sembra forse ben fatto? E tutti questi anni di guerra a cosa sono serviti?

Il capitano si alza e si avvicina a Sordi

SORDI Guardi che non l'ho dichiarata io la guerra.

CAPITANO Certo, certo. Però chi è che andava sulle piazze a cantare Nizza e Savoia? Lei era studente, no?

SORDI Senta, io l'unico inno patriottico che so è «Mamma ritorno ancor nella casetta».

Sordi si alza in piedi

SORDI Io son sempre stato di idee contrarie, signor capitano. A parte il fatto che Nizza era italiana, o no?

Da *Tutti a casa,* 1960.

(Quando ci si mette, soprattutto se deve sedurre una donna, Albertone si tramuta quasi in un infame.)

Il poeta

Sordi è con una ragazza su una piccola barca a vela. Entrambi indossano dei costumi di foggia arabeggiante. Il sole è alto e la ragazza appare come stordita, rapita dalla situazione

DONNA (*sognante*) Che strano. Mi sembra di non essere più io.

SORDI Quando vado in barca mi succede la stessa cosa. Una strana amara felicità si impadronisce di tutto il mio essere. Oh, er gabbiano. (*fischia*) Er gabbiano. Caro gabbiano...

Entrambi guardano verso il cielo, sorridendo. Sordi riprende serio a parlare

SORDI Una felicità che proviene dal ricordo di una vita posteriore. Anteriore. Posteriore o anteriore? Anteriore. Quando chissà chi eravamo noi due, forse io un pirata e me sa che tu, una sirena.

Lei si copre gli occhi con una mano e singhiozza

DONNA Che stupida, mi viene da piangere, eppure sono così felice. Sono pazza e felice, mi crede?

SORDI Ma mettete a sede qui. Famme il favore. Vieni, vieni.

La ragazza si alza e si siede accanto a Sordi. Lui si avvicina...

Da *Lo sceicco bianco,* 1952.

(Per quanto disprezzi i potenti, Albertone li teme esternando grande viltà.)

Il politico

Al bancone del bar di un albergo Sordi parla animatamente con due uomini

SORDI 3000 lire al bimestre di tasse, più le trattenute, più la cassa malattia e l'Inail, poi c'è il soccorso invernale. E se protesti sai cosa ti dicono? Scusi, lei, se non paga le tasse, le strade chi le ripara? Ma fatemi il piacere, dico, fatemi il piacere. Venite a Roma in via dei Pettinari, dove abito io. Aho! Sono tre anni che c'è una buca grossa così. O per distrazione, o perché è notte regolarmente ci caschi dentro. (*alzando la voce*) E chi mi ripaga a me? Dico, il gambone mio a me chi me lo ripaga?

UOMO Lasci andare.

Sordi, ulteriormente accalorato nella discussione, si alza dallo sgabello e cerca di coinvolgere nella conversazione altri avventori del bar

SORDI Ma che lasci andare, scusi. Io sa che cosa farei? Prenderei il ministro, lo porterei in via dei Pettinari e lo metterei a riempire la buca così (*pestando ritmicamente i piedi sul pavimento*), proprio così.

Uno degli uomini attira la sua attenzione indicandogli un punto della sala

UOMO Guardi, quel signore là.

SORDI Chi?

UOMO Il ministro.

Sordi vede il ministro seduto ad un tavolino con la moglie

SORDI Ah be'... Il ministro... (*poi, parecchio confuso*) Il ministro? (*irrigidendosi*) I miei rispetti. Be', va be'... Si dice buca, così, così per dire, in un momento di irritazione. È vero? Ma ci sono delle opere come per esempio la Strada del Sole... oh, davanti a questa cosa grandiosa giù il cappello... sst... zitto, mosca, chi parla più?

Da *Vacanze d'inverno,* 1959.

(Quando vuole Albertone esterna un cinismo senza fine...)

Il primario perfetto

In una stanza della sua clinica Sordi, medico primario, parla ai suoi dipendenti riuniti attorno a lui. Ha in mano una cartella da cui legge i dati degli ultimi ricoveri

SORDI Ma bravi, bravissimi. Bene, benissimo. Una scelta davvero indovinata. Cinque ricoverati, uno peggio dell'altro. Sentite: un Inam con stenosi mitralica, un Empals ulcera gastrica con ematosi, un Inpc con cirrosi epatica in fase terminale. E per fortuna, guarda caso, il nostro Drupo ci ricovera un commerciante con ernia inguinale. Grazie a Dio. Sembra che lo facciate apposta. Ma che, lo fate apposta? Perché l'unica cosa che funziona qui sono le diete, grazie alla nostra dottoressa Olivieri.

I medici parlottano fra loro

SORDI Che fate? Commentate?

Uno dei medici interviene

PRIMO DOTTORE Le assicuro professore che questa stenosi mitralica è assolutamente operabile.

SORDI (*irritato*) E chi se ne frega, quando sai che l'Inam per questa operazione non ci rimborsa neanche l'ossigeno. E l'Empals con l'ulcera gastrica, di chi è?

SECONDO DOTTORE È mio professore.

SORDI Ah, bravo Misticò, così oltre al ricovero tu gli fai le analisi, i sondaggi, le ricerche, vero? E chi li paga? Li paghi tu? Quando sai che la mutua a me non mi rimborsa neanche le caramelle alla regolizia.

SUORA Liquirizia.

SORDI Aho, suor Beatrice. E l'Inpc con la cirrosi epatica, di chi è? Tua? Di chi è?

TERZO DOTTORE (*sottovoce*) Sandolini.

SORDI Ah, bravo, Sandolini. Sei un genio, Sandolini, grazie. E chi mi paga le lastre, le paracentesi, gli svuotamenti, le analisi? Perché l'Inpc non paga. Qui l'unico che guadagna è don Vittorio per il funerale.

QUARTO DOTTORE Io credevo che...

SORDI No, che credevi? Aho, mettetevelo bene in testa. Io in questa clinica voglio battesimi, non funerali.

QUARTO DOTTORE Allora cosa dobbiamo fare?

SORDI E allora che dobbiamo fare? Dobbiamo cercare di mandarli via, no?

QUARTO DOTTORE Dico, ma ormai...

SORDI Che ormai? Possibile che vi devo insegnare tutto io? (*sorridendo*) Volete venire, miei cari?

Da *Il Prof. Dott. Guido Tersilli, primario della Clinica Villa Celeste convenzionata con le mutue,* 1969.

(Per quanto il cittadino detesti la corruzione quale valore imperante tra i potenti, poi adotta gli stessi strumenti per ottenere le sue quotidiane gratificazioni.)

La «raccomandazione»

Sordi entra nell'ufficio di un suo superiore

SORDI Permesso? Sono io: Vivaldi.

L'uomo lo accoglie con la testa china in avanti, i capelli color carota arruffati, intento a massaggiarsi la testa. La scrivania e le sue spalle sono ricoperte da uno strato di forfora di dimensioni gigantesche

DOTTORE (*senza guardarlo*) Ah, sì, avanti. Vieni, vieni avanti. Scusa, eh, Giovanni, ma io, sai, ogni tanto mi gratto un po' la forfora. Fa bene.

SORDI Sì, molto.

DOTTORE Come va, Giovanni?

Il dottore porge a Sordi la mano che gliela stringe mal celando un'espressione di disgusto

SORDI Bene. Ah, scusa. Ti disturbo qualche minutino, per via di Mario, mio figlio.

DOTTORE Come va il nostro ragioniere?

SORDI Eh, gli vorrei far fare il concorso per il gruppo B. Ho qui il bando, vedi? Ecco. Guarda un po'.

Sordi porge al dottore alcuni fogli

DOTTORE (*sorpreso*) Gruppo B?

SORDI Sì.

DOTTORE (*solenne*) Novecento posti.

SORDI Eh, novecento non son mica pochi.

DOTTORE Va bene, ma... ma non è mica neanche tanto facile come credi tu. Prima di tutto devi considerare che come al solito i concorrenti saranno almeno...

SORDI E saranno! So' quelli che so'.

Il dottore nota sulla scrivania un pezzo di forfora particolarmente grande

DOTTORE (*piacevolmente meravigliato*) Ma tu gua... tu guarda questo pezzo quant'è grosso.

SORDI Mamma mia, è grosso, eh?

DOTTORE Hai visto?

SORDI Non ne avevo mai visti così.

DOTTORE (*ritornando serio*) Hai capito, Giovanni? Dico, i concorrenti sono almeno ventimila.

SORDI Ma lui è mio figlio, aho! In fondo io dopo tanti anni che cosa chiedo? Non chiedo mica tanto. Avere per lui, ecco, un occhio di riguardo.

DOTTORE (*grave*) Giovanni, oggi, per la legge, i nostri figli sono uguali al figlio di un tassinaro, di un muratore...

SORDI E che non lo so? Ma è ingiusto. Me lo devono prendere. In fondo il ministero mi deve trent'anni di fatica.

L'uomo si pettina e comincia a impomatarsi i capelli

DOTTORE Giovanni, quanto tempo è che mi conosci?

SORDI Eh, ad aprile so' 23 anni.

DOTTORE (*sgranando gli occhi*) 23 anni...

SORDI Ah no? 23!

DOTTORE Come passa il tempo. Di', ma tu ti ricordi che chioma avevo io? Ero l'orgoglio del quarto piano.

SORDI Spaziani, che facciamo di Mario?

DOTTORE Di chi?

SORDI Mario mio. Che lo buttiamo in mezzo alla strada? Oppure gli facciamo fà l'operaio?

DOTTORE No. Io ti ho sempre voluto bene.

SORDI E io no? Anch'io te n'ho voluto, sai?

Sordi accende la sigaretta al superiore

DOTTORE Certo.

SORDI In fondo, in tanti anni, io ho coltivato solo te.

DOTTORE Lo so.

SORDI Io non ho nessun altro. Solo tu mi puoi aiutare.

DOTTORE E io farò tutto quello che è nelle mie possibilità e anche di più, fedele al detto: ama chi ti ama, fosse pure un cane.

Il dottore fa per restituire il bando di concorso a Sordi, ma questi lo blocca

SORDI Grazie, Spaziani. Grazie. Scusa Spaziani, io ti volevo presentare mio figlio.

DOTTORE Certo, con piacere. Anzi, digli di venire un giorno. Anche domani. Capito?

SORDI Eh, ho capito sì. Siccome sapevo che ti avrebbe fatto piacere l'ho portato con me.

Sordi si alza e va alla porta

DOTTORE Ma come? Sta fuori? Ma ci mancherebbe altro. Ma fallo entrare. Avanti.

Il figlio entra nell'ufficio e si avvicina alla scrivania

SORDI Mario, vieni. Eccolo. Permetti che ti presenti mio figlio?

DOTTORE Prego.
SORDI Il ragionier Vivaldi. Il dottor Spaziani, capo sezione dell'ufficio personale, reparto pensioni.
Il dottore porge al ragazzo la mano unta di forfora e brillantina, il ragazzo la stringe
FIGLIO Molto piacere.
DOTTORE Molto onorato.
SORDI L'onore è tutto nostro.
DOTTORE Allora giovanotto, con quale media abbiamo preso questa licenza?
FIGLIO (*confuso*) La media del 6, 6 virgola 2, più o meno.
SORDI Ma era di più, mi pare, no? È stato tanto malato durante gli esami.
DOTTORE Avrai fatto almeno qualche corso di specializzazione. Non so, le lingue per esempio.
Il ragazzo resta in silenzio
SORDI (*incalzandolo*) Durante quell'estate non hai fatto il corso di dattilografia dov'eri tanto bravo?
FIGLIO (*vago*) Ah, sì. È vero, mi ricordo.
SORDI Ha avuto tanti complimenti.
DOTTORE Non è che la dattilografia faccia molto. Sono due punti. Due. Voi dovete sapere che c'è un punteggio per ogni dote del candidato. Per esempio: figlio di invalido sono cinque punti. Figlio di madre vedova, sono quattro punti. Ora, dattilografia, stenografia, calligrafia, sono due punti. Comunque, nella domanda, più roba ci metti e meglio è.
SORDI E meglio è.
DOTTORE Adesso scusatemi, ma io ho molto da fare.
Padre e figlio si allontanano dalla scrivania e si avviano verso la porta
SORDI Sì, sì, ce ne andiamo, andiamo subito.
DOTTORE Ah, mi raccomando: nella domanda mettete tutto, tutto quello che potete.
SORDI Tutto, tutto, tutto ci mettiamo.
DOTTORE Scrivetela, eh? Poi me la riporti e ci do un'occhiata io, capito Giovanni?
SORDI Ci pensi tu. E salute dottor Spaziani.
FIGLIO Buongiorno signor Spaziani.
SORDI Grazie dottor Spaziani. Scusi il disturbo.
Padre e figlio escono

Da *Un borghese piccolo piccolo,* 1977.

(Almeno apparentemente, nessuno può fermare un Albertone lanciato nel suo sogno di emergere e di arricchirsi.)

Il rampante

Sordi, elegante e sorridente, siede di fronte alla scrivania di un ricco commendatore, che lo osserva attraverso un lentino monocolare, simile a quello dei gioiellieri

SORDI Mi ha presentato a lei ieri sera, non si ricorda, commendatore?

COMMENDATORE Si allarga Baratti, eh?

SORDI Si allarga? (*ride*) Effettivamente sì. Ma io sono qui per una iniziativa personale, commendatore.

COMMENDATORE Allora?

SORDI Ecco, c'è un terreno verso la Camilluccia, 1000 lire al metro quadro. Un prezzo straordinario.

COMMENDATORE Lo so, dopo il trentesimo chilometro.

SORDI Sì, appunto. (*sorpreso*) Lo conosce? (*riprendendosi*) Ecco, commendatore, io ho un'opzione da un anno. Mi permetto di offrire a lei l'affare, oppure in società.

COMMENDATORE Ma che ci costruisce? Ci rimetto un occhio della testa. Non ci sono strade, non c'è acqua, non c'è niente.

SORDI Ecco l'idea commendatore: il terreno sono 20 ettari, noi... (*a disagio*) scusi, commendatore, mi sono permesso di dire noi come se fossimo già...

COMMENDATORE Vada, vada.

SORDI Sì, ecco, noi regaliamo due ettari ai frati di San Maurizio.

COMMENDATORE Perché?

SORDI Perché loro ci costruiscono il nuovo convento, con la foresteria. Io lo so, ho già parlato con il superiore, è amico del Generale, mio suocero. Allora il comune ci porta l'acqua, ci costruisce le strade, tutti i servizi sanitari e il prezzo aumenta di cento volte il suo valore.

COMMENDATORE (*duro*) In piedi giovanotto...

SORDI (*scattando in piedi*) Che?

Il commendatore gli porge la mano tenendo il braccio teso, quasi in un saluto romano

COMMENDATORE ...e arrivederci. Voi giovani d'oggi con queste idee, volete guadagnare in un anno ciò che noi abbiamo guadagnato in cinquant'anni. Ma lo sa che sono cinquant'anni che sgobbo io e il pigiama me lo sono messo che avevo vent'anni, pensi un po'. Con questo boom perdete tutti la testa. Bisogna incominciare dalla gavetta!

Sordi è sull'attenti

SORDI Lo so, commendatore, lei è un dio. Farò tesoro dei suoi consigli, commendatore, ma lei potrebbe aiutarmi, io ho una scadenza, commendatore, con la Fidesprestiti.

COMMENDATORE (*picchiando sul tavolo con la mano*) Ma che cosa c'entro io con la Fidesprestiti, mai sentita nominare la Fidesprestiti. Ma chi è lei?

Il commendatore si alza irritato e si muove verso la porta, proprio mentre sta arrivando la moglie

MOGLIE Carlo!

COMMENDATORE Ciao.

MOGLIE (*toccandogli il viso*) Cos'hai?

COMMENDATORE Questo dice che ho dei rapporti con la Fidesprestiti, ma come si permette?

SORDI Me lo hanno detto... scusi commendatore.

COMMENDATORE Sono calunnie, io non faccio lo strozzino.

Da *Il boom,* 1963.

(Per quanto eterna vittima del destino, Albertone prova sempre a fregare qualcuno che ritiene più disperato di lui.)

Il riformato

Sordi-soldato è di servizio durante la visita medica delle nuove reclute. Se ne sta in disparte, appoggiato ad una porta, intento a tagliarsi le unghie, limitandosi a richiamare le reclute al silenzio. Un uomo gli si avvicina

SORDI Boni. Boni. Sst! State boni!

UOMO (*con accento milanese*) Ehi te, senti un po'. Sei di servizio qui, te?

SORDI (*stancamente, strascicando le parole*) Me pare.

UOMO Romano, eh?

SORDI Perché?

UOMO Perché «l'italiano in fanteria, il romano in fureria».

SORDI Per la cronaca 'sto posto non l'ho scelto io. Io uso obbedir tacendo e tacendo morir.

UOMO Va ben, va ben, lascia andare. Comunque dico, ci potrebbe essere, vero, qualcuno, con rispetto parlando, che malgrado l'apparenza è il contrario, c'ha la salute minata e non se la sente mica. Allora, vero, un rinvio... Uhei, sdebitandosi. Si intende. Sarebbe anche un'opera di umanità.

SORDI Mo che dovrei dire io? Il romano abile arruolato, il milanese riformato.

UOMO Va be', va be'. Come non detto.

L'uomo fa per allontanarsi, ma Sordi lo afferra per una manica

SORDI Viè qua aspetta.

L'uomo si riavvicina

UOMO Se ghe?

SORDI Che non si dica poi che noi c'avemo animo cattivo. Hai detto che sei malato?

UOMO Eh.

SORDI Mo voglio vedere che se pò fà. (*squadrandolo*) Ma tu non sei de leva. Com'è che arrivi adesso?

UOMO Be', sai, è che fino a qualche giorno fa io ero... in un collegio. Hai capito? Sì, ma poi c'è stata l'amnistia. Questo governo, boia ladro, è di manica larga.

Sordi si guarda attorno circospetto

SORDI 30 lire.

UOMO 20.

SORDI Ma come? Io faccio lo strappo e lui mercanteggia. Ma io non lo faccio per i soldi, ma perché mi fai pena, lo voi capì?

UOMO Eh va ben, 30 lire.

Sordi porge la mano

UOMO Ohe, bambino, rispondi alla domanda: te hai capito che io stavo al collegio delle Orsoline? Ma allora mi sono spiegato male. Prima dare, poi avere, chiaro?

SORDI Prima dare, poi avere.

UOMO E direi.

Sordi ritira la mano

SORDI Prima dare, poi avere. Io non ti prometto niente però.

Sordi si avvia verso il fondo della stanza, dove dietro una scrivania siede il maresciallo che si occupa del reclutamento

UOMO Il mio nominativo sarebbe Busacca Giovanni, di N.N., classe '88, provincia de Milano.

SORDI Mettete in fila.

UOMO Me racumandi.

L'uomo torna insieme agli altri che attendono la visita. Sordi si avvicina al maresciallo e gli sussurra parole senza senso, indicando con il dito nella direzione dell'uomo

MARESCIALLO Ma che stai dicendo? Parla più forte.

SORDI (*continuando a indicare*) Marescià, posso chiudere quella finestra?

Anche il maresciallo punta il dito verso la medesima direzione

MARESCIALLO Quella?

SORDI Sì, marescià, vicina a quello spilungone alto. Lo vede quello? Quello spilungone alto?

MARESCIALLO (*annuendo col capo*) Sì, sì.

Sordi attraversa la stanza e si avvicina all'uomo

SORDI Sst, boni!

UOMO (*speranzoso*) Eh, allora? Cos'ha detto?

SORDI Sei a cavallo.

E intasca la «bustarella»

Da *La grande guerra,* 1959.

(In qualunque contesto, Albertone sembra come attingere da una fonte inesauribile la sua bramosia di rompere le scatole al prossimo.)

Il rompiballe

Nella sala di un palazzo dell'antico Egitto, Sordi dialoga con un uomo. Entrambi indossano sgargianti abiti dalle fantasie geometriche

UOMO Questa sera non ho voglia di fare il mio servizio alle stanze della regina Cleopatra. Se vincevo lo facevi tu.

SORDI Ma... se è per farti un piacere posso andare io.

UOMO Veramente?

SORDI Certo. Ma poi mi assicuri che posso vedere la regina Cleopatra?

UOMO Ah, puoi contarci.

Sordi si siede

SORDI Di' un po', tu che la conosci, ma com'è la regina Cleopatra?

UOMO (*sognante*) Ah, è molto bella.

SORDI Mannaggia quanto me piace la regina Cleopatra.

UOMO Piace a tutti gli uomini.

SORDI Anche a te?

UOMO Be', certo.

SORDI Allora sei un uomo.

UOMO (*alzando la voce*) Cosa credi che io sia?

SORDI Non ti arrabbiare. È una domanda ingenua che ho fatto. Dimmi un po', parlami ancora della regina Cleopatra. È vero che c'ha i capelli lunghi e neri, neri neri?

UOMO (*sognante*) Lunghi e neri come una lunga notte d'inverno... e poi è buona, gentile, piena d'affetto, di premure.

SORDI Con tutti quanti?

UOMO Specialmente con gli uomini.

SORDI Anche con te?

UOMO (*gridando*) Ma te l'ho detto che sono un uomo!

SORDI Aho, nun te arrabbià. Ho fatto una domanda ingenua, no? Allora è veramente tanto brava e buona Cleopatra?

UOMO Una donna modello. Ti assicuro che non ne potrai trovare un'altra come lei.

L'uomo si allontana lasciando Sordi con un'espressione trasognata dipinta sul viso

SORDI (*cantando*) «Cleopatra, Cleopatra, questo sentimento per te...»

Da *Due notti con Cleopatra,* 1954.

(E sono proprio numerose le situazioni che vedono impegnato Albertone nel «perseguitare» il prossimo.)

Lo scopino

Suona la sveglia e Sordi si alza atleticamente dal letto. Si avvia alla finestra, la spalanca e respira l'aria mattutina. Si appoggia al davanzale e guarda in strada. Vede uno scopino intento nel suo lavoro

SORDI Buongiorno, scopino.
SCOPINO Buongiorno.
SORDI Al lavoro, scopì? Tutte le mattine così di buon'ora?
SCOPINO Eh!...
SORDI Molte immondizie, scopì? Mamma mia quanto è insudicio questo mondo... Embè, che ci vuoi fà?... Se non ci fossero gli insudicioni non ci saresti neanche tu scopì, non ti pare? (*ride*) Però se qualcuno ti butta qualche cosa, come ti arrabbi... (*ride*) Sto scherzando sai scopino, non ti arrabbiare, sa?...
Sordi ride e canticchiando si ritira. Lo scopino fa per allontanarsi
SORDI Scopino! Scopino! Scopì!
Lo scopino alza la testa verso la finestra
SCOPINO Che c'è?
SORDI Scopì, che te ne vai?
SCOPINO Sì, perché?
SORDI Hai già scopato tutte le immondizie delle strade?
SCOPINO Che?
SORDI Dico: sei proprio sicuro d'avere scopato proprio tutto, tutto, tutto?
SCOPINO Mi pare... Perché?
SORDI Viè un po' qua, fammi un po' il favore, scopì.
SCOPINO Che c'è?
Lo scopino entra nel giardino antistante la casa
SORDI Sei proprio sicuro di aver scopato tutto tutto? Lo vedi? Guarda un po' che c'è.
SCOPINO Ma dove? Io non vedo niente.
SORDI Ma come non vedi niente, scusa? Ce l'hai proprio davanti agli occhi... Che cos'è, una buccia d'anguria?
SCOPINO Dove?
SORDI Lì, proprio in direzione della finestra mia. Viè un po' più avanti!
Sordi dice allo scopino come muoversi e lo scopino obbedisce come inebetito
SORDI Fai due passi in avanti. E non li fà così lunghi, scopì. Adesso l'hai oltrepassato. Fai i passetti piccoli. Ritorna un po' un passo indietro... Ma fallo piccolo, sennò ritorni al punto di prima. Niente! Te lo dicevo, l'hai oltrepassato un'altra volta. Gira, girati, scopì. Gira, gira, come un girotondo. Ma no, girati di fronte, guarda in faccia la finestra mia. Ecco. Lo vedi adesso?
SCOPINO Ma che è? Che c'è?

SORDI E non lo so, mi pare tanto una bucciona di anguria. Ma guarda per terra. Non guardà a me. Sennò, come fai a vederlo?

Lo scopino indica un grosso bullone

SCOPINO Ma che è questo?

SORDI Sì, quello.

SCOPINO Ma questo è un bullone.

SORDI Un bullone? Da dove? Uh, guarda tante volte... oh! Mi sembrava proprio una bucciona d'anguria. Da qui su, fa 'st'effetto. Parola, sa? Che mi guardi scopì? Che, non ci credi? Viè, viè su! Viello a vedé da qua su se non sembra proprio un buccione d'anguria.

SCOPINO Hai finito? E ti ci alzi presto la mattina per dire 'ste cose?

SORDI Come dici, scopì? Non comprendo.

SCOPINO Ma insomma che vuoi tu da me?

Esce la portiera dello stabile

SORDI Io niente voglio da te e che t'ho chiesto forse qualche cosa? Che è colpa mia forse se affacciandomi di prima mattina ho visto questo buccione d'anguria che invece poi era un bullone? Se non sia mai detto, qualcuno ci metteva un piede sopra e faceva uno scivolone, dove andava a rincorrere, poi, all'ospedale?

PORTIERA (*allo scopino*) Scopino, ma che fate? Invece di scopare le strade venite a svegliare la gente sotto alle finestre?

SCOPINO Io? Ma ditelo a quello piuttosto, che la mattina quando si sveglia la piantasse di dar fastidio alla gente che sta a lavorare.

PORTIERA (*a Sordi*) Ah, ma sempre voi siete...

SORDI Io, sora Adè?

Un uomo si affaccia alla finestra, ritirandosi subito dopo aver detto

PRIMO UOMO Basta!

Sul terrazzino al piano sottostante appare un uomo, che sostiene con la mano i pantaloni del pigiama

SECONDO UOMO (*a Sordi*) Ma insomma, lei, la mattina ci deve sempre far alzare all'alba? Un giorno parla coi fiori, un altro giorno canta, e mo se mette pure a litigare con gli scopini. Ma si può dormire una volta tanto in santa pace, o no? (*a qualcuno dentro casa*) Lasciami perdere. Fammelo dire! Perché sennò un giorno o l'altro qui finisce male co' 'sto cretino.

SORDI Senta lei, moderi le parole. Guardi bene con chi parla, ha capito? Che si crede niente niente che c'ho paura di lei? Io sono buono e caro, sa? Ma l'ingiuria e il turpiloquio è una cosa che non posso sopportare.

L'uomo si ritira. Una finestra di fronte si apre e si affaccia un uomo. Riappare il primo uomo dalla finestra

SECONDO UOMO Basta!

PRIMO UOMO Ma che basta, cavaliè? Qui è ora di finirla una volta per tutte. Questo non ci fa più campare a tutti quanti, altro che...

L'uomo rovescia un catino d'acqua sulla testa di Sordi, ma questi è rientrato, e l'acqua va a bagnare l'uomo del piano sottostante. Sordi torna al davanzale con un paio di forbici per tagliare i fiori

SECONDO UOMO (*asciugandosi la faccia*) Oh Dio, oh Dio... mannaggia.

VOCE DELLA DONNA (*dall'interno*) Ti sta bene! Te l'avevo detto io di impicciarti degli affari tuoi.

La donna appare sul terrazzino

DONNA Su, vieni dentro.

SECONDO UOMO Lasciami perdere... (*a Sordi*) Basta, sa? Adesso basta! Tu te ne devi andare. Oggi vado dal padrone di casa, deficiente.

SORDI Dai, dai continua, continua pure con questa sorta di invituperi. Che poi dal padrone di casa ci vado io a dirgli il fatto mio. E poi vediamo un po' chi ha ragione e chi ha torto.

DONNA (*all'uomo*) Andiamo, vieni dentro. Asciugati, che se mai a queste cose è la portiera che ci deve pensare.

La portiera esce risentita

PORTIERA Ecco, lo dicevo io che ci andava di mezzo la portiera. Tutto quello che succede qui dentro... la portiera.

DONNA E certo che se la portiera facesse il dovere suo invece di stare a...

Sordi è rientrato. Sta disponendo con cura dei fiori in un vasetto. Fuori si sentono le voci delle persone coinvolte nella lite. La radio ha cominciato a trasmettere degli esercizi di ginnastica e Sordi comincia ad eseguirli

RADIO Uno, due, tre, quattro, via.

Sordi si affaccia alla finestra, infastidito dal litigio

SORDI (*gridando*) Basta, basta davvero, energumeni!

Tutti rispondono urlando contro Sordi, che si ritira e riprende la ginnastica, alzando il volume della radio

SORDI Mamma mia che gente, gente proprio da manicomio. Non ti fanno capire un'acca.

Alza il volume della radio

RADIO Uno, due, tre, quattro, via, Uno...

SORDI ...due, tre... Sentili tu questi, mica ti fanno capì, sa?

RADIO Uno, due...

SORDI Sì, questo ricomincia e io devo ancora fare il quattro.

Alza ancora il volume della radio. Nel cortile la lite è al suo apice

RADIO (*tuona*) UNO, DUE, TRE, QUATTRO!!

Da *Mamma mia, che impressione!*, 1951

(Albertone non finisce mai di esternare sentimenti mediocri nei confronti di coloro che sono, rispetto a lui, più indifesi.)

Il «self-made man»

Sordi osserva affascinato le cascate africane. Si avvicina ad un tavolino, dove il ragioniere è intento ad esaminare alcune carte

SORDI Ma che sta facendo?

RAGIONIERE Dei conti. Questo mese c'ho il mutuo, i mobili, le cambiali in scadenza, c'ho...

SORDI Ma come, siamo davanti alle cascate del Duke de Braganza una delle più sconvolgenti immagini della natura... come se l'Africa nera gettasse fuori la sua anima candida e lei che fa? Pensa alle cambiali. Ah, lei è senza slanci ragioniere, pensa soltanto ai conti, al denaro, non è disponibile più per nessuna battaglia. Ormai ho le idee chiare io. Oggi i lavoratori sono diventati dei conservatori. Ecco una felice intuizione. Il vero conservatore oggi è il lavoratore.

Sordi si allontana e va verso l'auto. Il ragioniere alza gli occhi dal suo lavoro

RAGIONIERE E così abbiamo inventato un altro modo per parlare male dei lavoratori.

SORDI (*colpito*) Che ha detto? Non dica questo di me, sa. Io sono un proletario dell'editoria.

Il ragioniere, con la sua valigetta in mano, lo raggiunge e sale in auto

RAGIONIERE Va be', va be'.

SORDI No, no. Che va be', va be'? E non mi faccia pentire di averla accettata come compagno di viaggio, sa? Anzi, faccia una cosa ragioniere, da questo momento non mi rivolga più la parola.

RAGIONIERE Sì, dottore, però neppure lei.

Da *Riusciranno i nostri eroi a ritrovare l'amico misteriosamente scomparso in Africa?*, 1968.

(Albertone è il ritratto perfetto dell'italiano chiacchierone, incapace di tacere anche quando le occasioni lo consigliano.)

Lo sbruffone

Sordi entra in compagnia di alcuni uomini in una sala riccamente arredata. Gli uomini indossano abiti da caccia. Uno di loro cammina a braccetto con Sordi

UOMO (*con accento tedesco*) Lei vive in Svizzera, dottore?

SORDI Eh, no. Purtroppo.

UOMO Oh, e perché dice purtroppo?

SORDI Perché adoro la Svizzera, un paese pulito, ordinato, senza scioperi. Un paese tranquillo.

UOMO Oh, da qualche tempo un po' meno ordinato.

SORDI Sì, eh?

UOMO E un po' meno tranquillo.

L'uomo si siede su di un divano. Un domestico lo aiuta a sfilarsi gli stivaloni

SORDI Ho capito, lei allude agli emigrati italiani.

UOMO Ah, no. Non mi faccia dire quello che io non penso e che non pensano neppure i miei amici.

Un altro uomo, in piedi nel centro della sala, interviene. Sordi gli si avvicina

ALTRO UOMO Noi amiamo molto il suo paese dottor Rossi. Io in gioventù ho studiato all'Università di Milano per più di due anni. Bellissima città. Ci penso spesso, sa, e con molta nostalgia.

SORDI (*sorridendo*) Della sua gioventù soprattutto, perché del «nos Milan» tutto si può dire, tranne che sia una città bellissima.

ALTRO UOMO Ah, lei è milanese.

SORDI No, io sono romano.

UOMO Romano de Roma.

Sordi si avvicina nuovamente al primo uomo

SORDI Sì, de Roma, ma purtroppo vivo da anni a Milano per ragioni di lavoro.

Da *La più bella serata della mia vita,* 1972.

(Albertone è un «rompiballe» fin da giovanotto, e soprattutto quando pensa di essersi infatuato di una bella ragazza che, naturalmente, tollera ma non contraccambia.)

Signorina Margherita...

Su una terrazza molte persone stanno danzando. Sordi arriva, cerca qualcuno con lo sguardo e, quando vede una ragazza, gli si illuminano gli occhi. Il ballerino della ragazza si accorge di Sordi e cerca di portarla lontano da lui, continuando a ballare. Sordi segue la coppia

SORDI Signorina Margherita! Signorina Margherita, eccomi qua, sono arrivato!

MARGHERITA (*continuando a danzare*) Ma che gli è successo?

SORDI Se sapesse... signorina Margherita... Mamma mia che impressione!... che tremende peripezie...

MARGHERITA Ma dove è stato?

SORDI Al commissariato!... Pensi un po' signorina Margherita... Perfino al commissariato mi hanno portato...

MARGHERITA Davvero? Perché?

SORDI (*imitando i passi di danza di Margherita*) E chi lo sa? Per una cosa... che mi era capitata... incidentalmente, signorina Margherita... Una cosa che adesso non le posso dire, non siamo ancora in tanta confidenza...

MARGHERITA Uh, come mi dispiace... L'ho cercato, sa? Anzi ero già molto preoccupata.

SORDI Grazie, signorina Margherita, per questa sua apprensione... Pensi che anch'io mi ero tanto preoccupato, sa? Credevo proprio di non trovarla più... ed invece eccola qui... signorina Margherita!... Sono tanto felice!...

MARGHERITA Davvero?

SORDI Sì!... Ah, ah, ah..

Il compagno di danze della ragazza la trascina in figure sempre più complesse, cercando di allontanarla da Sordi

SORDI Come balla bene, signorina Margherita... Le piace tanto ballare?

MARGHERITA Sì, molto! Lei non balla?

La musica si arresta, tutti applaudono

SORDI No, signorina Margherita, io non so ballare... Però mi piace tanto...

MARGHERITA Non sa ballare? Uh, che vergogna...

SORDI Ah, ah, ah... Sì, signorina Margherita... mi vergogno tanto...

MARGHERITA Venga, le insegno io... Non è difficile, provi!

L'orchestra riprende a suonare e la ragazza afferra Sordi che si dimena ridendo

SORDI Ah, ah... scusi signorina Margherita... ah, ah, ah... mi fa il solletico, ah, ah, ah...

MARGHERITA Su avanti provi, non abbia paura! Ma non ha mai ballato?

SORDI Sì, tante volte, signorina Margherita... ma così per scherzare... Tante volte coi compagnucci miei... Quante risate che ci facciamo, ah, ah, ah. Quando facciamo questi balli, di ritmo americano, ah, ah, ah...

Sordi si stacca dalla ragazza e comincia a ballare freneticamente, contorcendosi e agitandosi

SORDI (*cantando*) Sciuin, sion... sciuin... sion ritmo americano... sciuin... sion... Dall'America al Perù questo ballo sai far tu. Sciuin, scion... sciuin... scion... ritmo americano... Scusi sa?... Non l'ho fatto apposta... Sciuin...

Il precedente compagno di danze della ragazza, approfitta della situazione e la trascina nuovamente a danzare

BALLERINO Ma è pazzo?

MARGHERITA No scherza... è un suo ballo che fa con gli amici... dice che si divertono molto.

Tutte le coppie si sono fermate a guardare Sordi

SORDI Ritmo... Ritmo... Ritmo americaan! Ah, ah, ah.

Sordi raggiunge Margherita, che ha ripreso a ballare

SORDI Le è piaciuto, signorina Margherita? Ah, ah, ah...

BALLERINO Sì, era bellissimo, ma adesso non ricominci a venire dietro... Si vada a sedere...

MARGHERITA Sì, Alberto, vada. Guardi, il nostro tavolo è quello vicino all'orchestra.

SORDI Sì, signorina Margherita... ci vado. Mi metto seduto, così la vedo ballare... mi piace tanto.

Sordi si siede, saluta la ragazza

SORDI Signorina Margherita! Ah, ah, ah...

Sordi si volta a guardare l'orchestra accanto a lui

SORDI Accidenti, che ritmo indiavolato, come fate a suonare così svelti?

I suonatori paiono allibiti. Si avvicina un cameriere e si inchina davanti a Sordi

CAMERIERE Buonasera, signore.

SORDI Buonasera.

CAMERIERE Che cosa vuole il signore?

SORDI Grazie, cameriere, nulla. Non si disturbi. Ho tutto io.

Sordi mostra al cameriere il suo zainetto. Se lo sfila e ne tira fuori una pesca, un panino, un limone. Con un temperino sbuccia il limone e comincia a succhiarlo rumorosamente. I suonatori dell'orchestra si accorgono di Sordi e del limone e rabbrividiscono. I loro sussulti si ripercuotono sulla musica. Il direttore d'orchestra irritato si volta verso il pubblico come per scusarsi. Anch'egli si accorge di Sordi e rabbrividisce, muovendo in maniera scomposta la sua bacchetta. L'orchestra risponde a quel movimento con dei suoni stonati

Da *Mamma mia, che impressione!*, 1951.

(È proprio vero, per Albertone l'America è proprio un mito irraggiungibile...)

Sogni per poche lire: l'America

Sordi, attore di varietà, passeggia con la moglie sul lungomare. È sera. Lui indossa uno smoking bianco, lei un abito lungo di paillettes blu e un boa di struzzo bianco

SORDI Al cinema non ci abbiamo mica pensato.

DEA Ma quale cinema, Mì.

SORDI Ma come quale cinema, Dea? A Hollywood, no?

DEA Hollywood?

SORDI Ma certo, devi sapere che in America quando un attore ha un grande successo in teatro, viene intercettato da Hollywood. Perché Hollywood c'ha le spie. Spie sparse in tutto il mondo che intercettano il talento artistico.

DEA (*speranzosa*) Tu dici che a noi c'hanno già intercettati?

SORDI Oh, chissà quante spie che c'erano in teatro.

DEA Ma no!

SORDI E che c'hanno segnalati a Hollywood. Dea mia, appena è finita la guerra, Dea e Mimmo, aaahm, se li pappa il leone della Metro.

DEA (*ridendo*) Che paura, Mì. Me vengono i brividi solo a pensarci.

SORDI Ah, Dea, tu ti devi abituare. Come si sono abituate le attrici di Hollywood che dal niente sono diventate delle grandi star.

DEA Ma certo. Infatti, scusa, ma chi erano Joan Crawford, Myrna Loy, Greta Garbo, prima che le spie le intercettassero? Non erano nessuno. Erano sartine, erano attricette, operaie.

SORDI E Charlot, Harold Lloyd, Buster Keaton...

DEA Niente.

SORDI ...Stanlio e Ollio? Ma chi erano? Saltimbanchi, attori de varietà, morti de fame.

DEA Niente.

SORDI L'America, Dea, è un grande paese che aiuta tutti. Ti dice: ragazzo, hai talento? Famme vedé quello che sai fare. E se glielo sai fà, Ok ti dice e da quel momento sei grande...

Da *Polvere di stelle,* 1973.

(Albertone, andando avanti negli anni, dimostra di possedere un cuore; purtroppo «un cuore a modo suo», che lascia imbarazzati, se non inquieti.)

Il sogno di un padre

Sta per esplodere un temporale. Sordi e il figlio ventenne ritirano l'attrezzatura da pesca e la caricano sull'auto

SORDI Già si atteggia... Ma che, cominci già a darti delle arie? Io sono un grande pescatore.

I due salgono in macchina e si avviano

FIGLIO E come no?

SORDI Io ti perdono solo perché sei stato promosso. E così, Mario, hai risposto a tutte quelle domande?

FIGLIO Me li son messi in tasca come mi è parso e piaciuto, papà.

SORDI (*ridendo compiaciuto*) Ragioniere. Mio figlio ragioniere. Ma te l'immagini, oh? Permette dottore che le presenti mio figlio? Ragionier Mario Vivaldi, il dottor Spaziani, caposezione dell'ufficio personale del reparto pensioni. Molto onorato, piacere. Sfonderai. Mario, sfonderai per quanto è vero Iddio. Pensa che tu cominci una carriera da dove io sono arrivato dopo trent'anni di servizio.

FIGLIO Se tutto va bene, fra poco vita nuova. Un altro stipendio a casa. Compreremo una televisione nuova e tu potrai anche cambiare la macchina. Questa è diventata un cesso.

L'auto viene parcheggiata davanti ad una casetta di legno. I due scendono riparandosi alla meglio con un telo militare

SORDI Pensa a te, Mario, pensa solo a te. Ricordati che in questo mondo basta fare sì con gli occhi e no con la testa, che c'è subito uno pronto che ti pugnala alla schiena. D'altronde, aho, io e tu' madre siamo soddisfatti. Ci abbiamo un figlio ragioniere e che vogliamo di più? Per noi gli altri non esistono. Tu ormai sei sistemato. Noi siamo vecchi, non ci abbiamo altre ambizioni. Tutto quello che vogliamo è morire in pace con la coscienza a posto. Basta.

FIGLIO Ma quale vecchio, papà? Ma che dici?

SORDI E che dico? So' vecchio, so' vecchio, e che non lo so? Figurati.

Da *Un borghese piccolo piccolo,* 1977.

(A quanto pare ci distinguiamo sempre, anche in guerra. Almeno secondo Albertone...)

I soliti italiani

Sordi, militare italiano, parla con un uomo, suo prigioniero. Si tratta di un maggiore dell'esercito inglese

SORDI Prima non diceva sul serio, si è lasciato trasportare dai nervi, vero, Maggiore?

MAGGIORE (*calmo*) Non so cosa siano i nervi.

SORDI Ha detto sul serio?

MAGGIORE Naturalmente. Come potete pensare di costituire una minaccia nelle vostre condizioni io proprio non lo so.

SORDI Ah, ma lo so io. Perché lei crede che a me piace fare la guerra? Starei tanto volentieri a casa mia. E la domenica andare alle partite di calcio, al cinema, una bella mangiata...

MAGGIORE È su per giù quello che piace a me. Ma purtroppo c'è la guerra.

SORDI (*sorridendo*) È che crea a volte delle situazioni così assurde. Prenda noi ad esempio. Voi siete nemici e siete prigionieri. A voi adesso la guerra non preoccupa più, e a me invece, oltre alla preoccupazione della guerra...

MAGGIORE Ci siamo noi.

SORDI Già, che da nemici vi sparo in testa e mi danno la medaglia e da prigionieri non posso alzare la voce che vi offendete. Mentre voi non pensate che a fuggire, io vi devo nutrire e sorvegliare. Sennò, voi mi scappate senza preavviso. È nel vostro diritto. Il prigioniero ha diritto di tentare la fuga. L'ho letto nella Convenzione di Ginevra. E il bello è che questo vostro diritto io lo devo rispettare.

MAGGIORE Però le autorità militari nemiche hanno il diritto di impedire le fughe.

SORDI (*sorpreso*) Ma che dice? Questo veramente io non l'ho letto. Forse quella pagina... vuoi vedere che mancava?

I due uomini si guardano e si sorridono. A poco a poco iniziano a ridere... e a capire l'antifona

SORDI (*ridendo*) Penso a lei, se avesse l'occasione di fuggire che cosa andrebbe a riferire di noi? Che non vale la pena di darci la caccia? (*serio*) Lo direbbe, non è vero? Sia sincero.

MAGGIORE (*ridendo*) Ah, credo proprio di sì.

SORDI (*ridendo*) Se avesse l'occasione di fuggire, naturalmente.

MAGGIORE (*ridendo*) Naturalmente, sì.

SORDI Ecco, le ridò il bastoncino e le auguro una buona notte. Ma una buona notte buona sul serio.

Da *I due nemici,* 1961.

(Per Albertone conta unicamente l'interesse personale, tanto che spesso rimugina sulla possibilità di vedersi costretto a cambiare fronte per poterlo realizzare.)

Il «socialista»

Sordi, abbigliato elegantemente, alla moda di inizio secolo, è a colloquio con lo zio. Lo zio porta un monocolo

SORDI Certamente.

ZIO (*serio*) Tutti?

SORDI Tutti, certamente. Ma perché mi fa questa domanda?

ZIO Mah, perché quando sono con loro provo una strana impressione.

SORDI Che impressione?

ZIO Di trovarmi con uomini disonesti.

SORDI Eh, bisogna vedere cosa intende per onesti e disonesti, non tutti sono cretini come noi.

ZIO (*spazientito*) Perché, siamo cretini Sasà?

Sordi si avvicina allo zio

SORDI Zio, lei nella politica invece di guadagnarci come fanno gli altri perde il suo denaro. Io qui faccio il segretario e non ho stipendio.

ZIO Nessuno ti obbliga a restarci. Se hai piacere di collaborare con me, be' devi farlo gratis. Noi amministriamo il denaro degli altri e il denaro degli altri è sacro.

SORDI Ma che sacro! Lo so io come se lo fanno gli altri questo denaro. Davvero certe volte mi vien voglia di dar ragione ai socialisti. (*con veemenza*) La proprietà è un furto! Ma perché io devo amministrare onestamente i furti degli altri?

ZIO (*confuso e irritato*) Ma... ma che diavolo mi stai dicendo, Sasà? Mi vieni a parlare di cose così imbrogliate proprio nel momento in cui mi si appanna il cervello... ma, scusami...

Da *L'arte di arrangiarsi*, 1955.

(Eppure, spesso Albertone sfodera un soprassalto di disgusto nei confronti del «modo comune di ragionare» dell'italiano cinico e arraffone.)

«Tangentopoli»

In un'elegante villa una decina di persone stanno cenando. Sordi, famoso giudice, è al centro della conversazione

DONNA Ma lo sa che quando c'hanno detto: venite a cena che ci sarà il famoso giudice Salvemini, mi è venuta la tremarella? Invece poi a vederla con il suo viso sorridente e allegro e, scusi, i suoi riccioloni, mi si è aperto il cuore.

MARITO Tanto più ora che ci siamo conosciuti, signor giudice, ci farà l'onore di venire ospite nella nostra villa.

SORDI Ma senz'altro. Ci verrò volentieri. Anche loro hanno una villa qui sulla Costa Azzurra?

DONNA Sì, qui vicino.

SORDI Bene.

MARITO Proprio sul mare.

L'uomo alla sinistra di Sordi prende la parola

UOMO (*a Sordi*) Senti, Corrado, a proposito dei nostri discorsi, tu mi chiedevi delle tangenti...

SORDI Già, che mi dici?

UOMO Che te dico? Che in America se tu metti d'accordo due persone e combini un affare, mettiamo un affare da un milione di dollari. Tu per legge, e dico per legge eh, hai diritto al 3 per cento.

SORDI Questo in America.

UOMO Sì, in America. (*all'uomo alla destra di Sordi*) Glielo dica lei cavaliere, (*a Sordi*) stai a sentire.

CAVALIERE Ma certo che l'è vera! Mentre se io in Italia faccio la stessa cosa, sui giornali pubblicherebbero subito che io ho preso la tangente e il giorno dopo mi risveglierei in gattabuia. Quindi l'è la legge che è sbagliata. Lei cosa ne dice signor giudice?

SORDI Ma forse la legge sarà anche sbagliata, ma io sono giudice e la devo applicare. Altrimenti l'indomani mattina mi risveglierei io in gattabuia e non lei.

CAVALIERE Uè, per carità non ridiamoci sulla gattabuia, che porta disgrazia.

Si intromette nella conversazione una giovane donna

GIOVANE DONNA L'unico uomo che può prendere la tangente senza rischi è mio marito, perché gode dell'immunità parlamentare. Lei non potrebbe mai metterlo dentro.

SORDI È sicura, signora?

Il marito cerca di zittirla, visibilmente imbarazzato

MARITO Luisella, non bere, che poi parli a vanvera. È fatta così, lei.

GIOVANE DONNA Oh be', signor giudice. Ho detto qualche bestialità?

SORDI Sì, ma non si rammarichi, signora, tutti diciamo delle bestialità.

GIOVANE DONNA Quant'è carino questo giudice. Lo dicevamo anche ieri sera a cena. C'erano politici, banchieri e c'era anche un ministro e tutti dicevano: quant'è simpatico questo giudice, coi suoi bei riccioloni. Dobbiamo invitarlo a cena a casa nostra e cercare di farcelo amico.

MARITO Ma che dici? Il giudice è già nostro amico. È che tu bevi troppo e poi straparli. Ecco qua, lo sapevo io che prima o poi avresti detto una fregnaccia.

Interviene un uomo dall'altro capo del tavolo

UOMO Ma deve essere proprio ubriaca per parlare così.

GIOVANE DONNA (*confusa*) Ma io, io volevo fare solo un complimento al nostro illustre ospite.

SORDI Sì, ho capito.

MOGLIE DI SORDI L'abbiamo capito signora e la ringraziamo.

SORDI Grazie.

CAVALIERE Andiamo, andiamo, non la facciamo troppo lunga.

Da *Tutti dentro,* 1984.

(Non c'è proprio niente da fare, Albertone e matrimonio non riescono a convivere...)

Tra moglie e marito...

Sordi ubriaco scappa dalla moglie, lei lo insegue

SORDI Chi ti manda? Tua madre?

MOGLIE C'è il tassì fuori che ci aspetta.

SORDI Vattene via, sciagurata, che non ti voglio più vedere.

MOGLIE Ma dove corri? Sei ubriaco.

Marito e moglie camminano uno davanti all'altra discutendo. Alle loro spalle un tassì li segue

SORDI Mi fai licenziare dal giornale perché non ti basta il mio stipendio, mi bruci il romanzo perché non hai fiducia in me e poi mi rimandi a scuola come un bambino deficiente. Vero questo, Elena?

MOGLIE Sì, è vero. Però tu ti eri convinto.

SORDI No, mi avete convinto. E adesso che mi hanno bocciato io sono contento. E siccome il romanzo io ce l'ho tutto qui in testa, io lo riscrivo paro paro com'era prima, a costo di lavorarci due anni.

MOGLIE E che mangiamo in questi due anni?

SORDI A pane e acqua, come ho mangiato io in carcere. Se non ti va, march, ritorna da tua madre. Brutta vigliacca, che sei stata la rovina della mia vita.

MOGLIE Ah, sì? Io ti ho dato la mia dote, ti ho dato tutto quello che possedevo per farti studiare e tu adesso mi dici che sono stata la rovina della tua vita?

SORDI Elena, vogliamo esaminare freddamente il nostro matrimonio? Elena, io e te chi siamo? Siamo parenti? No. Non siamo parenti, siamo due estranei. Tu sei una sconosciuta che io ho incontrato in un mulino.

MOGLIE Ma come una sconosciuta? Quando sono scappata per venire con te, non abbiamo deciso di vivere insieme per tutta la vita?

SORDI Ma per vivere insieme, Elena, bisogna avere qualcosa in comune. Ma cosa abbiamo io e te in comune?

MOGLIE Intanto abbiamo un figlio.

SORDI (*alzando la voce*) Ma lascia stare il bambino. Io parlo delle idee. Ma come? Io sono un giornalista e tu non leggi neanche il giornale a fumetti! Io ti leggo un romanzo e tu che fai? Mi ti addormenti a letto come una capra! Io amo la politica e la politica, checché ne pensi quell'aliena di tua madre, è alla base della vita e di tutte le cose. Ma tu te ne freghi, perché credi di essere furba, ma tu non sei furba, Elena. Tu sei ignorante. Perché se scoppia la bomba atomica, aho scema! ti polverizza anche a te. Ecco, per questo ti dico che noi siamo due estranei.

MOGLIE (*intristita*) E allora se non abbiamo niente in comune, dimmi tu che cosa c'ha tenuti uniti per tanti anni.

SORDI I sensi.

MOGLIE (*stupita*) Come?

SORDI I sensi e basta.

MOGLIE Vuoi dire che hai vissuto con me come si fa con una donna di strada?

SORDI No, tu l'hai detto. Io non ho detto niente, Elena.

MOGLIE Oh, vigliacco. Brutto vigliacco. Dici questo a me che ti ho salvato la vita. Che ti ho voluto bene senza neanche sapere chi eri. Bene, adesso finalmente da ubriaco mi dici la verità. Ma io non ti voglio vedere mai più, sai?

SORDI Come dici, Elena?

MOGLIE Ho detto che me ne vado. E ricordati che me ne vado per sempre. E non sperare che torni indietro... e non cercare mai più da me né amore né comprensione. Mai.

SORDI Ma come io posso cercare amore e comprensione, Elena, da una donna che a sangue freddo mi spacca la testa in due a un tedesco con un ferro da stiro, oh?

MOGLIE Io ho commesso un solo errore nella mia vita: il ferro da stiro lo dovevo spaccare in testa a te (*gridando*) e non a quel tedesco.

SORDI Aspettami Elena, sono a piedi...

La moglie sale sul tassì che si avvia per la strada

MOGLIE (*isterica*) No, io ti lascio solo. Solo con le tue idee, con i tuoi romanzi. Trovati un'altra che ti capisca. Voglio vedere che cosa saprai fare senza di me.

SORDI Ma vattene via.

MOGLIE (*gridando*) Voglio vedere!

SORDI Vattene via. Rimpiangerai di avermi abbandonato. Elena, ti pentirai di questo tuo gesto. E verrà un giorno che sentirai parlare di Silvio Magnozzi. Elena. Torna indietro. Mascalzona. Allora fai davvero. Eccomi. Adesso sono libero e solo.

Sordi viene attorniato da un gregge di pecore. Il pastore gli passa accanto

SORDI Salve. Dimmi pastore, tu sei felice?

Da *Una vita difficile*, 1961.

(Qualunque sia l'occasione Albertone non si smentisce mai.)

L'ufficiale integerrimo

Sordi-ufficiale bussa spazientito alla porta di uno scompartimento di treno

SORDI E bravi furbi. Rubare il pacco approfittando che uno dorme, eh?

Dallo scompartimento esce un soldato

PRIMO SOLDATO Ma se Ceccarelli non dormiva, come facevamo?

SORDI Ma che c'entra Ceccarelli. Ero io che dormivo. Lo sapete come si chiamano i tipi come voi? Sciacalli. E adesso glielo riportate. Chiedere è un conto, rubare è un altro. Riportare! Via!

Dallo scompartimento esce un altro soldato con in mano una scatola avvolta in un foglio di carta

SORDI Avete visto che c'è?

SECONDO SOLDATO No.

I tre entrano in un altro scompartimento

SORDI Così per pura curiosità. Apri un po'. Vediamo che c'è? Avanti apri.

Il secondo soldato apre la scatola. Dentro ci sono salami, salsicce, formaggi, alcuni barattoli e dei tartufi

PRIMO SOLDATO Orca vaca! I tartufi coi tocchetti de terra. Non la senti la puzza?

SECONDO SOLDATO Orca Eva.

PRIMO SOLDATO Sorbole.

SORDI E col geniere Ceccarelli come pensavate di cavarvela?

PRIMO SOLDATO Domattina glielo dicevamo chiaro chiaro.

SORDI Bravo! Così je pija un colpo. Già io lo vedo e non lo vedo. Qui non ci sono che due soluzioni. O rinunciare o magnarse il pacco e rifarlo paro paro così com'era, con stracci e sassi, ma dirglielo, mai. Decidete voi. Qui non è l'ufficiale che vi parla, ma è l'uomo. Vogliamo mettere ai voti?

PRIMO SOLDATO Io sono per papparcelo.

SECONDO SOLDATO Mi anca.

SORDI Io voto contro. Ma dal momento che la maggioranza vince...

I tre si guardano interrogativi e incominciano a mangiare

Da *Tutti a casa,* 1960.

(Se ci siamo abituati a trovare Albertone in mille situazioni, possiamo immaginare che anche come «mercante di armi» possa trovarsi a suo agio...)

Il venditore di morte

Sordi viaggia nel deserto africano su di una jeep in compagnia di un giornalista. Il sole si riflette sul parabrezza

GIORNALISTA Ma perché fai questo lavoro?

SORDI Forse per guadagnare di più.

GIORNALISTA Ammazzando la gente?

SORDI E che, l'ammazzo io?

GIORNALISTA Bella scusa.

SORDI Ma come, tu fai il giornalista e sei ancora così ingenuo?

GIORNALISTA (*ironico*) Sì, sì, ingenuo.

SORDI Sì, perché noi facciamo del commercio e non della politica.

Sordi prende dal cruscotto una pistola e la mostra al giornalista

SORDI Ecco, la vedi questa, questa non è né buona né cattiva. Questa per me è un oggetto e, io, così te lo vendo. Poi sei tu che lo puoi far diventare buono o cattivo. Io non c'entro più. È giusto?

GIORNALISTA Ah, è giusto, dici.

Il giornalista prende la pistola e la ripone nel cassetto del cruscotto. Porge poi a Sordi un ritaglio di giornale

GIORNALISTA Guarda, guarda un po' qui. L'altro giorno ho ritagliato un articolo sull'efficacia delle ultime bombe. Tieni, guarda lì. Leggi dove è segnato in rosso. Dai leggi.

SORDI Eh, sì, sì, aspetta.

Sordi inforca gli occhiali e inizia a leggere ad alta voce

SORDI «Le ultime nuove bombe antiuomo sono state adoperate durante il passato conflitto. La più famosa è la cluster-bomb, la bomba a grappoli. Esplode proiettando 300 piccole bombe piene di pallini calibro 6 millimetri, i quali esplodono a loro volta». Ah, e questa non la conoscevo io. La (*pronuncia come si scrive*) gravel-mine, (*poi correttamente*) gravel-mine. È avvolta in un attraente vestitino colorato, come una bambola. Esplode quando viene raccolta, lanciando schegge di plastica invisibile ai raggi X. E così neanche con la radiografia le vedono.

GIORNALISTA E quelle schegge non gliele puoi levare alla bambina ferita che ha raccolto la bambolina. Secondo te quelle bambole come sono? Buone o cattive?

SORDI Secondo me sono buone. Commercialmente sono buonissime. Se queste arrivano sul mercato privato vanno a ruba.

GIORNALISTA (*rassegnato*) Va be', va be', ho capito.

SORDI Hai capito?

Da *Finché c'è guerra c'è speranza,* 1974.

(Ci è già capitato di scoprire cosa accade ad Albertone quando si ubriaca. Ad altri capita di diventare violenti, più mansueti, abulici: lui invece diventa sincero.)

La verità alla moglie

La moglie di Sordi da casa telefona al marito in vacanza

MOGLIE Pronto? Alberto, pronto? Me senti? So' io, so' Virginia.

Sordi indossa un cappellino rosso da Babbo Natale ed è palesemente ubriaco

SORDI (*con la voce impastata*) Virginia, sei inopportuna e crudele, mi hai interrotto una danza di sogno.

MOGLIE Ma Titti? 'Ndo sta Titti?

SORDI Titti? (*mentendo*) È qui vicino a me, sotto l'occhio vigile del babbo. Perché non te la passo? Perché non mi va di passartela. Va bene? Sono al tabarin, Virginia, c'è il fior fiore dell'alta società. Tu non puoi capire, Virginia, sei troppo meschina tu.

MOGLIE Ma come? (*lamentandosi*) Me chiami meschina la notte dell'ultimo dell'anno? (*rivolgendosi ai parenti*) M'ha chiamato meschina...

Lo zio si alza da tavola e si avvicina all'apparecchio telefonico

ZIO CARLO (*stupito*) Meschina?

SORDI Virginia, tu hai sempre sbagliato tutto nella tua vita, non mi hai compreso, non puoi comprendere le mie ambizioni. Sei una gretta.

MOGLIE (*irritata*) Mo te faccio parlà co' zio Carlo, mo te faccio arrangià da lui!

ZIO CARLO Albè, so' zio Carlo. Pronto? Pronto? Alberto... Pronto? Albè...

Sordi è distratto dal passaggio di una donna in abito da sera

SORDI Ma chi sei?

ZIO CARLO Zio Carlo.

SORDI Me fai schifo, me fai...

E si allontana lasciando cadere la cornetta

Da *Vacanze d'inverno*, 1959.

(Per quanto possa perdere il pelo ma non il vizio, Albertone più passano gli anni e più diventa solitario e rassegnato.)

Il vecchietto

Sordi cena all'aperto, al tavolino di una modesta trattoria. Intanto chiacchiera con il proprietario del locale, un omone baffuto dall'accento romagnolo

PROPRIETARIO Allora, signor Battistini, è già partita la famiglia?

SORDI Sì, mio genero, mia figlia e i nipotini. Sono andati in Grecia.

PROPRIETARIO Be', ma allora rimane da solo anche quest'anno.

SORDI (*rassegnato*) Eh, resto solo. Che devo fare? Quando loro partono, chi è che si occupa del cinema? Chi guarda la casa? Papà. C'è papà. Tanto lui non va in vacanza, lui resta qua. È così che la pensano tutte le famiglie moderne. A che serve papà quando è vecchio? A che serve? A ferragosto fa il cane da guardia. È brutto invecchiare, sai? Famme il conto, va'! Quant'è?

PROPRIETARIO No, faccia lei, signor Battistini, faccia lei.

Sordi si tocca in tasca e tira fuori qualche banconota che appoggia sul tavolo

SORDI E faccio io sì. Capirai, le polpettine erano contate e la ricotta dentro ai ravioli ce l'hai messa per sbaglio, anzi non ce l'hai messa...

PROPRIETARIO (*giustificandosi*) La ricotta è una roba che si stanca presto. Non posso mica tenerne uno stock di riserva.

SORDI E allora non fare i ravioli.

PROPRIETARIO Siamo in partenza, è l'11 agosto.

SORDI (*intristito*) Ecco fatto. Pure tu? Dove vai?

PROPRIETARIO Be', ma a Riccione.

SORDI Ah. Parti subito?

Sordi si alza e si incammina stancamente accompagnato dal proprietario della trattoria

PROPRIETARIO Seguendo il consiglio del Tg3 regionale, viaggiamo di notte. Classica partenza intelligente. E lei?

SORDI E io invece faccio la rimanenza deficiente. Tanto c'è il 113. Assistenza per anziani da soli... Sì, arriva la polizia con la paletta e ce dà un sacco de botte, altro che assistenza. Adesso poi te ne vai pure tu. Io resto solo. Dove vado a mangiare?

PROPRIETARIO Le posso dare un consiglio?

SORDI E dammelo, se è bono...

PROPRIETARIO Vadi qui dal Gino, a tre chilometri dopo Bagnolo, sul raccordo dell'autostrada. Garantito.

SORDI E sì lo conosco. È quello dei camionisti. Ma sta a tre chilometri. Ciao, bona vacanza, buon viaggio, va'.

Sordi si allontana per la via silenziosa

PROPRIETARIO A lei signor Battistini. Si conservi.

SORDI Sì, mi conservo e ce faccio er sugo.

Da *Una botta di vita,* 1988.

(Ma, a conclusione, è giusto pensare ad Albertone nella sua forma migliore...)

Le visite mediche

Di fronte alla scrivania dello studio medico di Sordi, siede un uomo immobilizzato dalla vita in su in un ingombrante gesso

SORDI Come ti chiami tu?

PAZIENTE Piellucci Saverio.

SORDI Come mai hai deciso di cambiare medico e hai scelto me?

PAZIENTE Eh, uno lo devo pure trovà che me risolva 'a questione.

SORDI Che questione, scusa?

PAZIENTE A dottó, so' sei mesi che so' ingessato.

SORDI Sì.

PAZIENTE Perché c'ho avuto un infortunio sul lavoro.

SORDI Sì.

PAZIENTE E mo l'Inail nun me vo' riconosce, dice che so' i reumatismi, che quelli già ce li avevo prima.

SORDI Sì.

PAZIENTE Perciò il gesso me lo deve levà l'Inam.

SORDI E fattelo levare all'Inam.

PAZIENTE Eh, no. L'Inam mi dice che dopo sei mesi è già scaduto il periodo assistenziale per i reumatismi e che se era infortunio sul lavoro er gesso me lo deve levà l'Inail. A dottó, ma a me 'sto busto chi me lo leva?

SORDI E mi dispiace, ma io non te lo posso levare.

PAZIENTE Mio padre dice: viè qua, te do 'na martellata, te lo levo io.

SORDI (*preoccupato*) No, no, no. Che martello? Che tu' padre? Non può mica.

PAZIENTE (*esasperato*) Allora io devo stare tutta la vita dentro 'sta statua?

Sordi si ferma un istante per pensare una soluzione

SORDI Hai già fatto il cambio del medico?

PAZIENTE Sì, dottó.

Sordi guarda il paziente, si alza in piedi, prende da un cassetto una piccola cesoia e la fa scattare velocemente, per provarla

PAZIENTE (*spaventato*) Aho, aspetta. Ma lo sa tajà?

SORDI Io no. Ce provo.

Stacco.

Un uomo entra nello studio di Sordi, mentre questo si sta asciugando le mani

SECONDO PAZIENTE Bacio le mani, dottore.

SORDI Ecco. Chi è?

SECONDO PAZIENTE Mutuato Salvatore Laganà.

Il paziente porge la mano al dottore

SORDI Ah, no. Baciare sì, ma dare la mano no. Me le sono appena lavate.

SECONDO PAZIENTE Mi dispiace, avevo scelto lei come medico di famiglia.

Sordi va a sedersi alla scrivania e fa accomodare il paziente di fronte a lui

SORDI Ah, molto gentile. La ringrazio. Si accomodi. Prego, si sieda. Ha già fatto alla mutua il cambiamento del medico?

SECONDO PAZIENTE Eh no. Prima ci dobbiamo mettere d'accordo.

SORDI (*confuso*) Ci dobbiamo mettere d'accordo su che cosa, scusi?

SECONDO PAZIENTE Il dottor Costanzi, pace all'anima sua, mi dava il 30 per cento.

SORDI (*perplesso*) Lui le dava il 30 per cento. Lui a lei?

SECONDO PAZIENTE Sì.

SORDI Perché?

SECONDO PAZIENTE Aspetti. Venga. Venga. Venga a vedere.

Il paziente si alza e va alla finestra. Sordi lo segue e si affaccia. In strada ci sono una dozzina di bambini

SORDI 'Ndo vai Laganà? Che cos'è?

SECONDO PAZIENTE Eccoli là.

SORDI (*vedendo i bambini*) Che è?

SECONDO PAZIENTE Sono tutti figli miei.

SORDI (*impressionato*) Tutti suoi?

SECONDO PAZIENTE Poi c'è mia moglie, mio suocero e due cognati. Sedici persone. Tutti con la mutua. Tra visite in ambulatorio e a domicilio lei, dottore, può contare sulle 20-25 visite al mese. E nell'inverno anche più di 30. Non è una media ragionevole?

SORDI Ma scusi, ma perché ha pensato a me, lei?

SECONDO PAZIENTE È stata suor Pasqualina, io ci vado spesso all'ospedale Sant'Ercole. Sono donatore di sangue.

SORDI Sì, sì, ho capito.

SECONDO PAZIENTE E allora che facciamo, li facciamo salire?

SORDI E facciamoli salire.

SECONDO PAZIENTE (*ai bambini*) Su, carusi. Tutti su, a salutare il signor dottore. Stanno salendo.

SORDI Sì, sì, li vedo. Si accomodi Laganà. Scusi, che mestiere fa lei?

Sordi indica al paziente la sedia

SECONDO PAZIENTE Dottore, mi meraviglio di lei. Ma le pare che con undici figli un poveraccio come me trova il tempo di lavorare?

SORDI Eh già. E come mai c'ha il libretto della mutua?

SECONDO PAZIENTE Io no. Mia moglie. Io sono a carico di mia moglie. Io c'ho il tesserino di disoccupazione. Mia moglie lavora alla Smea quando non è in licenza parto. È regolare?

SORDI E come, non è regolare?

Si sente un rumore oltre la porta

SORDI Avanti.

SECONDO PAZIENTE Avanti bambini, avanti. Piano, eh, fate piano.

I bambini entrano in fila nella stanza

SORDI Avanti bambini.

SECONDO PAZIENTE Salutiamo il signor dottore.

BAMBINI (*in coro*) Buongiorno dottore.

SORDI Buongiorno bambini. (*sottovoce*) Poveraccio. (*poi*) Senta, Laganà, ma come fa a riconoscerli?

SECONDO PAZIENTE Io non li perdo mai d'occhio signor dottore. A questi due più grandi gli abbiamo tolto adenoidi e tonsille. Questi sono tutti da fare. E poi un paio di «tre punti» al mese ci scappano sempre con questi indemoniati.

SORDI Laganà, io non capisco.

SECONDO PAZIENTE Dottore, mi sa che lei la convenzione con le mutue l'ha studiata poco.

SORDI E allora me la spieghi lei.

SECONDO PAZIENTE Stia attento. Se una ferita ha bisogno di un punto o due, lei può segnare solo la visita ambulatoriale o domiciliare se è a casa. Se invece la ferita ha bisogno di tre punti, è considerato intervento e in tal caso lei ha diritto alla tariffa massima, che è 2825 lire.

SORDI Ah, ma lei sa tutto sulle mutue, Laganà.

SECONDO PAZIENTE Modestamente, eh sa, il fatto di tariffe è il mio mestiere. Vedrà signor dottore, con noi si troverà bene, noi siamo gente povera, ma onesta. E poi io e mia moglie mica ci fermiamo qui.

SORDI No, eh?

Il paziente risponde facendo schioccare la lingua nel tipico modo siciliano. Il medico gli fa il verso

Da *Il medico della mutua*, 1968.

FILMOGRAFIA COMMENTATA

Il primo film interpretato da Alberto Sordi è *La principessa Tarakanova* (1938) di Fëdor Ozep e Mario Soldati, dove interpreta, adolescente, il piccolo ruolo di un rivoluzionario condannato al patibolo (nel film, italo-francese, appare anche Anna Magnani).
Seguono a ruota cinque lungometraggi che lo vedono ancora in ruoli da comprimario: *La notte delle beffe* (1940) di Carlo Campogalliani; *Cuori nella tormenta* (1941) di Carlo Campogalliani; *Le signorine della villa accanto* (1942) di Gian Paolo Rosmino; *Giarabub* (1942) di Goffredo Alessandrini; *La signorina* (1942) di Ladislao Kish.
Con *I tre aquilotti* (1942), di Mario Mattoli, Sordi ottiene il suo primo grande ruolo di co-protagonista (con il personaggio di Leonardo Cortese) in un'interpretazione di taglio eroico-avventuroso.
Stranamente, nonostante il successo personale, l'attore sembra nuovamente relegato in ruoli secondari. Lo ritroviamo in: *Casanova farebbe così!* (1942) di Carlo Ludovico Bragaglia (con Eduardo e Peppino De Filippo); *Sant'Elena piccola isola* (1943) di Renato Simoni (con Ruggero Ruggeri); *Tre ragazze cercano marito* (1944) di Duilio Coletti; *Circo equestre Za-Bum* (1944) di Mario Mattoli (probabilmente con immagini teatrali di repertorio con Sordi in scena); *Chi l'ha visto?* (1945) di Goffredo Alessandrini (con Federico Fellini sceneggiatore); *L'innocente Casimiro* (1945) di Carlo Campogalliani.
Con lo straordinario *Le miserie del signor Travet* (1945), di Mario Soldati con Carlo Campanini e Gino Cervi quali protagonisti, Sordi ritaglia un eccellente spazio da comprimario, delineando parte dei contorni tipici del suo personaggio.
Con *Il Passatore* (1947) di Duilio Coletti, *Il delitto di Giovanni Episcopo* (1947) di Alberto Lattuada, *Che tempi!* (1948) di

Giorgio Bianchi, *Il vento mi ha cantato una canzone* (1948) di Camillo Mastrocinque, Sordi continua a frequentare gli schermi, magari simpaticamente salutato dalla critica più attenta, ma senza riuscire ad imporsi in ruoli primari. Finalmente, nel 1951, Alberto Sordi riesce a «centrare» un film per lui importantissimo:

MAMMA MIA, CHE IMPRESSIONE!, 1951, regia di Roberto Savarese.
Soggetto: Alberto Sordi. Sceneggiatura: Cesare Zavattini, Vittorio De Sica, Alberto Sordi. Con: Giovanna Pala, Carlo Giustini, Frank Colson, Luigi Pavese.

Vittorio De Sica, co-producendo con Sordi il film, dimostra intuito nel dargli fiducia. In realtà l'operazione, che mette alla berlina i ragazzi cattolici della Democrazia cristiana (utilizzando le macchiette radiofoniche popolarissime di Sordi), è un fiasco totale. Dopo quattro lustri rivedere il film permette di individuarne la straordinaria modernità di spettacolo demenziale.

Purtroppo l'insuccesso commerciale del film sembra sacrificare nuovamente Sordi in ruoli secondari. E così appaiono *Cameriera bella presenza offresi...* (1951) di Giorgio Pàstina; *È arrivato l'accordatore* (1952) di Duilio Coletti (con un'esordiente Sophia Loren, che allora si faceva chiamare Sofia Lazzaro); *Totò e i re di Roma* (1952) di Steno e Monicelli. Fino all'incontro «sostanziale» con Federico Fellini.

LO SCEICCO BIANCO, 1952, regia di Federico Fellini.
Soggetto: Federico Fellini, Michelangelo Antonioni, Tullio Pinelli. Sceneggiatura: Federico Fellini, Tullio Pinelli, Ennio Flaiano. Con: Brunella Bovo, Leopoldo Trieste, Giulietta Masina.

Sordi si appropria con tenacia di un ruolo che gli permette di delineare il classico prototipo del «plebeo» romano dalla fame atavica e dalla cattiveria quasi congenita, perché insita nel suo disperato istinto di sopravvivenza. Naturalmente è globalmente un altro disastro al botteghino, e numerose sono le incomprensioni con una critica miope.

I VITELLONI, 1953, regia di Federico Fellini.
Soggetto: Federico Fellini, Tullio Pinelli, Ennio Flaiano. Sceneg-

giatura: Federico Fellini, Tullio Pinelli, Ennio Flaiano. Con: Leonora Ruffo, Franco Fabrizi, Franco Interlenghi, Leopoldo Trieste, Riccardo Fellini.

Per il più amato film di Fellini, un Sordi strepitoso, finalmente al meglio delle sue potenzialità. Ma, ancora una volta la critica sottovalutò l'apporto geniale dell'interprete, al punto da convincere, in un primo tempo, la produzione a togliere il nome di Sordi dai cartelloni.

Comunque ormai Sordi si è ben consolidato nel cinema italiano. E per quanto debba ancora accontentarsi di partecipare a piccoli film, il suo è già un ruolo da protagonista (dell'intera pellicola, o di uno degli episodi con i quali è composto il film). L'attore inizia così un'attività rutilante e frenetica, spesso passando da un set all'altro contemporaneamente (al punto che emerge la capacità poliedrica di Sordi, sovente costretto all'improvvisazione per l'impossibilità obbiettiva di poter studiare le parti).
È la volta di film come: *Ci troviamo in Galleria* (1953) di Mauro Bolognini (protagonisti Carlo Dapporto e Nilla Pizzi); *Due notti con Cleopatra* (1954) di Mario Mattoli (soggetto e sceneggiatura di Ruggero Maccari e Ettore Scola, con Sophia Loren co-protagonista di Sordi, che interpreta un Cesare – o meglio Cesarino – con tutti i tic del personaggio di *Mamma mia, che impressione!*); *Amori di mezzo secolo* (1954) di Mario Chiari (dove in un episodio Sordi tratteggia ormai con ispirazione sicura la parte di un fascista di provincia che spera, con la Marcia su Roma, di distinguersi, e invece si fa «corrompere» dalla vita notturna della capitale); *Un giorno in pretura* (1954) di Steno (soggetto: Lucio Fulci; sceneggiatura: Alessandro Continenza, Lucio Fulci, Alberto Sordi, Luigi Viganotti, Steno; film nodale per Sordi che, in un episodio, inventa Nando Moriconi, detto l'americano. Il personaggio, come vedremo, verrà ripreso altre due volte. È il ritratto mirabile di una certa gioventù di modeste condizioni, abbagliata dai miti dell'America postbellica dei grandi divi dello spettacolo e dello sport. Ancora una volta fu proprio la produzione, inizialmente, a far sì che l'episodio non venisse girato. Poi ci fu il ripensamento che segnò la fortuna del film e risollevò le sorti della stessa casa produttrice);

Tempi nostri (1954) di Alessandro Blasetti (un film di ben nove episodi, in uno dei quali Sordi è presente solo marginalmente); *Il matrimonio* (1954) di Antonio Petrucci (nel quale Cécov viene «rimasticato» per Vittorio De Sica, Silvana Pampanini e Valentina Cortese); *Via Padova, 46* (1954) di Giorgio Bianchi (un film «per» Peppino De Filippo, con una fugace ma incisiva apparizione di Sordi nella caratterizzazione, tipica, dello scocciatore); *Tripoli, bel suol d'amore* (1954) di Ferruccio Cerio (film mediocre, e che fa ripiombare il protagonista Sordi in un ruolo romantico-avventuroso); *Gran varietà* (1954) di Domenico Paolella (Sordi, in un episodio del film, interpreta con padronanza assoluta il ruolo del trasformista Leopoldo Fregoli); *L'allegro squadrone* (1954) di Paolo Moffa (farsa ripresa da Courteline sulla vita militare, con Sordi ancora in ruolo minimale e che certa critica continua a definire «mimo»).

IL SEDUTTORE, 1954, regia di Franco Rossi.
Soggetto: dalla commedia di Diego Fabbri. Sceneggiatura: Leo Benvenuti, Diego Fabbri, Ugo Guerra, Guido Leoni, Giorgio Prosperi, Raul Radice, Rodolfo Sonego, Franco Rossi. Con: Lea Padovani, Lia Amanda, Jacqueline Pierreux, Denise Grey.

È il primo film che vede Sordi totalmente protagonista in un ruolo che contiene le caratteristiche tipiche della sua personalità artistica. Non a caso, tra i pur numerosi sceneggiatori, appare per la prima volta la firma di Rodolfo Sonego, in seguito partner abituale dell'attore.

La pur sfolgorante performance del film precedente, apprezzatissima dalla critica, sembra tuttavia non dare ancora il giusto spazio a Sordi che partecipa a film dove ha un ruolo incisivo, ma non è ancora mattatore: *Accadde al commissariato* (1954) di Giorgio C. Simonelli (soggetto: Felice Zappulla, Giovanni Grimaldi; sceneggiatura: Giovanni Grimaldi, Ruggero Maccari, Ettore Scola, Vincenzo Talarico; opera scialba ma che vede nell'episodio di Sordi il momento più alto, nel ruolo di un venditore ambulante bizzarro, preso a prestito da uno sketch teatrale, che ama intercalare con la celebre espressione «Pensa a te e alla famiglia tua!»); *Una parigina a Roma* (1954) di Erich Kobler (un'assurda commedia austriaca, scritta anche da Ettore Scola, e con un Sordi macchiettistico in stile romanesco).

UN AMERICANO A ROMA, 1954, regia di Steno.
Soggetto e sceneggiatura: Alessandro Continenza, Lucio Fulci, Ettore Scola, Alberto Sordi, Steno. Con: Maria Pia Casilio, Giulio Calì, Ilse Petersen, Carlo Delle Piane.

Prodigioso exploit di Nando Moriconi (già apparso in Un giorno in pretura*) con sequenze memorabili, per quanto inserite in un contesto filmico frammentario.*
Nel descrivere questo giovane di borgata amante dell'America e del cinema hollywoodiano, Sordi disegna uno dei momenti più alti della sua ispirazione di artista. È un film che contiene tali e tanti riferimenti da essere sempre citato (e citabile) avendo ormai assunto il rilievo di opera di «culto». Sordi perfeziona un linguaggio che è entrato nella mitologia: «M'avete provocato, io vi distruggo», rivolto agli spaghetti inizialmente abbandonati per una pietanza «all american» disgustosa; «Sono armi permesse dalla legge!», riferendosi al pollice e indice della mano che simula la pistola; «Ma tu sai mami, chi era Joe Di Maggio? Un semplice ragazzo ammerecano...», commossa elegia per un eroe che «mami» non può capire e condividere.

Ormai Sordi è figura di rilievo per il nostro cinema, anche se non ha ancora individuato quel percorso «qualitativo» che ne farà un protagonista della nostra commedia.
Con il consueto ritmo frenetico partecipa a numerose pellicole girate quasi contemporaneamente: *L'arte di arrangiarsi* (1955) di Luigi Zampa (soggetto: da un racconto di Vitaliano Brancati; sceneggiatura: Vitaliano Brancati, Luigi Zampa; con un Sordi protagonista nel ruolo che ormai sta affinando di arrampicatore sociale); *Il segno di Venere* (1955) di Dino Risi (con un Sordi non protagonista, ma memorabile nell'incarnare l'abituale e patetico personaggio che vive di espedienti); *Buonanotte... avvocato!* (1955) di Giorgio Bianchi (soggetto: Raffaello Matarazzo; sceneggiatura: Alberto Sordi, Ruggero Maccari, Ettore Scola, Giovanni Grimaldi, Felice Zappulla; Sordi è un avvocaticchio farsesco con irrefrenabile inclinazione all'adulterio).

UN EROE DEI NOSTRI TEMPI, 1955, regia di Mario Monicelli.
Soggetto: Rodolfo Sonego. Sceneggiatura: Rodolfo Sonego, Mario Monicelli. Con: Franca Valeri, Giovanna Ralli, Tina Pica, Mario Carotenuto, Leopoldo Trieste, Carlo Pedersoli (il futuro Bud Spencer).

Non a caso ancora in presenza di Sonego, Sordi disegna il ritratto di un «eroe» conformista al limite della paranoia, convinto che la trappola per incastrarlo sia sempre dietro l'angolo pronta a carpire la sua buona fede. Il «prototipo» è ormai maturo.

E la presenza in film di varia natura prosegue, con grande simpatia della critica che continua ad augurarsi che Sordi riesca ad individuare ruoli e storie più in sintonia con il suo talento: *La bella di Roma* (1955) di Luigi Comencini (realizzato «su misura» per Silvana Pampanini); *Accadde al penitenziario* (1955) di Giorgio Bianchi (opera corale con un breve sketch che propone Sordi in stato di ebbrezza).

BRAVISSIMO, 1955, regia di Luigi Filippo D'Amico.
Soggetto: Age, Scarpelli. Sceneggiatura: Age, Scarpelli, Luigi Filippo D'Amico. Con: Giancarlo Zarfati, Patrizia Della Rovere, Mario Riva, Gianrico Tedeschi.

Come immaginarsi Albertone maestro-supplente? Come un cinico sempre affamato che dei bimbi «non gliene pò fregà de meno...». Ma quando un ragazzino sembra profilare guadagni facili, il «supplente» sguaina tutto il suo cinismo.

E la produzione continua: *Piccola posta* (1955) di Steno (in tandem con Franca Valeri, che per un lungo periodo fu il giusto contraltare dell'attore, Sordi incarna un avventuriero che gestisce con infamia una casa di riposo per anziani); *Lo scapolo* (1956) di Antonio Pietrangeli (nel quale Sordi propone il personaggio in termini maturi: furbetto, donnaiolo, pauroso, medio-borghese, piagnone...); *I pappagalli* (1956) di Bruno Paolinelli (dove in una breve parte Sordi riveste il ruolo del seduttore della sua domestica... naturalmente in assenza della moglie); *Guardia, guardia scelta, brigadiere e maresciallo* (1956) di Mauro Bolognini (una commedia corale sul mondo dei vigili urbani).

MIO FIGLIO NERONE, 1956, regia di Steno.
Soggetto: Rodolfo Sonego. Sceneggiatura: Rodolfo Sonego, Ugo Guerra, Sandro Continenza. Con: Vittorio De Sica, Gloria Swanson, Brigitte Bardot.

Nuovamente Sonego per una farsa esilarante che, mettendo alla berlina le gesta di Nerone, permette a Sordi di offrire una delle sue interpretazioni più convincenti: da vero mattatore regala al suo pubblico momenti irrefrenabilmente esilaranti.

Tra interpretazioni più o meno ispirate, Sordi prosegue la sua inarrestabile ascesa verso il successo assoluto: *Mi permette babbo!* (1956) di Mario Bonnard (nel quale, su testi di Sonego, l'attore divide il campo con Aldo Fabrizi); *Era di venerdì 17* (1957) di Mario Soldati (poco ispirato rifacimento di *Quattro passi fra le nuvole*, protagonista Fernandel e con un Sordi in un ruolo macchiettistico di contorno); *Arrivano i dollari!* (1957) di Mario Costa (commediola fresca con uno scatenatissimo Sordi, per quanto costretto a condividere la scena con Nino Taranto, Mario Riva, Riccardo Billi e Isa Miranda); *Souvenir d'Italie* (1957) di Antonio Pietrangeli (film ad episodi, uno dei quali interpretato da un Sordi scroccone, bugiardo e ipocrita); *Il conte Max* (1957) di Giorgio Bianchi (sempre con Vittorio De Sica, essendo il «remake» de *Il signor Max* di Camerini, ma in altro ruolo; Sordi è volenteroso, ma il film non regge); *Addio alle armi* (1957) di Charles Vidor («polpettone» hollywoodiano con protagonisti Rock Hudson e Jennifer Jones, ma nel quale Sordi, che impersona un cappellano, dà ottima dimostrazione di poter ben incarnare ruoli drammatici e patetici); *Il medico e lo stregone* (1957) di Mario Monicelli (film dominato da Vittorio De Sica e Marcello Mastroianni, nel quale Sordi interpreta brevemente ma con la consueta efficacia il fallito abituato a vivere nella menzogna).

LADRO LUI, LADRA LEI, 1958, regia di Luigi Zampa.
Soggetto: Luigi Zampa. Sceneggiatura: Pasquale Festa Campanile, Massimo Franciosa, Luigi Zampa, Alberto Sordi. Con: Sylva Koscina, Ettore Manni, Mario Riva, Mario Carotenuto.

Per quanto minore è il film che segna l'esordio di Sordi nei ruoli di protagonista a tutto tondo, qui impersona un ladruncolo spesso in galera ma con un cuore d'oro. Generalmente, per motivi fiscali, l'attore non metteva la sua firma nelle sceneggiature: in questo caso, considerata la debolezza della trama che si risolleva unicamente con Sordi in scena, è evidente il suo contributo sancito con tanto di citazione.

IL MARITO, 1958, regia di Nanni Loy e Gianni Puccini. Soggetto: Rodolfo Sonego, Alberto Sordi. Sceneggiatura: Nanni Loy, Gianni Puccini, Rodolfo Sonego, Alberto Sordi, Ruggero Maccari, Ettore Scola. Con: Aurora Bautista, Luigi Tosi, Carlo Ninchi.

Spaccato incisivo di un matrimonio borghese alla deriva con un Sordi pienamente calato in un ruolo confezionato a sua misura: arguto, divertente, colorito, inventivo...

FORTUNELLA, 1958, regia di Eduardo De Filippo. Soggetto e sceneggiatura: Federico Fellini, Ennio Flaiano, Tullio Pinelli, Eduardo De Filippo. Con: Giulietta Masina, Paul Douglas, Franca Marzi.

Un film felliniano, ritagliato sulla Masina, ma che offre a Sordi una caratterizzazione indimenticabile nel ruolo del sordido e vile rigattiere: indimenticabile il tono e il ritmo della voce adottato in tutta la vicenda.

Ma Sordi non rinuncia a partecipare anche a film minori, come protagonista o comprimario: *Domenica è sempre domenica* (1958) di Camillo Mastrocinque (dove si sfrutta il successo televisivo de «Il Musichiere» di Mario Riva, per riproporne le vedette sullo schermo); *La vedova elettrica* (1958) di Raymond Bernard (un giallo francese con Danielle Darrieux e Paul Meurisse, con un Sordi in un ruolo marginale e serio); *Venezia, la luna e tu* (1958) di Dino Risi (commediola fragilissima, Sordi innesta il suo cliché nel personaggio di un gondoliere veneziano... ma talvolta nella cadenza rispunta il romanesco); *Racconti d'estate* (1958) di Gianni Franciolini (opera ad episodi da un'idea di Alberto Moravia, in uno dei quali Sordi incarna uno sfruttatore che si finge innamorato di una donna obesa pur di godere delle sue rendite); *Nella città l'inferno* (1959) di Renato Castellani (dramma carcerario realizzato su misura per Anna Magnani e Giulietta Masina, dove Sordi è figura di sfondo: un fidanzato losco e ambiguo); *Il giovane leone* (1959) di John Berry (una produzione francese nella quale Sordi non girò più di dieci pose, anche se nei cartelloni del film veniva indicato come protagonista: e questo scatenò le proteste dell'attore. Dimostrazione, comunque, della sua grande popolarità); *Policarpo, ufficiale di scrittura* (1959) di Mario Soldati (fuggevole apparizione in un film con Renato Rascel, Renato Salvatori e Carla Gravina protagonisti).

IL MORALISTA, 1959, regia di Giorgio Bianchi.
Soggetto: Luciana Corda, Ettore M. Margadonna, Oreste Biancoli. Sceneggiatura: Luciana Corda, Ettore M. Margadonna, Oreste Biancoli, Vincenzo Talarico, Rodolfo Sonego. Con: Vittorio De Sica, Franco Fabrizi, Franca Valeri.

Grandiosa caratterizzazione di un censore in puro stile democristiano, funzionario di un ente per la tutela della morale che, intransigente con gli altri, in realtà si rivela essere un procacciatore di donne e un boss del racket delle bianche.

I MAGLIARI, 1959, regia di Francesco Rosi.
Soggetto: Francesco Rosi, Suso Cecchi D'Amico. Sceneggiatura: Suso Cecchi D'Amico, Giuseppe Patroni Griffi, Francesco Rosi. Con: Renato Salvatori, Belinda Lee, Aldo Giuffré.

In un ruolo drammatico l'incarnazione di un losco truffatore che, ad Hannover, coordina un gruppo di connazionali. Sordi domina il film con un'interpretazione drammatica, per quanto a tratti grottesca, di ineguagliata incisività.

Per quanto ormai protagonista dei nostri schermi, Sordi non rinuncia a partecipazioni «gastronomiche»: *Vacanze d'inverno* (1959) di Camillo Mastrocinque (soggetto: Oreste Biancoli; sceneggiatura: Oreste Biancoli, Rodolfo Sonego, Jacques Sigurd, Camillo Mastrocinque; le gesta di un «burino» in un albergo di montagna frequentato dal gran mondo); *Costa Azzurra* (1959) di Vittorio Sala (film ad episodi, con Sordi in un ruolo che riprenderà in seguito, quello del «fruttarolo»); *Brevi amori a Palma di Maiorca* (1959) di Giorgio Bianchi (nella parte di un frenetico commerciante di dolciumi claudicante).

LA GRANDE GUERRA, 1959, regia di Mario Monicelli.
Soggetto: Luciano Vincenzoni. Sceneggiatura: Age, Scarpelli, Luciano Vincenzoni, Mario Monicelli. Con: Vittorio Gassman, Silvana Mangano, Folco Lulli, Bernard Blier, Romolo Valli.

Irripetibile momento del cinema italiano, condiviso con Vittorio Gassman, nel quale vengono descritte le peripezie di due poveracci al fronte nel 1915. Sordi ritaglia con commozione il personaggio di un vigliacco capace di morire con onore davanti al plotone di esecuzione pur di non tradire. Con questo film Sordi definitivamente si avvia verso un cinema da protagonista a tutto tondo (nonostante gli ormai numerosi, e citati, film importanti interpretati). Si fuga così il timore a suo tempo manifestato da Claudio G. Fava: «È Alberto Sordi che la produzione si sta lentamente frantumando fra le dita, senza accorgersi che sciupa stolidamente, in mille faticose farsacce, il più grosso talento comico e l'unico "tipo" *apparso nel cinema italiano del dopoguerra».*

IL VEDOVO, 1959, regia di Dino Risi.
Soggetto: Rodolfo Sonego, Dino Risi, Fabio Carpi. Sceneggiatura: Dino Verde, Sandro Continenza, Dino Risi, Fabio Carpi. Con: Franca Valeri, Livio Lorenzon, Nando Bruno.

Figura abietta quella di questo «commendatore» romano sposato ad un'industriale milanese che lo mantiene in tutto e per tutto, disprezzandolo. Finge il dolore quando la donna sembra essere perita in un incidente, ma si porta subito l'amante in casa, e, quando la moglie riappare, è deciso a sopprimerla.

GASTONE, 1960, regia di Mario Bonnard.
Soggetto: Ettore M. Margadonna, Luciana Corda. Sceneggiatura: Oreste Biancoli, Rodolfo Sonego, Ettore M. Margadonna, Luciana Corda, Mario Bonnard. Con: Vittorio De Sica, Anna Maria Ferrero, Paolo Stoppa, Franca Marzi.

Dal personaggio creato da Ettore Petrolini, Sordi ricrea impietosamente il ritratto di un guitto in decadenza: un «intrattenitore» mondano sempre in frac rifiutato da coloro che contano.

TUTTI A CASA, 1960, regia di Luigi Comencini.
Soggetto: Age, Scarpelli. Sceneggiatura: Age, Scarpelli, Luigi Comencini, Marcello Fondato. Con: Eduardo De Filippo, Serge Reggiani, Martin Balsam, Carla Gravina.

Un impareggiabile interprete nel difficile ruolo di un ufficiale dell'esercito nell'Italia allo sbando dell'8 settembre, nell'unico film che ha tentato di analizzare quei tragici eventi. E la pellicola propone una parte in netto contrasto con l'abituale «personaggio Sordi», vile e arrogante.
L'attore si dimostra interprete maturo, capace di descrivere la graduale presa di coscienza di un uomo comunque positivo. Un ruolo drammatico di grande impatto che talvolta si ripropone sulla strada di Sordi.

IL VIGILE, 1960, regia di Luigi Zampa.
Soggetto: Rodolfo Sonego. Sceneggiatura: Rodolfo Sonego, Ugo Guerra, Luigi Zampa. Con: Sylva Koscina, Marisa Merlini, Vittorio De Sica, Mario Riva.

Da un vero fatto di cronaca la vicenda di un vigile che multa per eccesso di velocità il sindaco.
Un Sordi indolente, falsamente inflessibile, servile: da antologia.

Dopo *Crimen* (1960) di Mario Camerini (soggetto: Rodolfo Sonego; sceneggiatura: Rodolfo Sonego, Giorgio Arcorio, Stefano Strucchi, Oreste Biancoli; giallo-rosa con molte star: Gassman, Manfredi, Silvana Mangano, Franca Valeri...) è la volta di *I due nemici* (1961) di Guy Hamilton (soggetto: Luciano Vincenzoni; sceneggiatura: Age, Scarpelli, Suso Cecchi D'Amico, Jack Pulman; in un prevedibile duetto Sordi-David Niven ambientato nell'Abissinia 1941, tra eserciti rivali: un pretesto per proporre l'attore in una veste internazionale) e di *Il giudizio universale* (1961) di Vittorio De Sica (soggetto e sceneggiatura: Cesare Zavattini; poco compresa metafora sulla fine dei valori, opera corale interpretata da attori illustri con un Sordi magnifico nel sordido ruolo di un «venditore» di bambini straccioni per il mercato americano).

UNA VITA DIFFICILE, 1961, regia di Dino Risi.
Soggetto e sceneggiatura: Rodolfo Sonego. Con: Lea Massari, Lina Volonghi, Franco Fabrizi, Claudio Gora.

Uno dei film più belli interpretati da Sordi, nel ruolo complessivamente positivo di un giornalista militante di sinistra che ha la forza di ribellarsi ad un avvilente compromesso, rinunciando al benessere.

IL COMMISSARIO, 1962, regia di Luigi Comencini.
Soggetto e sceneggiatura: Age, Scarpelli. Con: Franca Tamantini, Alessandro Cutolo, Mino Doro.

Un vicecommissario, funzionario idealista e zelante, che cerca invano di far trionfare la verità in un crimine commesso nel mondo dei potenti.
Sordi affina la sua inclinazione grottesca, insistendo su un impianto interpretativo a volte triste e sommesso: il personaggio, già con prove come Tutti a casa *e* Una vita difficile, *assume una precisa e più consapevole definizione.*

MAFIOSO, 1962, regia di Alberto Lattuada.
Soggetto: Bruno Caruso. Sceneggiatura: Marco Ferreri, Rafael Atzcona, Age, Scarpelli. Con: Norma Bengeli, Cinzia Bruno, Katiuscia Piretti:

Nell'improbabile ruolo di un siciliano felicemente immigrato a Milano e richiamato nell'isola per compiere un crudele servigio al Padrino, Sordi offre un'ulteriore prova delle sue capacità mimetiche tralasciando la sua abituale ironia per confrontarsi con la satira.

IL DIAVOLO, 1963, regia di Gian Luigi Polidoro.
Soggetto e sceneggiatura: Rodolfo Sonego. Con: Gunilla Elm-Tornkvist, Anne-Charlotte Sjoberg.

La prima di una serie di pellicole che potremmo definire «turistiche» (in questo caso il paese di turno è la Svezia) nelle quali Sordi esporta il suo personaggio di italiano alla ricerca di nuove esperienze.

IL BOOM, 1963, regia di Vittorio De Sica.
Soggetto e sceneggiatura: Cesare Zavattini. Con: Gianna Maria Canale, Elena Nicolai, Silvio Battistini.

Indimenticabile commedia nera, con Sordi costretto a vendere un occhio (altro che modo di dire!) per risolvere i suoi problemi finanziari.

IL MAESTRO DI VIGEVANO, 1963, regia di Elio Petri.
Soggetto: dal romanzo di Mastronardi. Sceneggiatura: Age, Scarpelli. Con: Claire Bloom, Vito De Taranto, Guido Spadea, Piero Mazzarella.

Un Sordi portentoso nella sua malinconia, triste travet genuflesso al potere, incapace di soddisfare (in tutti i sensi) l'ambizione della moglie. L'attore offre un'interpretazione dolorosa e introspettiva dalla cifra altissima.

È la volta di una serie di film che impegnano Sordi in prestazioni eclettiche: *La mia signora* (1964) di Brass, Comencini, Bolognini (vari episodi, condivisi con Silvana Mangano, conditi di una feroce misoginia); *Il disco volante* (1964) di Tinto Brass (sempre con la Mangano, nel quale Sordi emula Fregoli incarnando ben quattro personaggi); *I tre volti* (1965) di Antonioni, Bolognini, Indovina (Sordi è presente nell'episodio con Soraya nel ruolo di un «latin lover» a pagamento); *Quei temerari sulle macchine volanti* (1965) di Ken Annakin (commedia spettacolare di produzione inglese incentrata sulla trasvolata della Manica agli inizi del secolo, con un Sordi meccanicamente utilizzato per incarnare i luoghi comuni dell'italiano medio); *I complessi* (1965) di Risi, Rossi, D'Amico (nel terzo episodio, portentoso ritratto del «dentone», un personaggio che per quanto poco telegenico riesce brillantemente a superare il concorso indetto dalla Rai per annunciatore del telegiornale, nonostante i mille ostacoli frappostigli); *Thrilling* (1965) di Scola, Polidoro, Lizzani (terzo episodio, nel quale un Sordi nuovamente «bullo» capita suo malgrado in una locanda abitata da una famiglia di maniaci); *Made in Italy* (1965) quinto episodio di Nanni Loy (film italo-francese in undici episodi e denso di interpreti, con un Sordi più tronfio che mai: scoperto in flagrante mentre tradisce la moglie, riesce ad invertire la situazione e ad ottenere anche ragione).

FUMO DI LONDRA, 1966, regia di Alberto Sordi.
Soggetto e sceneggiatura: Alberto Sordi, Sergio Amidei. Con: Fiona Lewis, Anny Dalby, Alfredo Marchetti.

Il primo film diretto da Sordi, singolarmente sceneggiato in as-

senza di Rodolfo Sonego. È l'investitura ufficiale di un autore che dirige con mano leggera e divertita.
Certamente il ricordo riporta a Il diavolo *per il taglio «turistico» del film che diverte particolarmente Sordi.*

Contemporaneamente appaiono altri due film ad episodi: *I nostri mariti* (1966) di Zampa, Risi e D'Amico (un Sordi veramente nelle peste perché ha sposato una fanciulla che sta trasformandosi... in uomo); *Le fate* (1966) di Salce, Monicelli, Bolognini e Pietrangeli (il nostro nel difficile ruolo di cameriere e amante della sua padrona).

SCUSI, LEI È FAVOREVOLE O CONTRARIO?, 1966, regia di Alberto Sordi.
Soggetto e sceneggiatura: Alberto Sordi, Sergio Amidei. Con: Eugene Walter, Bibi Andersson, Giulietta Masina, Anita Ekberg, Silvana Mangano.

Secondo film diretto e interpretato da Sordi, che con l'abituale realismo descrive le vicende di un commendatore (separato dalla moglie) che dichiara contrarietà nei confronti del divorzio per motivi religiosi, eppoi si comporta come un vero libertino.

Dopo una pirotecnica partecipazione al film ad episodi *Le streghe* (1967) di Visconti, Pasolini, Rossi, De Sica e Bolognini (nel quale una donna, la Mangano, raccoglie in auto un ferito grave per «usarlo» come lasciapassare per non arrivare tardi ad un appuntamento) è la volta di una quaterna di film di grande successo.

UN ITALIANO IN AMERICA, 1967, regia di Alberto Sordi.
Soggetto: Rodolfo Sonego. Sceneggiatura: Rodolfo Sonego, Alberto Sordi. Con: Vittorio De Sica, Franco Valobra, Bill Dana.

Un'opera divertente, nella quale Sordi «finalmente» realizza il sogno di tanti anni prima: poter soggiornare negli Stati Uniti.

IL MEDICO DELLA MUTUA, 1968, regia di Luigi Zampa.
Soggetto: dal romanzo di Giuseppe D'Agata. Sceneggiatura: Ser-

gio Amidei, Alberto Sordi, Luigi Zampa. Con: Sara Franchetti, Evelyn Stewart, Bice Valori, Leopoldo Trieste, Claudio Gora.

Probabilmente il film più incisivo di tutta la carriera di Sordi, che delinea con ferocia il ritratto di un medico cinico e pronto a tutto pur di emergere (naturalmente sulla pelle dei pazienti!).

RIUSCIRANNO I NOSTRI EROI A RITROVARE L'AMICO MISTERIOSAMENTE SCOMPARSO IN AFRICA?, 1968, regia di Ettore Scola.
Soggetto e sceneggiatura: Age, Scarpelli, Ettore Scola. Con: Bernard Blier, Nino Manfredi, Franca Bettoja.

Un'opera vagamente squilibrata, per quanto sorretta dalla volontà di «rettificare» il personaggio Sordi in un contesto che lo vede piuttosto critico verso quella società borghese della quale è parte integrante.

AMORE MIO AIUTAMI, 1969, regia di Alberto Sordi.
Soggetto e sceneggiatura: Rodolfo Sonego, Alberto Sordi, Tullio Pinelli. Con: Monica Vitti, Silvano Tranquilli, Ugo Gregoretti.

Azzeccata commedia drammatica sui conflitti coniugali, gestita con grande equilibrio e con una indiscutibile prova di bravura da parte dei protagonisti.
Tre sono state le attrici che, in momenti e contesti diversi, hanno contribuito a completare Sordi: Franca Valeri, Silvana Mangano e Monica Vitti.

Dopo *Nell'anno del Signore* (1969) di Luigi Magni (soggetto e sceneggiatura: Luigi Magni; nel quale Sordi interpreta un frate romano di stampo grottesco, chiamato per salvare le anime di due carbonari condannati a morte) l'autore prosegue nel suo percorso inarrestabile.

IL PROF. DOTT. GUIDO TERSILLI, PRIMARIO DELLA CLINICA VILLA CELESTE CONVENZIONATA CON LE MUTUE, 1969, regia di Luciano Salce.
Soggetto e sceneggiatura: Sergio Amidei, Alberto Sordi, Luciano Salce. Con: Evelyn Stewart, Claudio Gora, Pupella Maggio, Ira Fürstenberg.

Seguito de Il medico della mutua *di qualità inferiore, più farsesco, ma assolutamente irresistibile: un vero spettacolo di risate... cattive.*

Lo «snodo» dei cinquant'anni serve a Sordi per riflettere sulle future strategie: *Contestazione generale* (1970) di Luigi Zampa (in un episodio l'attore incarna un pretino scalcinato di paese che, essendo troppo solo, chiede al suo vescovo di potersi sposare: un'interpretazione sublime, singolarmente disconosciuta da Sordi); *Il presidente del Borgorosso Football Club* (1970) di Luigi Filippo D'Amico (evidentemente motivato dal desiderio di avvicinarsi al grande pubblico dei tifosi, Sordi accetta di partecipare ad un film girato in qualche maniera ed eccessivamente farsesco); *Le coppie* (1970) di Monicelli, De Sica e Sordi (film condiviso con Monica Vitti, nel quale Sordi è presente in due episodi. L'unico realmente ispirato è quello diretto dall'attore, che narra di una coppia di «burini» in vacanza sulla Costa Smeralda, e che inaugura l'accoppiata con la moglie «buzzicona»: in questo caso Rossana Di Lorenzo).

DETENUTO IN ATTESA DI GIUDIZIO, 1971, regia di Nanni Loy.

Soggetto: Rodolfo Sonego. Sceneggiatura: Sergio Amidei, Emilio Sanna. Con: Elga Andersen, Lino Banfi, Antonio Casagrande.

Impietoso atto d'accusa contro il sistema giudiziario e carcerario italiano. La vicenda di un emigrato che, al rientro in Italia per una vacanza, si vede ingiustamente carcerare, in un calvario senza fine che coinvolge tutta la sua famiglia.
Un film garantista, interpretato da Sordi con dolente partecipazione e che, per la stranezza del nostro amato paese, se nel 1970 appariva un manifesto della sinistra, oggi potrebbe diventare un vessillo della destra: sennonché allora Sordi era un povero cristo e non un corruttore...

BELLO, ONESTO, EMIGRATO AUSTRALIA SPOSEREBBE COMPAESANA ILLIBATA, 1971, regia di Luigi Zampa.

Soggetto e sceneggiatura: Rodolfo Sonego, Luigi Zampa. Con: Claudia Cardinale, Riccardo Garrone.

Nuovo film del repertorio «turistico», questa volta ci troviamo in Australia, con un patetico Sordi in gran forma (e un po' ritardato mentalmente) che cerca moglie in Italia per via epistolare: ma arriva un'ex prostituta...

LO SCOPONE SCIENTIFICO, 1972, regia di Luigi Comencini.

Soggetto e sceneggiatura: Rodolfo Sonego. Con: Silvana Mangano, Bette Davis, Joseph Cotten.

Ogni anno una vecchia miliardaria giunge a Roma, regala un milione ad una coppia di baraccati e li invita a giocare a scopone scientifico: ingenerando in loro, nei familiari e in tutta la borgata l'illusione di poter vincere la partita e potersi quindi arricchire. Una favola moderna, spietata e priva di speranza, che segna la ricostituzione dell'accoppiata Sordi-Mangano (una donna verso la quale l'attore ha forse provato molto più di una affettuosa amicizia).

Due lungometraggi non totalmente convincenti: *La più bella serata della mia vita* (1972) di Ettore Scola (soggetto: dal lavoro teatrale «La Panne» di Dürrenmatt; sceneggiatura: Sergio Amidei, Ettore Scola; con «mostri sacri» come Michel Simon, Pierre Brasseur e Charles Vanel: un «comendatur», esportatore di valuta in Svizzera, capita in un albergo abitato da strani inquilini che lo sottopongono ad un vero e proprio processo che mette in discussione tutta la sua vita. Il film non convince per il taglio internazionale, neutro, voluto da Scola e che svilisce le potenzialità del protagonista); *Anastasia, mio fratello* (1973) di Stefano Vanzina (un passo falso per Sordi, certamente fuori luogo nell'interpretare il fratello prete di un mafioso italo-americano, a sua volta mafioso, realmente esistito).

POLVERE DI STELLE, 1973, regia di Alberto Sordi.

Soggetto: Ruggero Maccari. Sceneggiatura: Ruggero Maccari, Bernardino Zapponi, Alberto Sordi. Con: Monica Vitti, John Philip Law, Wanda Osiris, Carlo Dapporto.

Omaggio affettuoso al mondo dell'avanspettacolo, così ben conosciuto da Sordi. Ciò che conta nel film non è tanto l'intreccio che «muove» la vicenda quanto i numerosi intermezzi teatrali che rivelano i trascorsi artistici dell'attore.

FINCHÉ C'È GUERRA C'È SPERANZA, 1974, regia di Alberto Sordi.
Soggetto: Alberto Sordi. Sceneggiatura: Leo Benvenuti, Pietro De Bernardi, Alberto Sordi. Con: Silvia Monti, Alessandro Cutolo.

Nel ruolo di un «commerciante di morte», venditore di armi nel Terzo mondo, Sordi è insuperabile e ripropone, ma con taglio quasi drammatico, il suo personaggio dell'italiano arrivista e meschino.

Seguono tre produzioni accomunate dalla strutturazione ad episodi: *Di che segno sei?* (1975) di Sergio Corbucci (il quarto ed ultimo episodio, quello naturalmente interpretato da Sordi, è il migliore: ritorna Nando Moriconi, amato in *Un giorno in pretura* e in *Un americano a Roma*, ora in veste di poliziotto privato, in difesa di un industriale milanese. Il suo riapparire ha un carattere melanconico e crepuscolare per i fan di Sordi che, in questo modo, intuiscono come sia finito un periodo della vita nazionale); *Il comune senso del pudore* (1976) di Alberto Sordi (satira sul mercato della pornografia, con un Sordi esilarante, nell'unico episodio interpretato - in compagnia della sbalordita moglie «buzzicona» Rossana Di Lorenzo); *Quelle strane occasioni* (1976) di Loy, Magni e Comencini (soggetto e sceneggiatura: Rodolfo Sonego, per il terzo episodio; Sordi ha il sordido e faunesco ruolo di un Monsignore che, approfittando di un ascensore guasto, impalma al buio una florida fanciulla, Stefania Sandrelli, con la pretesa, poi, di farle accettare l'episodio come non avvenuto).

UN BORGHESE PICCOLO PICCOLO, 1977, regia di Mario Monicelli.
Soggetto: dal romanzo di Vincenzo Cerami. Sceneggiatura: Vincenzo Cerami, Sergio Amidei, Mario Monicelli. Con: Shelley Winters, Romolo Valli, Vincenzo Crocitti.

Un vero e proprio pugno allo stomaco per gli abituali frequentatori del cinema sordiano: un padre al quale viene assassinato l'amato figlio si tramuta in un feroce giustiziere. È certamente l'interpretazione più drammatica di Sordi, che molte polemiche di va-

rio tipo generò all'epoca (compresa una critica per il tono grottesco riservato alla Massoneria, presenza quasi profetica, considerato che di lì a poco sarebbero emerse le deviazioni della famigerata P2). Sordi conferma il suo grande talento drammatico, dall'intensità sconvolgente.

Se il film poteva far presagire un mutamento nella carriera artistica di Sordi, meno protesa al macchiettismo per un ingresso a tutto tondo nel cinema drammatico, questo in realtà non accadde. Anzi l'artista volle chiarire con le prove seguenti la casualità di quell'esperimento: *I nuovi mostri* (1977) di Monicelli, Risi e Scola (dopo quasi quindici anni dal precedente successo della commedia italiana, ritornano i personaggi eccessivi e «mostruosi» di un tempo: Sordi partecipa a tre episodi paradossali di grande efficacia); *Dove vai in vacanza?* (1978) di Bolognini, Salce e Sordi (nel terzo episodio ripropone il ruolo del «fruttarolo» che in compagnia dell'amata «buzzicona» - che d'ora in poi sarà impersonata da Anna Longhi - partono per una vacanza... avventurosa); *L'ingorgo* (1979) di Luigi Comencini (un film corale con Sordi nel perfido ruolo di un avvocato potente, profittatore e tangentista, immerso in tic di varia natura).

IL TESTIMONE, 1979, regia di Jean-Pierre Mocky.
Soggetto: dal romanzo di Harrison Judd. Sceneggiatura: Rodolfo Sonego, Augusto Caminito, Sergio Amidei, Alberto Sordi, Jean-Pierre Mocky, Jacques Dreux. Con: Philippe Noiret, Paul Crauchet.

Pessimamente accolto dalla critica italiana, a volte proposto con un doppio finale che attenua la vis polemica contro la pena di morte, il film è al contrario un ottimo confronto tra due interpreti tanto distanti quanto convincenti, su un tema civile di grande attualità (all'epoca) in Francia.

IL MALATO IMMAGINARIO, 1979, regia di Tonino Cervi.
Soggetto: da Molière. Sceneggiatura: Alberto Sordi, Cesare Frugoni, Tonino Cervi. Con: Laura Antonelli, Marina Vlady, Giuliana De Sio, Bernard Blier, Christian De Sica.

Contemporaneo al grande rilancio televisivo di Sordi con l'eccel-

lente serie Storia di un italiano *(da lui stesso curata), il film non rende giustizia all'interprete, in seria difficoltà con una materia maldestramente ridotta per lo schermo.*

IO E CATERINA, 1980, regia di Alberto Sordi.
Soggetto: Rodolfo Sonego. Sceneggiatura: Rodolfo Sonego, Alberto Sordi. Con: Edwige Fenech, Catherine Spaak, Valeria Valeri, Rossano Brazzi.

Quasi una risposta del «misogino» Sordi a tutti i suoi fan: meglio un robot femmina di una donna vera. Crea molti meno problemi.

IL MARCHESE DEL GRILLO, 1981, regia di Mario Monicelli.
Soggetto: Bernardino Zapponi, Leo Benvenuti, Piero De Bernardi, Mario Monicelli, Tullio Pinelli. Con: Paolo Stoppa, Flavio Bucci, Marc Porel, Cochi Ponzoni.

Nella Roma papalina di Pio VII nel doppio ruolo di un ricco infingardo e di un poveraccio che prende il suo posto.
Un'opera tagliata su misura per Sordi, che non avrebbe ragion d'essere senza la sua pirotecnica presenza.

IO SO CHE TU SAI CHE IO SO, 1982, regia di Alberto Sordi.
Soggetto: Rodolfo Sonego. Sceneggiatura: Rodolfo Sonego, Alberto Sordi, Augusto Caminito. Con: Monica Vitti, Ivana Monti, Claudio Gora.

Senza lo smalto di Amore mio aiutami *Sordi riprende il tema del ménage matrimoniale con uno spunto certamente interessante: immergere un marito e padre egoista in un contesto angosciante che lo faccia riflettere, e ricredere, sui suoi comportamenti futuri.*

IN VIAGGIO CON PAPÀ, 1982, regia di Alberto Sordi.
Soggetto: Rodolfo Sonego, Alberto Sordi. Sceneggiatura: Rodolfo Sonego, Alberto Sordi, Carlo Verdone. Con: Carlo Verdone, Giuliana Calandra, Edy Angelillo, Angelo Infanti.

Generosa dimostrazione di stima di Sordi per Carlo Verdone che, accettandolo come partner, lo consacra come suo diretto erede artistico. E l'esperimento funziona per le grandi qualità degli interpreti che sono realmente affiatati e sincronizzati tra loro.

IL TASSINARO, 1983, regia di Alberto Sordi.
Soggetto e sceneggiatura: Age, Scarpelli, Alberto Sordi. Con: Anna Longhi, Marilù Tolo, Alessandra Mussolini.

Questo film (e un seguito) propone un Sordi «burino» sboccato, ben felice di affondare la forchetta nella pasta al sugo in compagnia della sua «buzzicona» e del figliolo un po' obeso. L'interprete sembra gioire nel proporsi con toni popolareschi così accentuati...

BERTOLDO, BERTOLDINO E CACASENNO, 1984, regia di Mario Monicelli.
Soggetto: dai racconti di Giulio Cesare Croce. Sceneggiatura: Leo Benvenuti, Suso Cecchi D'Amico, Piero De Bernardi. Con: Ugo Tognazzi, Maurizio Nichetti, Lello Arena, Alberto Sordi.

Un film non «di» ma «con» Sordi nel boccaccesco ruolo di Fra' Cipolla: un frate imbroglione che promette miracoli irrealizzabili. L'attore si diverte a condensare vari, e anche antichi, tic del suo vasto repertorio.

TUTTI DENTRO, 1984, regia di Alberto Sordi.
Soggetto e sceneggiatura: Rodolfo Sonego, Alberto Sordi, Augusto Caminito. Con: Joe Pesci, Dalila Di Lazzaro, Armando Francioli.

Un film profetico con un Sordi nei panni di un magistrato integerrimo, strenuo e inesausto persecutore dei tangentisti ma che, a causa di amicizie dubbie per quanto frequentate in buona fede, offre il fianco ad attacchi che lo rovineranno.

Seguono: *Sono un fenomeno paranormale* (1985) di Sergio Corbucci (nel quale Sordi si propone come una star televisiva dotata di poteri paranormali); *Troppo forte* (1986) di Carlo Verdone (il «nuovo» comico che restituisce il favore al maestro: con un Sordi in partecipazione straordinaria, come è straordinaria la sua macchietta di un conte gigione e allucinato).

UN TASSINARO A NEW YORK, 1987, regia di Alberto Sordi.
Soggetto e sceneggiatura: Rodolfo Sonego. Con: Anna Longhi, Dom De Luise.

Viene ripreso, invero stancamente per quanto immerso in una sorta di giallo, il personaggio del «tassinaro» Pietro Marchetti.

I PROMESSI SPOSI, 1988, regia di Salvatore Nocita.
Soggetto: da Alessandro Manzoni. Sceneggiatura: Roberta Mazzoni, Enrico Medioli, Pier Emilio Gennarini, Salvatore Nocita. Con: Daniel Quinn, Delphine Forest, Burt Lancaster, Murray F. Abraham, Franco Nero.

Non poteva mancare Don Abbondio nella carriera di Alberto Sordi. Per quanto non accolta unanimemente dalla critica, che ha ritenuto che la maschera dell'attore si fosse sovrapposta sul personaggio letterario, è al contrario una godibilissima rilettura.

UNA BOTTA DI VITA, 1988, regia di Enrico Oldoini.
Soggetto: Aurelio Chiesa. Sceneggiatura: Age, Oldoini, Liliana Betti, Alberto Sordi. Con: Bernard Blier.

Efficace commedia, con punte drammatiche, incentrata su due grandi vecchi (tema tipico del cinema hollywoodiano): Blier riveste egregiamente il ruolo di «spalla di lusso» di un Sordi smagliante e amareggiato.

L'AVARO, 1989, regia di Tonino Cervi.
Soggetto: da Molière. Sceneggiatura: Tonino Cervi, Cesare Frugoni, Rodolfo Sonego, Alberto Sordi. Con: Laura Antonelli, Miguel Bosè, Lucia Bosè, Carlo Croccolo, Christopher Lee.

Sordi seicentesco Arpagone di Molière, in una commedia che si prende troppe libertà sull'originale, e che vede solo nel protagonista un motivo d'interesse.

IN NOME DEL POPOLO SOVRANO, 1990, regia di Luigi Magni.
Soggetto e sceneggiatura: Luigi Magni. Con: Nino Manfredi, Elena Sofia Ricci, Massimo Wertmüller, Jacques Perrin.

L'abituale affresco riservato dal regista Magni alla Roma risorgimentale e papalina, con un Sordi forse non completamente convinto.

ASSOLTO PER AVER COMMESSO IL FATTO, 1992, regia di Alberto Sordi.
Soggetto e sceneggiatura: Rodonfo Sanego, Alberto Sordi. Con: Angela Finocchiaro, Enzo Monteduro, Marco Predolin.

Satira a spese dei grandi gruppi monopolistici che ruotano attorno al business televisivo. È dichiarata la garbata ironia nei confronti del Cavalier Berlusconi, rappresentato senza misteri da un personaggio della vicenda.

NESTORE, 1994, regia di Alberto Sordi.
Soggetto e sceneggiatura: Rodolfo Sonego, Alberto Sordi.

E nella struggente vicenda di un vecchio vetturino costretto a macellare il proprio cavallo, giungiamo al penultimo film di Alberto Sordi. Per quanto discontinua, la pellicola rivela non poche tonalità chapliniane e neorealiste, a tratti sublimi (come l'ispirato e commovente finale).
A pochi mesi dai settantacinque anni, Sordi ripropone la grinta di un tempo, per quanto su temi ispirativi differenti.

IL ROMANZO DI UN GIOVANE POVERO, 1995, regia di Ettore Scola.
Soggetto e sceneggiatura: Ettore Scola, Silvia Scola, Giacomo Scarpelli. Con: Rolando Ravello, Isabella Ferrari.

Ispirandosi vagamente al thriller di Patricia Highsmith «Delitto per delitto» (portato sullo schermo da Alfred Hitchcock), vi si narra di un vecchio che, per eliminare la moglie, ingaggia un giovane disoccupato come killer. Un pretesto offerto a Sordi per interpretare il ruolo di uno sfruttatore laido e amorale, in una prova recitativa che sfuma dalla macchietta caricaturale ad una tragica umanità. Ottimamente accolto al Festival di Venezia '95, che ha finalmente conferito ad Alberto Sordi il Leone d'Oro alla carriera.

INDICE

Finito di stampare nel mese di settembre 1995
presso il Nuovo Istituto Italiano d'Arti Grafiche
Bergamo
Printed in Italy